A FILOSOFIA
DA HISTÓRIA

A FILOSOFIA DA HISTÓRIA

Voltaire

Tradução
EDUARDO BRANDÃO

Martins Fontes
São Paulo 2007

Títulos originais: "Histoire" (Encyclopédie), "Historiographe" (Encyclopédie), Essai sur les moeurs et l'esprit des nations – Introduction, La défense de mon oncle.
Copyright © 2007, Livraria Martins Fontes Editora Ltda.,
São Paulo, para a presente edição.

1ª edição 2007

Tradução
EDUARDO BRANDÃO

Acompanhamento editorial
Maria Fernanda Alvares
Revisões gráficas
Ana Maria de O. M. Barbosa
Sandra Regina de Souza
Dinarte Zorzanelli da Silva
Produção gráfica
Geraldo Alves
Paginação
Moacir Katsumi Matsusaki

Dados Internacionais de Catalogação na Publicação (CIP)
(Câmara Brasileira do Livro, SP, Brasil)

Voltaire, 1694-1778.
 A filosofia da história / Voltaire ; tradução Eduardo Brandão. – São Paulo : Martins Fontes, 2007. – (Voltaire vive)

 ISBN 978-85-336-2324-8

 1. História – Filosofia 2. Voltaire, 1694-1778. A filosofia da história – Crítica e interpretação I. Título. II. Série.

06-8229   CDD-901

Índices para catálogo sistemático:
1. História : Filosofia e teoria   901

Todos os direitos desta edição reservados à
Livraria Martins Fontes Editora Ltda.
Rua Conselheiro Ramalho, 330 01325-000 São Paulo SP Brasil
Tel. (11) 3241.3677 Fax (11) 3105-6993
e-mail: info@martinsfonteseditora.com.br http://www.martinsfonteseditora.com.br

Índice

Esclarecimentos necessários VII
Cronologia XV
Nota à presente edição XXIX

Sobre a história 1
   História 3
   Historiógrafo 33
Introdução ao *Ensaio sobre os costumes* 37
A defesa do meu tio 229

Tradução das citações latinas 315

Esclarecimentos necessários

Esta *Filosofia da história*, cuja publicação na forma como está é inédita, reúne três textos notáveis de Voltaire, filósofo iluminista, que os historiógrafos reconhecem ser o primeiro a aplicar a filosofia à história. Foi a isso instigado pela amante, Madame du Châtelet, estudiosa de química, de física, de filosofia, e para quem o estudo da história oprimia "a mente sem iluminá-la". O título do volume é o mesmo dado à introdução de Voltaire para o *Essai sur les moeurs*, publicada em separado, em 1765, em Paris, de acordo com as edições de Kehl e da Garnier.

O texto sobre *História*, que abre esta edição, foi escrito para a *Encyclopédie*. Prova dos cuidados de Voltaire com o tema é ter suscitado uma série de cartas entre ele e d'Alembert. Em carta de 9 de outubro de 1756, Voltaire diz a d'Alembert: "Estou muito descontente com o artigo *História*." Em 29 de novembro, escreve: "Rogo-lhe que me mande de volta o artigo *História*, com o qual não estou nada contente; quero modificá-lo." E em 28 de dezembro do mesmo ano: "Aqui vai de volta o artigo *História*; é um tema sobre o qual é difícil se impedir de escrever um livro."

Em seguida, a introdução ao *Essai sur les moeurs*. Na advertência da edição Garnier de 1878, Beuchot já se refere a ela como obra de filosofia da história. É de Voltaire, portanto, o mérito de ter criado a expressão *philosophie de l'histoire,* lançando com o *Essai* "o alicerce da ciência histórica moderna", diz Buckle. "E assim", escreve Will Durant[1], "Voltaire produziu a primeira filosofia da história." E acrescenta: "Gibbon, Niebuhr, Buckle e Grote têm para com ele uma grande dívida e são seus seguidores."

O *Ensaio sobre os costumes,* de 1756, foi, para Tallentyre[2], "o mais ambicioso, o mais característico e o mais audacioso de seus trabalhos". Voltaire o inicia em Cirey, no castelo de Madame du Châtelet, onde vivia exilado depois da publicação de *Cartas filosóficas.* É aí, em Cirey, que ele decide aplicar a filosofia à história, reconstituindo, sob o fluxo dos acontecimentos políticos, a história da mente humana. Pondera: "Só filósofos deveriam escrever história." Na introdução ao *Essai,* escreve: "Em todas as nações a história é desfigurada pela fábula até que, por fim, a filosofia vem para esclarecer o homem. E, quando chega no meio dessa escuridão, encontra a mente humana tão iludida por séculos de erros que mal pode desfazer o engano."

Na análise do *Essai sur les moeurs* de um dos maiores estudiosos franceses da época, Denis Huisman,

> Voltaire pretende elevar-se acima da contingência dos acontecimentos singulares, para encontrar o "espírito" das épocas e das nações. Tem o *Essai,* aliás, metas pedagógicas, porque dedicado à Marquesa du Châtelet, que se sentia desapontada por não encontrar sistematicidade nos acontecimentos históricos. Trata-se, pois, de uma história do espírito humano, que prenuncia Condorcet.[3]

....

1. *Voltaire.* Rio de Janeiro, Edições de Ouro, s.d.
2. Apud Will Durant, op. cit.
3. Denis Huisman, in *Dicionário de obras filosóficas.* São Paulo, Martins Fontes, 2001.

Muito antes de Herbert Spencer, para quem a história é "uma mentira", Voltaire já afirmava que, na história, a mente humana "encontra cerimônias, fatos e monumentos amontoados para provar mentiras". No *Essai*, por isso, não trata bem Voltaire de reis, de movimentos, de nações, mas da raça humana; não de guerras, mas da marcha da inteligência humana. Escreveu:

> Tirem as artes e o progresso da mente e não restará nada suficientemente digno de atrair a atenção da posteridade.[4]

Em Bossuet[5], a Providência torna-se chave, guia do curso histórico, havendo manifestação da Providência desde a criação do mundo. No entanto, Vico[6], em 1725, lança uma nova perspectiva da história, encerrando o ciclo da teologia histórica. Para ele, o mundo histórico é obra humana, e não da Providência. Estudando esse mundo, convenceu-se de sua subordinação a leis. É o precursor de Comte e da lei dos três estados. Para Vico, a evolução histórica comporta o retorno de ciclos idênticos, de *corsi* e *ricorsi*. Tal tese foi defendida por Ibn Khaldun e tem semelhança com a dos *ciclos*, de Platão.

Essas idéias-tese de Ibn Khaldun, de Vico entreabriram a porta para a secularização da visão do processo histórico. Voltaire escancarou-a.

Teve Voltaire o mérito de criar a expressão "filosofia da história", pela primeira vez empregada em seu *Essai sur les moeurs*, no qual, além de uma posição racionalista, explicou

....
4. Voltaire. *Essai sur les moeurs*.
5. *Discurso sobre a história universal*. Apud Denis Huisman, op. cit.
6. *Princípios de uma ciência nova*. Apud Gaston Bouthoul. *História da sociologia*. São Paulo, DEL, 1966.

o curso histórico partindo de onde acabara Bossuet, ou seja, de Carlos Magno, para terminar na época de Luiz XIII.[7]

Pondo de lado a Providência, Voltaire substituiu-a pela idéia de "progresso"; surge assim uma filosofia da história com novo espírito, que serviria de ponto de partida para a secularização da história. Ele vê a história como desenvolvimento progressivo da razão no campo das ciências, no da moral, do direito, da indústria, da técnica e do comércio. Interpretava-a como caminho aberto no sentido da civilização, que, para se aperfeiçoar, deveria acabar com as guerras e as religiões, os seus obstáculos.[8]

Num célebre ensaio sobre a história e a filosofia da história, escreve Collingwood:

> A expressão "filosofia da história" foi inventada, no século XVIII, por Voltaire, que entendia por tal nada mais do que a história crítica ou científica, um tipo de pensamento histórico em que o historiador resolvia por si próprio, em vez de repetir histórias encontradas em alfarrábios. [...] A mesma expressão foi usada por Hegel e outros escritores, em fins do século XVIII, dando-lhe eles, porém, um sentido diferente, ao considerá-la simplesmente como história universal.[9]

Natural, as tarefas atribuídas por Voltaire e Hegel à filosofia da história só podiam ser realizadas pela própria história. Neste caso, para um e outro, há uma concepção filosófica que orienta a concepção de filosofia da história: para Voltaire, a filosofia significava um pensamento crítico e independente e, para Hegel, um pensamento acerca do mundo na sua totalidade. No século XVIII, pois, começou-se a pensar

---
7. Paulo D. de Gusmão, in *Filosofia atual da história*. Rio de Janeiro, Forense, 1967.
8. *Idem*.
9. *A idéia de história*. Lisboa, Presença, s.d.

criticamente acerca da história, até aí dominada pelas reflexões teológicas, ligados os problemas da filosofia unicamente às relações entre Deus e o Homem.

Tratando da historiografia do Iluminismo, observa Collingwood,

> Hume, na parte da sua obra referente à história, e Voltaire, seu contemporâneo, ligeiramente mais velho, encabeçam uma nova escola do pensamento histórico. A obra desses filósofos e a dos seus seguidores podem ser definidas como a historiografia do Iluminismo, entendido este como o esforço característico dos princípios do século XVIII, de secularizar todos os setores da vida e do pensamento humanos. Foi uma revolta não só contra o poder da religião institucional como contra a religião, em si mesma. A teoria filosófica subjacente a esse movimento era a de que certas formas de atividade mental são formas primitivas, destinadas a perecer quando o espírito atinge a maturidade.[10]

Na teoria dos *Principi*, de Vico, à medida que o homem se desenvolve, a razão prevalece sobre a imaginação e a paixão. Entre o modo poético e o racional, pôs um terceiro: o modo crítico. Pode-se concluir, assim, segundo Collingwood[11], que "uma atitude religiosa em relação à vida está destinada a ser substituída por uma atitude racional ou filosófica". Essa teoria não foi formulada por Voltaire ou Hume. "Mas", diz Collingwood, "se tal teoria tivesse chegado ao conhecimento deles, era natural que a aceitassem, identificando-se com a ação que estava a pôr fim à era religiosa da história humana e a inaugurar uma era não-religiosa e racionalista."[12]

....
10. Collingwood, op. cit.
11. Op. cit.
12. Op. cit.

Em *A política tensa*, Ricardo Terra trata da idéia e realidade na filosofia da história de Kant. Escreve aí de Voltaire,

> Foi ele quem elaborou em primeiro lugar o conceito de filosofia da história. Numa resenha (1764) da *História da Inglaterra*, de Hume, Voltaire insiste na necessidade de escrever a história de maneira filosófica, já que o filósofo pode escrever de maneira livre, sem preconceitos, pois "le philosophe n'est d'aucune patrie, d'aucune faction".[13]

Para Voltaire, Hume seria o modelo do filósofo historiador. Nessa perspectiva, escreve o *Essai sur les moeurs* (1756) e *Philosophie de l'histoire* (1765), que, a partir de 1769, passa a ser a introdução do *Essai*. Na introdução ao *Essai*, referindo-se à expressão "filosofia da história", de Voltaire, diz René Pomeau que ela "não tem o sentido que lhe darão no século seguinte os filósofos alemães da história; ele é *philosophe* por essa liberdade que toma com a história"[14]. Natural que, tendo tomado essa liberdade filosófica com a história, Voltaire tivesse criticado a história providencialista, como a de Bossuet, e procurado explicações racionais.

> Essas explicações racionais de Voltaire baseiam-se na análise da natureza, "na natureza humana, cujo âmago é em todo lugar o mesmo (*Essai*)", o que permite comparar os povos e se corrijam os erros de historiadores que se fundam em fábulas que vão contra o que é natural, pois "o que não está na natureza não é nunca verdadeiro (*Essai*)."[15]

Voltaire, vê-se, vai além da história *événementielle*, não se contenta com a mera sucessão de eventos, mas procura

---

13. Ricardo Terra. *A política tensa*. São Paulo, Iluminuras, 1995.
14. Esta introdução de René Pomeau está na edição de *Essai sur les moeurs* da Garnier (Paris, 1963, XVII), apud Ricardo Terra, op. cit.
15. Ricardo Terra, op. cit.

estudar "os costumes e o espírito das nações", como está no título do *Essai*. Escreve aí Voltaire: "Eu aqui considero, pois, em geral, a sorte dos homens mais que as revoluções do trono. É ao gênero humano que é preciso prestar atenção na história: é aí que cada escritor deveria dizer *homo sum*; mas a maioria dos historiadores descreve batalhas."[16]

No final, o terceiro texto. Na advertência ao *Essai sur les moeurs*, de Voltaire, escreveu Beuchot:

> Os cinqüenta e três parágrafos que formam a introdução foram publicados em 1765, com o título de *A filosofia da história* [...] Larcher publicou, em 1767, *Suplemento à filosofia da história*, criticando violentamente a obra de Voltaire. No prefácio, pretendia (sem razão) que era, da parte de Voltaire, "expor-se ao ódio do gênero humano e querer fazer-se enxotar da sociedade como uma besta-fera de que se tem tudo a temer".[17]

Em resposta ao odioso *Suplemento*, de Larcher, Voltaire escreveu *A defesa do meu tio*. Na edição de Kehl, lê-se: "Supõe-se que aqui é o sobrinho do abade Bazin (a quem Voltaire atribui a autoria do *Essai sur les moeurs*) que responde a essa crítica e vinga a memória de seu falecido tio."[18]

ACRÍSIO TÔRRES

---

16. Idem.
17. In *Essai sur les moeurs*.
18. Idem.

Cronologia

1572. 24 de agosto: Noite de São Bartolomeu. Por ordem do rei Carlos IX, encorajado por sua mãe Catarina de Médicis, massacre dos protestantes em Paris e nas províncias.
1598. 13 de abril: Henrique IV põe fim às guerras de religião pelo Edito de Nantes. A liberdade de culto é garantida aos protestantes sob certas condições.
1643-1715. Reinado de Luís XIV.
1685. 18 de outubro: revogação do Edito de Nantes por Luís XIV. A religião reformada é proibida no reino da França. Os protestantes convertidos à força são tidos como "novos católicos".
1694. Em 22 de novembro (ou 20 de fevereiro, segundo Voltaire), nasce em Paris François-Marie Arouet, terceiro filho de François Arouet, conselheiro do rei e antigo tabelião do Châtelet em Paris, e de Marie-Marguerite Daumart, ambos da alta e antiga burguesia.
1701. Morte da mãe de Voltaire, que encontra na irmã, oito anos mais velha, uma segunda mãe a quem sempre amará com ternura.
1702. Guerra de Sucessão na Espanha.
1702-10. Revolta dos *camisards*, camponeses protestantes das Cevenas.

1704. Entrada no colégio Louis-le-Grand, dirigido por jesuítas, onde Voltaire adquire sólida cultura e torna-se amigo de herdeiros das melhores famílias da nobreza, lá estudando durante sete anos.
1706. O príncipe Eugênio e Marlborough apoderam-se de Lille.
1710. Leibniz: *Essais de Théodicée sur la bonté de Dieu, la liberté de l'homme et l'origine du mal* [Ensaios de teodicéia sobre a bondade de Deus, a liberdade do homem e a origem do mal].
1710-12. O convento dos religiosos cistercienses de Port Royal des Champs (vale de Chevreuse), reduto do jansenismo, é destruído por ordem de Luís XIV. Os soldados devastam o cemitério. Cenas escandalosas.
1711. Inscrição na faculdade de Direito, conforme o desejo do pai. Mas o jovem turbulento quer ser poeta, freqüenta o círculo dos libertinos do palácio do Templo, envia uma ode ao concurso anual da Academia.
1712. Nascimento de Jean-Jacques Rousseau.
Nascimento de Frederico II, rei da Prússia.
1713. O jovem Arouet abandona a faculdade. Arrumam-lhe um posto na embaixada francesa na Holanda, do qual é despedido por namorar uma protestante. A descoberta da sociedade holandesa, liberal, ativa e tolerante, deixa-o encantado.
Nascimento de Denis Diderot.
Estada de Voltaire em Haia como secretário do embaixador da França.
8 de setembro: Luís XIV obtém do papa Clemente XI a bula ou constituição *Unigenitus* que condena o jansenismo.
Paz de Utrecht.
1715-23. Regência do duque de Orléans.

1716. Exílio em Sully-sur-Loire, por um poema satírico contra o Regente.
1717. São-lhe atribuídos dois poemas satíricos: o segundo (*Puero regnante*) é dele. Por ordem do Regente é enviado à Bastilha, onde fica preso onze meses. Aproveita o tempo para ler Virgílio e Homero, para continuar a *Henriade* [Henríada] e *Oedipe* [Édipo].
1718. Sai da prisão em abril e até outubro deve permanecer fora de Paris. A tragédia *Oedipe* faz imenso sucesso. O Regente, a quem a peça é dedicada, concede-lhe uma gratificação. É consagrado como grande poeta, passa a assinar Voltaire.
1720-22. Voltaire faz excelentes negócios e aplicações que lhe aumentam a fortuna herdada do pai, falecido em 1722. Tem uma vida mundana intensa.
1721. Montesquieu: *Lettres persanes* [*Cartas persas*].
Em Londres, Robert Walpole torna-se primeiro-ministro; ocupará o cargo até 1742.
1722. Voltaire faz uma viagem à Holanda: admira a tolerância e a prosperidade comercial desse país.
1723. Publicação, sem autorização da censura, de *La ligue* [A liga] (primeira versão de *Henriade*), poema épico.
1723-74. Reinado de Luís XV.
1724. Nascimento de Kant.
1725. Voltaire consegue ser admitido na Corte. Suas tragédias *Oedipe, Marianne* [Mariana] e a nova comédia *L'Indiscret* [O indiscreto] são representadas nas festas do casamento do rei.
1726. Voltaire discute com o cavaleiro de Rohan, que alguns dias depois manda empregados espancarem-no. Voltaire se indigna, quer um duelo, sendo mandado à Bastilha (17 de abril). Quinze dias depois é forçado a partir para a Inglaterra, onde permanece até fins de 1728. Após um período difícil, adapta-se e faz amizades nos

diversos meios da aristocracia liberal e da política, entre os intelectuais. O essencial das experiências inglesas será condensado para o público francês nas *Lettres philosophiques* [*Cartas filosóficas*], concebidas nessa época: não a descoberta, mas o reconhecimento entusiasta de uma sociedade progressista na qual já estavam em andamento os novos valores da "filosofia das Luzes", a tolerância, a liberdade de pensamento, o espírito de reforma de empreendimento.

Jonathan Swift: *Gulliver's Travels* [*Viagens de Gulliver*].

1727. Publicação de dois ensaios redigidos em inglês: *An Essay on the Civil Wars of France* [Um ensaio sobre as guerras civis na França] e *An Essay on Epic Poetry* [Um ensaio sobre a poesia épica].

1728. Voltaire dedica à rainha da Inglaterra a nova *Henriade*, editada em Londres por subscrição. Em outubro volta à França.

1729-30. Voltaire se lança em especulações financeiras, um tanto tortuosas mas legais na época, que lhe renderão o bastante para viver com conforto e independência. Representação da tragédia *Brutus* [Brutus]. Escreve uma ode sobre a morte de Adrienne Lecouvreur, atriz sua amiga, que uma dura tradição religiosa privou de sepultura cristã.

1731-32. Impressão clandestina de *Histoire de Charles XII* [História de Carlos XII], cuja imparcialidade desagradou ao poder, e que alcança grande sucesso. Sucesso triunfal de *Zaïre* [Zaire], tragédia que será representada em toda a Europa.

1733. Publicação de *Le temple du goût* [O templo do gosto], obra de crítica literária e afirmação de um gosto independente que desafia os modos oficiais e levanta polêmicas. Início da longa ligação com a sra. du Châtelet.

1734. *Lettres philosophiques*, impressas sem autorização legal, causam grande escândalo: o livro é apreendido e Voltaire ameaçado de prisão. Refugia-se no castelo dos Châtelet, em Cirey-en-Champagne, a algumas horas de fronteiras acolhedoras. Por mais de dez anos, Cirey será o abrigo que lhe permitirá manter-se à distância das ameaças da autoridade.
Montesquieu: *Considérations sur les causes de la grandeur des Romains et de leur décadence* [Considerações sobre as causas da grandeza dos romanos e de sua decadência].
Johann Sebastian Bach: *Weihnachtsoratorium* [*Oratório de Natal*].

1735-36. Breves temporadas em Paris, com fugas ante ameaças de prisão. Representação das tragédias *La mort de César* [A morte de César] (adaptada de Shakespeare) e *Alzire* [Alzira]. Publicação do poema *Mondain* [Mundano], impertinente provocação às morais conformistas. Um novo escândalo, mais uma fuga, desta vez para a Holanda. Início da correspondência entre Voltaire e o príncipe real Frederico da Prússia.

1737-39. Longas temporadas em Cirey, onde Voltaire divide o tempo entre o trabalho e os divertimentos com boas companhias. Aplica-se às diversas atividades de "filósofo": as ciências (interessa-se pela difusão do newtonismo); os estudos bíblicos; o teatro e os versos (começa *Mérope* [Merope], adianta *Discours sur l'homme* [Discurso sobre o homem]); a história da civilização (*Siècle de Louis XIV* [Século de Luís XIV]). Tudo entremeado de visitas, negócios, processos judiciais e discussões com literatos. Viagem com a sra. du Châtelet à Bélgica e à Holanda, onde representa Frederico da Prússia entre os livreiros de Haia, para a impressão de *Anti-Machiavel* [Anti-Maquiavel], escrito pelo príncipe filósofo. É editada uma coletânea dos primeiros capítulos do *Siècle de Louis XIV*, que é apreendida.

1740. Primeiro encontro de Voltaire com Frederico, nesse ano coroado rei da Prússia em Clèves. O rei leva-o a Berlim e quer segurá-lo na corte, mas só o retém por algumas semanas.

1741-43. Estréia de duas tragédias, *Mahomet* [Maomé] e *Mérope*, com grande sucesso, a primeira escandaliza os devotos de Paris e é retirada de cena. Voltaire intercala temporadas em Cirey com viagens a Bruxelas. Cumpre missões diplomáticas oficiosas junto a Frederico II, que insiste com o filósofo para que se estabeleça na Prússia.

1743. Nascimento de Lavoisier.

1744-46. Fortalecido pelos serviços diplomáticos prestados, Voltaire reaproxima-se da Corte. Torna-se o poeta da corte, sustentado pelo apoio de Madame de Pompadour, de quem fora confidente. São anos de glória oficial: *Princesse de Navarre* [Princesa de Navarra] é encenada no casamento do delfim; é nomeado historiógrafo do rei; o papa aceita a dedicatória de *Mahomet*; é eleito para a Academia Francesa.

1747-48. Uma imprudente impertinência de Voltaire traz-lhe o desfavor na corte. Refugia-se no castelo de Sceaux, da duquesa de Maine. Publicação da primeira versão de *Zadig* [Zadig] em Amsterdam, de *Babouc* [*Babuc*] e *Memnon* [*Memnon*]. Passa temporadas em Lunéville, na corte do rei Estanislau. Foi um dos piores momentos de sua vida: minado pela doença, solitário, incerto do futuro e mesmo de moradia.

1748. Hume: *Philosophical Essays Concerning Human Understanding* [Ensaios filosóficos sobre o entendimento humano].

Montesquieu: *L'esprit des lois* [*O espírito das leis*].

1749. Morte de Émilie du Châtelet em Lunéville. Voltaire volta a Paris e instala-se na casa de sua sobrinha viúva, a sra. Denis. Reata com antigos amigos, freqüenta os meios teatrais.
Nascimento de Goethe.
1750. J.-J. Rousseau: *Discours sur les sciences et les arts* [Discurso sobre as ciências e as artes].
1750-51. Cartas de Frederico II, prometendo favores, amizade e fortuna, levam Voltaire a resolver mudar para a Prússia. A acolhida é calorosa, mas logo começam as desavenças. Em Berlim e em Potsdam, Voltaire sente-se vigiado, obrigado a agradar, porém trabalha à vontade quando se mantém afastado: termina *Le siècle de Louis XIV*, iniciado havia vinte anos.
1751. Início da publicação da *Encyclopédie* [Enciclopédia].
1752. Publicação de *Micromégas* [*Micrômegas*].
1752-53. A permanência em Potsdam torna-se cada vez mais difícil. Voltaire escreve um panfleto (*Diatribe du docteur Akakia* [Diatribe do doutor Akakia]) contra Maupertuis, presidente da Academia de Berlim, defendido por Frederico II, que manda queimar em público o libelo. Em março de 1753 Voltaire consegue permissão para deixar Berlim com o pretexto de ir para uma estação de águas. Volta à França por etapas; mas uma ordem de Frederico II o retém como prisioneiro durante cinco semanas em Frankfurt, por causa de um exemplar da obra de poesia do rei que o filósofo levara consigo. Essa humilhação convence-o da necessidade de armar-se para a independência.
1755. Depois de uma tentativa malograda de instalar-se em Colmar, na Alsácia, quando teve contra si os religiosos, os devotos e os fiéis, Voltaire instala-se na Suíça. Compra a propriedade Délices, perto de Genebra, descobre a natureza e a vida rústica, mas não deixa de

montar espetáculos teatrais em casa, para escândalo do austero Grande Conselho de Genebra. Participa da *Encyclopédie*, fornecendo artigos até 1758, quando opta por formas mais diretas de propaganda.
Terremoto de Lisboa.
J.-J. Rousseau: *Discours sur l'origine et les fondements de l'inégalité parmi les hommes* [Discurso sobre a origem e os fundamentos da desigualdade entre os homens].

1756. Sempre ativo, a despeito da idade, convivendo bem com os genebrinos, o filósofo é feliz. Abalado pelo terremoto de Lisboa, escreve *Poème sur le désastre de Lisbonne* [Poema sobre o desastre de Lisboa], atacando a Providência e o otimismo filosófico. Lança *Poème sur la loi naturelle* [Poema sobre a lei natural], que escandaliza pelo deísmo. Entrega à publicação a síntese de *Essai sur les moeurs* [Ensaio sobre os costumes]. Início da Guerra dos Sete Anos.
J.-J. Rousseau escreve *Lettre à Voltaire sur la Providence* [Carta a Voltaire sobre a providência], contra o *Poème sur le désastre de Lisbonne*.

1757. A correspondência de Voltaire torna-se o eco de seu século. Afeta indiferença, mas não cessa de lutar por seus ideais. Executam o almirante Byng, na Inglaterra, por quem Voltaire intercedera o ano anterior. Um louco atenta contra a vida de Luís XV. Os partidos religiosos se engalfinham na França, mas se unem contra os enciclopedistas. O artigo "Genève" [Genebra] provoca indignação em Genebra, ameaçando o agradável retiro do filósofo. Voltaire reata a correspondência com Frederico II.

1758. Voltaire trabalha para completar e reformular *Essai sur les moeurs*, acentuando a orientação militante da obra. Tenta conciliar o grupo dos enciclopedistas;

não o conseguindo, cessa de colaborar em junho. A guerra européia se alastra, apesar das tentativas do filósofo de aproximar Berlim e Versailles. Complicam-se as relações entre o filósofo e a cidade de Genebra. Compra as terras de Ferney, na fronteira da Suíça, mas território francês, para onde se muda acompanhado da sobrinha, a sra. Denis. Escreve *Candide* [*Cândido*] e umas Memórias, depois abandonadas.
J.-J. Rousseau: *Lettre sur les spectacles* [Carta sobre os espetáculos], em resposta ao artigo "Genève".

1759. Publicação de *Candide*, em janeiro, logo condenado mas com imenso sucesso. A condenação da *Encyclopédie* intensifica as suas polêmicas contra os adversários dos filósofos: *Relation de la maladie, de la confession, de la mort, et de l'apparition du jésuite Berthier* [Relação da doença, da confissão, da morte e da aparição do jesuíta Berthier]; *Le pauvre diable* [O pobre diabo] (1758) contra Fréron; *La vanité* [A vaidade], sátira contra Lefranc e Pompignan, autor de poesias sacras. Leva vida intensa, dividindo-se entre Délices e Ferney.

1760. Em dezembro, Voltaire instala-se definitivamente em Ferney. Assume, diante da opinião de seu tempo, uma espécie de ministério do progresso "filosófico".
Franklin: invenção do pára-raio.
Diderot: *La religieuse* [*A religiosa*].

1761. As *Lettres sur la Nouvelle Héloïse* [Cartas sobre a Nova Heloísa], sob a assinatura do marquês de Ximènes, ridicularizando o romance *Julie, ou la Nouvelle Héloïse* [*Júlia, ou a nova Heloísa*], publicado no mesmo ano, marcam o início das hostilidades públicas com J.-J. Rousseau. Colaboração numa edição comentada do teatro de Corneille, que servirá para dar o dote de uma sobrinha-neta do autor clássico, adotada por Voltaire.

1762. Jean-Jacques Rousseau: *Le contrat social* [*O contrato social*] e *Émile ou De l'éducation* [*Emílio ou Da educação*].

1762-63. Ampliação da propaganda deísta, com a publicação de dois textos polêmicos: *Le sermon des cinquante* [*O sermão dos cinqüenta*] e *Extrait du testament du curé Meslier* [Resumo do testamento do padre Meslier]. Em 10 de março, o protestante Jean Calas, acusado falsamente da morte do filho, é executado em Toulouse, Voltaire lança-se numa campanha para reabilitá-lo, conseguindo a revisão do processo (1765). Para esse fim escreve *Traité sur la tolérance* [*Tratado sobre a tolerância*].

1764. Representação, em Paris, da tragédia *Olympie* [Olímpia], que como as anteriores desde *Tancrède* [Tancredo] (1760) não obtém sucesso. Publicação do *Dictionnaire philosophique portatif* [Dicionário filosófico de bolso], concebido em 1752 na Prússia, um instrumento de propaganda largamente difundido. A uma acusação das *Lettres sur la montagne* [Cartas sobre a montanha], de Rousseau, Voltaire replica com o cruel panfleto *Sentiment des citoyens* [Sentimento dos cidadãos].

1765. Voltaire acolhe a reabilitação de Calas como "uma vitória da filosofia". A partir daí, solicitado ou por própria iniciativa, intervirá em causas desse gênero quase todos os anos. Publicação de *La philosophie de l'histoire* [*A filosofia da história*]. Encarrega-se da defesa da família Sirven, sendo ajudado financeiramente em sua ação judiciária pelos reis da Prússia, da Polônia, da Dinamarca e por Catarina da Rússia. *Conseils à un journaliste* [*Conselhos a um jornalista*] é impresso no tomo I de *Nouveaux mélanges* [Novas miscelâneas].

1766. Condenação e execução do cavaleiro De la Barre por manifestações libertinas à passagem de uma procissão religiosa. Encontram um *Dictionnaire philosophique* [Dicionário filosófico] na casa do cavaleiro, e atribuem a sua atitude irreverente à influência dos filósofos. Voltaire assusta-se e passa para a Suíça; de volta a Ferney, empreende a reabilitação de De la Barre.

1767. Publicação de *Anecdote sur Bélisaire* [Histórias sobre Belisário] e *Questions de Zapatta* [Questões de Zapatta] (contra a Sorbonne), *Le dîner du comte de Boulainvilliers* [O jantar do conde de Boulainvilliers] (contra o cristianismo), *L'ingénu* [O ingênuo] e *Recueil nécessaire* [Compilação necessária], do qual faz parte *Le tombeau du fanatisme* [O túmulo do fanatismo].

1768. Publicação de *Précis du siècle de Louis XV* [Síntese do século de Luís XV], *La princesse de Babylone* [A princesa de Babilônia], *L'Homme aux quarante écus* [O homem dos quarenta escudos], *Les singularités de la nature* [As singularidades da natureza] (espécie de miscelânea de filosofia das ciências).

1769. *Le pirronisme de l'histoire* [O pirronismo da história] é publicado pela primeira vez na coletânea intitulada *L'Évangile du jour* [O Evangelho do dia].

1770. Voltaire lança ao ministério francês a idéia de facilitar o estabelecimento de refugiados genebrinos em Versoix, na França, o que ativaria a indústria e o comércio, fazendo concorrência a Genebra. Sem ajuda oficial, com sua imensa fortuna, Voltaire conseguiu realizar isso em pequena escala. Como um patriarca, adorado de seus protegidos, cuida de questões administrativas e de obras públicas da região de Gex, onde fica Ferney. Em Paris, é feita subscrição pública para a estátua de Voltaire executada por Pigalle; J.-J. Rousseau está entre os subscritores.

Nascimento de Hegel.

1771-72. Pela segunda vez, Voltaire compõe um dicionário, acerca de suas idéias, convicções, gosto, etc. São os nove volumes de *Questions sur l'Encyclopédie* [Questões sobre a Enciclopédia], publicados à medida que eram terminados. Publicação de *Épître à Horace* [Epístola a Horácio].
1772. Fim da publicação da *Encyclopédie*.
1773. Sem abandonar suas lutas nem sua direção filosófica (ao que dedica há anos a sua correspondência), deixa diminuir a produção literária, sofre graves acessos de estrangúria em fevereiro e março. Contudo, sustenta, com *Fragments historiques sur l'Inde* [Fragmentos históricos sobre a Índia], os esforços do conde Lally-Tollendal para a reabilitação do pai, injustamente condenado à morte em 1766.
O papa Clemente XIV dissolve a ordem dos jesuítas.
1774. Em agosto, o enciclopedista Turgot é nomeado controlador geral das finanças; suas medidas de liberalização do comércio dos grãos são acolhidas com entusiasmo em Ferney.
Morte de Luís XV.
1774-92. Reinado de Luís XVI.
1776. Voltaire sustenta a política econômica de Turgot até a sua queda (maio de 1776), que deplorará como uma derrota da filosofia do século. Publicação da tragédia *Don Pèdre* [Dom Pedro], não encenada, e dos dois contos *Les oreilles du comte de Chesterfield* [Os ouvidos do conde Chesterfield], e a curiosa *Histoire de Jenni* [*História de Jenni*], contra as audácias do ateísmo e do materialismo modernos. Em dezembro, um édito de Turgot concede à região de Gex uma reforma fiscal solicitada por Voltaire havia anos.
Fruto de trinta anos de crítica apaixonada da Bíblia e de sua exegese, é publicado *La Bible enfin expliquée* [A Bíblia enfim explicada].

Declaração de independência das colônias inglesas na América.
Thomas Paine: *The Common Sense* [*Senso comum*].
Adam Smith: *The Wealth of Nations* [*A riqueza das nações*].

1777. Os *Dialogues d'Évhémère* [Diálogos de Évhémère], última volta ao mundo filosófico de Voltaire.

1778. Já doente, Voltaire chega a Paris em fevereiro. Dez dias de visitas e homenagens ininterruptas deixam-no esgotado. Fica acamado três semanas, confessa-se e recebe a absolvição, depois de submeter-se a uma retratação escrita, declarando morrer na religião católica. É a última batalha do velho lutador: a insubmissão, com o risco de ser jogado na vala comum após a morte, ou a submissão, com a negação de sua obra e de sua influência. Mal se restabelece, recomeça a roda-viva. 30 de março é seu dia de apoteose com sessão de honra na Academia e representação triunfal da tragédia *Irène* [Irene]. Em 7 de abril é recebido maçom na loja das Neuf-Soeurs. Esgota-se redigindo um plano de trabalho para a Academia. Morre no dia 30 de maio e, apesar das interdições, é enterrado em terra cristã, na abadia de Scellières, em Champagne. Morte de Rousseau, em 2 de julho.

1791. Em 12 de julho as cinzas de Voltaire são transferidas ao Panthéon, em meio à alegria popular.

Nota à presente edição

As traduções das citações latinas que aparecem entre colchetes foram feitas a partir da versão francesa que, na edição original, acompanhavam o texto citado. Quando na edição original as citações não foram traduzidas, as traduções foram feitas diretamente do latim e incluídas ao final do volume.

As citações de passagens da Bíblia foram traduzidas a partir das versões francesas propostas por Voltaire.

*Sobre a história**

---
* Verbetes para a *Enciclopédia* de d'Alembert.

História

SEÇÃO I

Definição

A história é o relato dos fatos dados como verdadeiros, ao contrário da fábula, que é o relato dos fatos dados como falsos.

Há a história das opiniões, que nada mais é que a coletânea dos erros humanos.

A história das artes pode ser a mais útil de todas, quando soma ao conhecimento da invenção e do progresso das artes a descrição do seu mecanismo.

A história natural, impropriamente dita *história*, é uma parte essencial da física. Dividiu-se a história dos acontecimentos em sagrada e profana; a história sagrada é uma seqüência das operações divinas e milagrosas pelas quais Deus houve por bem conduzir outrora a noção judaica e exercer hoje nossa fé.

> Se eu aprendesse hebraico, ciências, história,
> Tudo isso está além do possível.
> (LA FONTAINE, liv. VIII, fáb. XXV)

Primeiros fundamentos da história

Os primeiros fundamentos de toda história são os relatos dos pais aos filhos, transmitidos em seguida de uma geração a outra; em sua origem, eles são no máximo prováveis, quando não entram em choque com o senso comum, e perdem um grau de probabilidade a cada geração. Com o tempo, a fábula cresce e a verdade se perde: vem daí que todas as origens dos povos são absurdas. Assim, os egípcios haviam sido governados pelos deuses por vários séculos; depois disso, o foram por semideuses; enfim, tiveram reis durante onze mil trezentos e quarenta anos; e o Sol nesse espaço de tempo havia mudado quatro vezes de oriente e de ocidente.

Os fenícios do tempo de Alexandre pretendiam estar estabelecidos em seu país havia trinta mil anos; e esses trinta mil anos estavam repletos de tantos prodígios quanto a cronologia egípcia. Confesso que é fisicamente bem possível que a Fenícia tenha existido não apenas trinta mil anos, mas trinta trilhões de séculos, e que tenha passado, como o resto do globo, por trinta milhões de revoluções. Mas não temos conhecimento delas.

É sabido que maravilhoso ridículo reina na história antiga dos gregos.

Os romanos, tão sérios como eram, mesmo assim envolveram de fábulas a história dos seus primeiros séculos. Esse povo, tão recente em comparação com as nações asiáticas, esteve quinhentos anos sem historiadores. Assim, não é de espantar que Rômulo fosse filho de Marte, que uma loba tenha sido sua ama-de-leite, que ele tenha marchado com mil homens da sua aldeia de Roma contra vinte e cinco mil combatentes da aldeia dos sabinos; que depois disso tenha se tornado deus; que Tarquínio, o Velho, tenha cortado uma pedra com uma navalha e que uma vestal tenha puxado um navio para a terra com seu cinto, etc.

Os primeiros anais de todas as nossas nações modernas não são menos fabulosos. Às vezes, as coisas prodigiosas e improváveis devem ser relatadas, mas como provas da credulidade humana: elas entram na história das opiniões e das tolices; mas o campo é demasiadamente imenso.

Dos monumentos

Para conhecer com um pouco de certeza algo da história antiga, só há um meio: é ver se restam alguns monumentos incontestes. Temos apenas três por escrito.

O primeiro é a coletânea das observações astronômicas feitas durante mil e novecentos anos seguidos na Babilônia, enviadas por Alexandre à Grécia. Essa série de observações, que remonta a dois mil duzentos e trinta e quatro anos antes da nossa era vulgar, prova indiscutivelmente que os babilônios existiam como corpo de povo vários séculos antes: porque as artes nada mais são que a obra do tempo, e a preguiça natural dos homens deixa-os milhares de anos sem outros conhecimentos e sem outros talentos além dos de se alimentar, defender-se das injúrias do ar e se degolar. Julgue-se pelos germanos e pelos ingleses do tempo de César, pelos tártaros de hoje, pelos dois terços da África e por todos os povos que encontramos na América, com exceção, sob certos aspectos, dos reinos do Peru e do México, e da república de Tlaxcala. É bom lembrar que em todo esse novo mundo ninguém sabia ler nem escrever.

O segundo monumento é o eclipse central do Sol, calculado na China dois mil cento e cinqüenta e cinco anos antes da nossa era vulgar e dado como verdadeiro por todos os nossos astrônomos. Cumpre dizer dos chineses a mesma coisa que dos povos da Babilônia: eles já compunham sem dúvida um vasto império civilizado. Mas o que põe os chineses acima de todos os povos da Terra é que nem suas leis, nem seus costumes, nem a língua falada pelos letrados mudaram desde há cerca de quatro mil anos. No entanto, essa nação e a da Índia, as mais antigas de todas as que subsistem hoje em dia, as que possuem o mais vasto e mais belo país, as que inventaram quase todas as artes antes que tivéssemos aprendido algumas, sempre foram omitidas até nossos dias em nossas pretensas histórias universais. E, quando um espanhol e um francês enumeravam as nações, nem um nem outro deixava de chamar seu país de a primeira monarquia do mundo, e seu rei de o maior rei do mundo, na ilusão de que seu rei lhe daria uma pensão assim que lesse seu livro.

O terceiro monumento, muito inferior aos outros dois, subsiste nos mármores de Arundel, em que está gravada a crônica de Atenas duzentos e sessenta e três anos antes da nossa era; mas ela só remonta a Cecrops, mil trezentos e dezenove anos antes do tempo em que foi gravada. Eis na história de toda a Antiguidade as únicas épocas incontestes que temos.

Prestemos maior atenção aos mármores trazidos da Grécia por lorde Arundel. A crônica deles começa mil quinhentos e oitenta e dois anos antes da nossa era. É hoje uma antiguidade de três mil trezentos e cinquenta e três anos, e não se vê aí um só fato que tenha algo de milagroso, de prodigioso. O mesmo no que concerne às olimpíadas; não é nesse caso que devemos dizer *Graecia mendax*, mentirosa Grécia. Os gregos sabiam muito bem distinguir a história da fábula, e os fatos reais dos contos de Heródoto; assim como, em suas questões sérias, seus oradores não tomavam nada emprestado dos discursos dos sofistas nem das imagens dos poetas.

A data da tomada de Tróia está especificada nesses mármores; mas eles não falam nem das flechas de Apolo nem do sacrifício de Ifigênia nem dos ridículos combates dos deuses. A data dos inventos de Triptólemo e de Ceres aí se encontra; mas Ceres não é chamada de *deusa*. Menciona-se um poema sobre o rapto de Prosérpina; mas não se diz que ela é filha de Júpiter e de uma deusa, nem que é mulher do deus do inferno.

Hércules é iniciado nos mistérios de Elêusis; mas não se diz uma palavra sobre seus doze trabalhos, nem sobre a sua ida à África na taça, nem sobre sua divindade, nem sobre o enorme peixe pelo qual foi engolido e que o guardou em seu ventre três dias e três noites, segundo Licofronte.

No nosso caso, ao contrário, um estandarte é trazido do céu por um anjo aos monges de Saint-Denis; um pombo traz uma garrafa de azeite a uma igreja de Reims; dois exércitos de cobras travam uma batalha na Alemanha; um arcebispo de Mogúncia é cercado e comido por ratos; e, para cúmulo, toma-se o cuidado de assinalar o ano dessas aventuras. E o abade Lenglet compila e compila essas impertinências; e os almanaques as repetiram mil vezes; e é assim que se instrui a juventude; e todas essas asneiras passaram a fazer parte da educação dos príncipes.

Toda história é recente. Não é de espantar que não se tenha história antiga profana além de uns quatro mil anos. As revoluções deste globo, a longa e universal ignorância dessa arte que transmite os fatos pela escrita são a causa disso. Ainda há muitos povos que não sabem fazer uso dela. Essa arte só foi comum a um número pequeníssimo de nações civilizadas; e ainda assim estava em poucas mãos. Nada mais raro entre os franceses e os alemães do que saber escrever; até o século XIV da nossa era vulgar, quase todos os atos eram atestados apenas por testemunhas. Na França, foi só sob Carlos VII, em 1454, que se começou a redigir alguns costumes franceses. A arte de escrever era ainda mais rara entre os espanhóis, daí sua história ser tão seca e incerta até o tempo de Fernando e Isabel. Vê-se, por aí, como o pequeníssimo número de homens que sabiam escrever podia se impor e como foi fácil nos fazer acreditar nos maiores absurdos.

Há nações que subjugaram uma parte da Terra sem utilizar os caracteres. Sabemos que Gêngis Khan conquistou uma parte da Ásia no início do século XIII; mas não é nem por ele nem pelos tártaros que sabemos disso. A história deles, escrita pelos chineses e traduzida pelo padre Gaubil, diz que os tártaros não possuíam então a arte de escrever.

Essa arte devia ser igualmente desconhecida do cita Oguskhan, chamado pelos persas e gregos de Madiés, que conquistou uma parte da Europa e da Ásia muito antes do reinado de Ciro. É quase certo que, na época, de cada cem nações, apenas duas ou três usassem os caracteres. Pode ser que, num antigo mundo destruído, os homens tenham conhecido a escrita e as outras artes; mas no nosso elas são muito recentes.

Restam monumentos de outra espécie, que servem somente para constatar a antiguidade remota de certos povos e que precedem todas as épocas conhecidas e todos os livros: são os prodígios da arquitetura, como as pirâmides e os palácios do Egito, que resistiram ao tempo. Heródoto, que vivia há dois mil e duzentos anos e que os havia visto, não pôde saber com os sacerdotes egípcios em que tempo haviam sido erguidos.

É difícil dar à mais antiga das pirâmides menos de quatro mil anos de antiguidade, mas deve-se considerar que esses esforços da ostentação dos reis só puderam ser iniciados muito tempo depois do estabelecimento das cidades. Porém, para construir cidades numa região inundada todos os anos, convém observar que foi antes necessário elevar o terreno das cidades em *pilotis*, nesse terreno de lama, e torná-las inacessíveis à inundação; foi preciso, antes de tomar essa atitude necessária e antes de ser capaz de tentar essas grandes obras, que os povos construíssem retiros, durante a cheia do Nilo, no meio dos rochedos que formam duas cadeias à direita e à esquerda do rio. Foi preciso que esses povos reunidos tivessem os instrumentos da lavoura, da arquitetura, certo conhecimento da agrimensura, ao mesmo tempo que leis e uma polícia. Tudo isso requer necessariamente um espaço de tempo prodigioso. Vemos, pelos longos detalhes que todos os dias afetam nossos empreendimentos mais necessários e mais insignificantes, como é difícil fazer grandes coisas, e que são necessárias não só uma obstinação incansável mas várias gerações animadas por essa obstinação.

Mas, quem quer que tenha erguido uma ou duas dessas prodigiosas massas – Menés, Tot ou Quéops, ou Ramsés –, não ficaremos com isso mais bem informados sobre a história do antigo Egito: a língua desse povo está perdida. Portanto não sabemos mais coisas, a não ser que antes dos mais antigos historiadores havia material com que escrever uma história antiga.

SEÇÃO II

Como já temos vinte mil obras, a maioria em vários volumes, apenas sobre a história da França, creio que é bom saber se limitar. Somos obrigados a somar ao conhecimento de nosso país o da história de nossos vizinhos. É-nos ainda menos permitido ignorar as grandes ações dos gregos e dos romanos, e suas leis, que ainda são em grande parte as nossas. Mas, se a esse estudo quiséssemos acrescentar o de uma antiguidade mais remota, pareceríamos então alguém que largasse Tácito e Tito Lívio para estudar seriamente as *Mil e uma noites*. Todas as origens dos povos são visivelmente fábulas; a razão disso é que os homens tiveram de viver por muito tempo como corpo de povo e de aprender a fazer pão e roupa (o que era difícil), antes de aprender a transmitir todos os seus pensamentos à posteridade (o que era mais difícil ainda). A arte de escrever certamente não tem mais de seis mil anos entre os chineses; e, não obstante o que tenham dito os caldeus e os egípcios, não há indício de que eles tenham sabido escrever e ler correntemente mais cedo.

A história dos tempos anteriores, portanto, só podia ser transmitida de memória; e sabe-se muito bem quanto a lembrança do passado se altera de geração em geração. Foi somente a imaginação que escreveu as primeiras histórias. Não apenas cada povo inventou sua origem, mas inventou também a origem do mundo inteiro.

A crer em Sanconiaton, as coisas começaram primeiro por um ar denso, que o vento rarefez; o desejo e o amor nasceram daí, e da união do desejo e do amor foram formados os animais. Os astros só vieram mais tarde, mas somente para enfeitar o céu e para desfrutar a visão dos animais que estavam na Terra.

O Cnef dos egípcios, seu Oshireth e sua Isheth, que chamamos Osíris e Ísis, não são menos engenhosos e menos ridículos. Os gregos embelezaram todas essas ficções; Ovídio as recolheu e ornamentou-as com os encantos da mais bela poesia. O que ele diz de um deus que desenreda o caos e da formação do homem é sublime:

> Sanctius his animal mentisque capacius altae
> Deerat adhuc, et quod dominari in caetera posset,
> Natus homo est.
>
> (*Met.*, I, 76-78)

Pronaque cum spectent animalia caetera terram,
Os homini sublime dedit, coelumque tueri
Jussit, et erectos ad sidera tollere vultus.
(*Met.*, I, 84-86)

Hesíodo e os outros que escreveram tanto tempo antes nem de longe se exprimiram com essa elegante sublimidade. Mas, desde esse belo momento em que o homem se formou até o tempo das olimpíadas, tudo está mergulhado numa escuridão profunda.

Heródoto chega aos jogos olímpicos e conta contos aos gregos reunidos, como uma velha a crianças. Começa dizendo que os fenícios navegaram do mar Vermelho ao Mediterrâneo, o que supõe que os fenícios dobraram nosso cabo da Boa Esperança e contornaram a África.

Vem em seguida o rapto de Io, depois a fábula de Giges e Candaulo, depois belas histórias de ladrões e a da filha do rei do Egito, Quéops, que, tendo exigido uma pedra de cada um de seus amantes, teve pedras bastantes para construir uma das mais belas pirâmides.

Juntem a isso oráculos, prodígios, feitos de sacerdotes, e terão a história do gênero humano.

Os primeiros tempos da história romana parecem escritos por Heródoto; nossos vencedores e nossos legisladores só sabiam contar os anos cravando pregos numa muralha pela mão de seu sumo pontífice.

O grande Rômulo, rei de uma aldeia, é filho do deus Marte e de uma religiosa que ia buscar água com sua moringa. Tem um deus como pai, uma meretriz como mãe e uma loba como ama-de-leite. Um escudo cai expressamente do céu para Numa. Encontram-se os belos livros das sibilas. Um áugure corta um pedregulho com uma navalha, graças à permissão dos deuses. Uma vestal salva um enorme navio encalhado, puxando-o com seu cinto. Castor e Pólux vêm combater pelos romanos, e as pegadas de seus cavalos ficam impressas no chão. Os gauleses ultramontanos vêm saquear Roma: uns dizem que eles foram expulsos pelos gansos, outros que levaram muito ouro e prata; mas é provável que, naquela época, na Itália, houvesse muito menos prata do que gansos. Nós imitamos os primeiros historiadores romanos, pelo menos no seu gosto pelas fábulas. Temos nossa auriflama trazida por um anjo, a santa âmbula*, por um pombo; e se, juntamos a isso a capa de são Martinho, estamos em boa posição.

Qual seria a história útil? A que nos ensinaria nossos deveres e nossos direitos, sem parecer que pretende ensiná-los.

Muitas vezes pergunta-se se a fábula do sacrifício de Ifigênia é tirada da história de Jefté, se o dilúvio de Deucalião é inventado ou uma imitação do de Noé, se a aventura de Filêmon e Báucis é baseada na de Ló e sua mulher. Os judeus confessam que não se comunicavam com os estrangeiros, que seus livros só se tornaram conhecidos dos gregos após a tradução feita por ordem de um Ptolomeu; mas os judeus foram, por muito tempo antes disso, intermediários e usurários dos gregos de Alexandria. Os gregos nunca foram vender roupa usada em Jerusalém. Parece que nenhum povo imitou os judeus, e que estes tomaram muitas coisas dos babilônios, dos egípcios e dos gregos.

Todas as antiguidades judaicas são sagradas para nós, apesar do nosso ódio e do nosso desprezo por esse povo. Na verdade, não podemos acreditar neles pela razão; mas nós nos submetemos aos judeus pela fé. Há cerca de oitenta sistemas sobre sua cronologia, e muito mais maneiras de explicar os acontecimentos de sua história: não sabemos qual é a verdadeira, mas reservamos a ela nossa fé para o tempo em que será descoberta.

....
* Frasco em que era conservado, na catedral de Reims, o óleo para a sagração dos reis da França. (N. do T.)

Temos tantas coisas a crer vindas desse povo sábio e magnânimo, que toda a nossa crença se esgotou com elas e que não nos resta mais para os prodígios de que a história das outras nações está repleta. De nada adianta Rollin nos repetir os oráculos de Apolo e as maravilhas de Semíramis; de nada adianta ele transcrever tudo o que foi dito da justiça desses antigos citas que saquearam a Ásia com tanta freqüência e que comiam ocasionalmente carne humana, pois ele sempre encontra certa incredulidade nas pessoas de bem.

O que mais admiro em nossos compiladores modernos é a sabedoria e a boa-fé com a qual nos provam que tudo o que aconteceu outrora nos maiores impérios do mundo só se deu para instruir os habitantes da Palestina. Se os reis da Babilônia, em suas conquistas, atacam de passagem o povo hebreu, é unicamente para corrigir esse povo de seus pecados. Se o rei a quem se chamou Ciro se assenhora da Babilônia, é para dar a alguns judeus licença para ir para casa. Se Alexandre é vencedor de Dario, é para estabelecer roupas-velheiros judeus em Alexandria. Quando os romanos juntam a Síria à sua vasta dominação e englobam o pequeno país da Judéia em seu império, também é para instruir os judeus; os árabes e os turcos só vieram para corrigir esse povo amável. Há que confessar que ele teve uma excelente educação; nunca ninguém teve tantos preceptores. Eis como a história é útil.

Mas o que temos de mais instrutivo é a justiça exata que os letrados dispensaram a todos os príncipes com quem não estavam contentes. Vejam com que candor imparcial são Gregório de Nazianzo julga o imperador Juliano, o filósofo: ele declara que esse príncipe, que não acreditava no diabo, tinha uma relação secreta com ele e que, um dia em que os demônios lhe apareceram todo inflamados sob as formas mais horrendas, ele os escorraçou fazendo sem querer sinais-da-cruz.

Ele o chama de *furioso*, de *miserável*; garante que Juliano imolava meninos e meninas todas as noites nos porões. É assim que fala do mais clemente dos homens, que nunca se vingou das invectivas que esse mesmo Gregório proferiu contra ele durante seu reinado.

Um método feliz para justificar as calúnias com que se cumula um inocente é fazer a apologia de um culpado. Com isso, tudo é compensado; é a maneira que utiliza o mesmo santo de Nazianzo. O imperador de Constância, tio e predecessor de Juliano, quando do seu advento ao império havia massacrado Júlio, irmão de sua mãe, e os dois filhos deste, todos os três declarados augustos; mandou depois assassinar Galo, irmão de Juliano. Essa crueldade que exerceu contra sua família ele notabilizou contra o império; mas ele era devoto, e até na batalha decisiva contra Magnêncio orou a Deus numa igreja o tempo todo em que os exércitos se enfrentavam. Eis o homem de que Gregório faz o panegírico. Se os santos nos dão a conhecer a verdade desse modo, o que não devemos esperar dos profanos, ainda mais quando são ignorantes, supersticiosos e apaixonados?

Às vezes, faz-se hoje uso um tanto estranho do estudo da história. Desenterram-se mapas do tempo de Dagoberto, a maior parte suspeita e mal-entendida, e infere-se daí que certos costumes, direitos, prerrogativas, que subsistiam então, devem reviver hoje. Aconselho os que estudam e raciocinam assim a dizer ao mar: estiveste outrora em Aigues-Mortes, Fréjus, Ravena, Ferrara; volta lá daqui a pouco.

SEÇÃO III

Da utilidade da história

Essa vantagem consiste sobretudo na comparação que um estadista, um cidadão podem fazer das leis e costumes estrangeiros com os do seu país: é o que estimula a emulação das nações modernas nas artes, na agricultura, no comércio.

Os grandes erros passados servem muito de todas as maneiras; nunca os crimes e as desgraças seriam suficientemente recordados. Digam o que quiserem, mas pode-se prevenir aqueles e estas; a história do tirano Cristiano pode impedir que uma nação confie o poder absoluto a um tirano; e o desastre de Carlos XII em Poltava adverte um general de que não se deve penetrar na Ucrânia sem ter víveres.

Foi por ter lido os detalhes das batalhas de Crécy, de Poitiers, de Azincourt, de Saint-Quentin, de Gravelines, etc., que o célebre marechal de Saxe se determinava a estudar, tanto quanto possível, questões de posição.

Os exemplos produzem grande efeito no espírito de um príncipe que lê com atenção. Ele verá que Henrique IV só empreendeu sua grande guerra, que devia mudar o sistema da Europa, depois de ter garantido o nervo da guerra para poder mantê-la vários anos sem nenhum novo socorro financeiro.

Verá que a rainha Elizabeth, unicamente com os recursos do comércio e uma sábia economia, resistiu ao poderoso Filipe II, e que de cem naus que ela pôs no mar contra a armada invencível, três quartos eram fornecidos pelas cidades comerciantes da Inglaterra.

A França, intacta sob Luís XIV, após nove anos da guerra mais infeliz, mostrará evidentemente a utilidade das praças-fortes fronteiriças que ele construiu. Em vão o autor das causas da queda do Império Romano critica Justiniano por ter adotado essa mesma política; devia criticar somente os imperadores que desprezaram essas praças fronteiriças e que abriram as portas do império aos bárbaros.

Uma vantagem que a história moderna tem sobre a história antiga é a de ensinar a todos os potentados que, desde o século XV, sempre houve a união contra uma potência demasiado preponderante. Esse sistema de equilíbrio sempre foi desconhecido dos antigos, e é essa a razão do sucesso do povo romano, que, tendo formado uma milícia superior à dos outros povos, subjugou-os um depois do outro, do Tibre ao Eufrates.

É necessário ter freqüentemente diante dos olhos as usurpações dos papas, as escandalosas discórdias de seus cismas, a demência das disputas de controvérsia, as perseguições, as guerras gestadas por essa demência e os horrores que elas produziram.

Se não se tornasse esse conhecimento familiar aos jovens, se só houvesse um pequeno número de estudiosos instruídos sobre esses fatos, o público seria tão imbecil quanto era na época de Gregório VII. As calamidades desses tempos de ignorância renasceriam infalivelmente, porque não se tomaria nenhuma precaução para preveni-las. Todo o mundo sabe, em Marselha, por que inadvertência a peste foi trazida do Levante, e dela se preservam.

Aniquilem o estudo da história, e verão talvez dias de são Bartolomeu na França e Cromwells na Inglaterra.

Certeza da história

Toda certeza que não é demonstração matemática não passa de uma extrema probabilidade – não há outra certeza histórica.

Quando Marco Polo falou, primeiro e apenas ele, da grandeza e da população da China, ninguém acreditou, e ele não pôde exigir crédito. Os portugueses que entraram naquele vasto império séculos depois começaram a tornar a coisa provável. Hoje isso é certo, dessa certeza que nasce do depoimento unânime de mil testemunhas oculares de diferentes nações, sem que ninguém tenha reclamado contra seu testemunho.

Se apenas dois ou três historiadores houvessem escrito a aventura do rei Carlos XII, que, obstinando-se a permanecer nos Estados do sultão, seu benfeitor, contra a própria vontade, combateu com seus domésticos contra um exército de janízaros e de tártaros, eu teria deixado em suspenso meu juízo; mas, tendo falado com várias testemunhas oculares e não tendo ouvido ninguém pôr essa ação em dúvida, tive de acreditar nela; porque, afinal de contas, se ela não é nem sensata nem ordinária, não é contrária nem às leis da natureza nem ao caráter do herói.

O que contraria o curso ordinário da natureza não deve ser digno de crédito, a não ser que seja atestado por homens visivelmente animados pelo espírito divino e que seja impossível duvidar da inspiração deles. Eis por que, no verbete CERTEZA do *Dicionário enciclopédico*, é um grande paradoxo dizer que deveríamos acreditar igualmente em toda Paris tanto quando esta afirma ter visto um morto ressuscitar como quando esta diz que ganhamos a batalha de Fontenoy. Parece evidente que o testemunho de toda a Paris sobre algo improvável não poderia ser igualado ao testemunho de toda a Paris sobre algo provável. São essas as primeiras noções da lógica sadia. Tal dicionário deveria ser consagrado apenas à verdade[1].

Incerteza da história

Distinguem-se os tempos em fabulosos e históricos. Mas os históricos deveriam ser distinguidos, por sua vez, em

---
1. Ver os verbetes CERTO, CERTEZA.

verdades e em fábulas. Não falo aqui de fábulas reconhecidas hoje em dia como tais: não se trata, por exemplo, dos prodígios com que Tito Lívio enfeitou ou estragou sua história; mas, nos fatos mais aceitos, quantas razões de duvidar!

Atente-se em que a república romana ficou quinhentos anos sem historiadores; que o próprio Tito Lívio deplora a perda dos outros monumentos que pereceram quase todos no incêndio de Roma, *pleraque interiere*; tenha-se em conta que nos trezentos primeiros anos a arte de escrever era raríssima, *rarae per eadem tempora litterae*; ter-se-á então por que duvidar de todos os acontecimentos que não estão na ordem ordinária das coisas humanas.

É porventura provável que Rômulo, neto do rei dos sabinos, terá sido forçado a raptar sabinas para ter esposas? A história de Lucrécio é verossímil? Alguém vai crer facilmente, dando fé a Tito Lívio, que o rei Porsena fugiu cheio de admiração pelos romanos, porque um fanático quis assassiná-lo? Não seríamos levados, ao contrário, a acreditar em Polibo, que era duzentos anos anterior a Tito Lívio? Polibo diz que Porsena subjugou os romanos: isso é muito mais provável que a aventura de Cévola, que teria queimado a mão por ter esta se equivocado. Eu teria desafiado Poltrot a fazer o mesmo.

A aventura de Régulo, encerrado pelos cartagineses num tonel eriçado de pontas de ferro, merece crédito? Polibo, contemporâneo, não teria falado nela, se tivesse sido verdadeira? Ele não diz uma só palavra: é porventura uma grande presunção pretender que essa história foi inventada bem mais tarde apenas para tornar os cartagineses mais odiosos?

Abram o *Dicionário de Moréri*, no verbete RÉGULO; ele garante que o suplício desse romano está relatado em Tito Lívio; no entanto, a década em que Tito Lívio poderia ter falado dele se perdeu; só temos o suplemento de Freinshem; e ocorre que esse dicionário citou na verdade um alemão do século XVII, crendo citar um romano do tempo de Augusto. Far-se-iam volumes imensos com todos os fatos célebres e aceitos de que cabe duvidar. Mas os limites deste verbete não permitem estender-nos mais.

Os templos, as festas, as cerimônias anuais, as próprias medalhas são provas históricas?

Somos naturalmente levados a crer que um monumento erigido por uma nação com o fim de celebrar um acontecimento atesta a certeza deste. No entanto, se esses monumentos não foram elevados por contemporâneos, se celebram alguns fatos pouco verossímeis, provam acaso outra coisa, a não ser que se quis consagrar uma opinião popular?

A coluna rostral erigida em Roma pelos contemporâneos de Duílio é sem dúvida uma prova da vitória naval de Duílio; mas a estátua do áugure Névio, que cortava uma pedra com uma navalha, provava que Névio havia realizado esse prodígio? As estátuas de Ceres e de Triptolemo, em Atenas, eram porventura testemunhos incontestes de que Ceres descera de não sei que planeta para vir ensinar agricultura aos atenienses? O célebre Laocoonte, que subsiste hoje tão inteiro, atesta acaso a verdade da história do cavalo de Tróia?

As cerimônias, as festas anuais estabelecidas por toda uma nação, não constatam melhor a origem a que são atribuídas. A festa de Arionte montado num golfinho era celebrada tanto pelos romanos como pelos gregos. A do Fauno lembrava sua aventura com Hércules e Onfale, quando aquele deus, apaixonado por Onfale, entrou na cama de Hércules pensando ser a da amante.

A célebre festa das lupercais era realizada em homenagem à loba que amamentou Rômulo e Remo.

Em que se baseava a festa de Órion, celebrada no dia cinco dos idos de maio? No seguinte. Hireu recebeu em casa Júpiter, Netuno e Mercúrio; e, quando seus convidados se despediram, esse sujeito, que não tinha mulher e que queria ter um filho, fez parte de sua dor aos três deuses. Não ouso contar o que eles fizeram no couro do boi que Hireu lhes servira na refeição; cobriram depois esse couro com um pouco de terra e daí nasceu Órion, ao cabo de nove meses.

Quase todas as festas romanas, sírias, gregas, egípcias baseavam-se em histórias assim, bem como os templos e as estátuas dos heróis antigos: eram monumentos que a credulidade consagrava ao erro.

Um de nossos mais antigos monumentos é a estátua de são Dionísio carregando a cabeça nos braços.

Uma medalha, mesmo sendo contemporânea, às vezes não é uma prova. Quantas medalhas a adulação não cunhou, sobre batalhas mal decididas, qualificadas de vitória, e sobre empresas fracassadas, que só foram levadas a bom termo na lenda? Porventura recentemente, durante a guerra de 1740 dos ingleses contra o rei da Espanha, não se cunhou uma medalha que atestava a tomada de Cartagena pelo almirante Vernon, quando esse almirante levantava o cerco?

As medalhas só são testemunhos irrepreensíveis quando o acontecimento é atestado por autores contemporâneos; então essas provas, sustentando-se uma na outra, constatam a verdade.

Deve-se, na história, inserir arengas e fazer retratos?

Se numa ocasião importante um general do exército ou um homem de Estado falou de uma maneira singular e forte, que caracteriza seu gênio e o do seu século, deve-se sem dúvida reproduzir seu discurso palavra por palavra: tais arengas são talvez a parte mais útil da história. Mas por que fazer um homem dizer o que não disse? Seria quase a mesma coisa que lhe atribuir o que ele não fez. É uma ficção imitada de Homero; mas o que é ficção num poema torna-se, a rigor, mentira num historiador. Vários antigos usaram esse método; isso não prova outra coisa, a não ser que vários antigos quiseram dar exibições da sua eloqüência à custa da verdade.

Dos retratos

Os retratos ainda denotam, muitas vezes, mais vontade de brilhar que de instruir. Os contemporâneos têm direito de pintar o retrato dos homens de Estado com os quais negociaram, dos generais sob cujo comando fizeram a guerra. Mas como é de se temer que o pincel seja guiado pela paixão! Parece que os retratos que encontramos em Clarendon são feitos com mais imparcialidade, gravidade e sabedoria do que os que lemos com prazer no cardeal de Retz.

Mas querer pintar os antigos, esforçar-se por desenvolver suas almas, olhar os acontecimentos como caracteres com os quais se pode ler com segurança no fundo dos corações é uma iniciativa bem delicada, é em muitas uma puerilidade.

Da máxima de Cícero acerca da história: que o historiador não ouse dizer uma falsidade nem esconder uma verdade

A primeira parte desse preceito é incontestável; é preciso examinar a outra. Se uma verdade pode ter alguma utilidade para o Estado, seu silêncio é recomendável. Mas vamos supor que você escreva a história de um príncipe, que lhe tenha confiado um segredo: deve você revelá-lo? Deve dizer à posteridade o que você seria culpado se dissesse em segredo a um só homem? O dever de um historiador prevalecerá sobre um dever maior?

Vamos supor ainda que você tenha sido testemunha de uma fraqueza que não teve influência sobre os negócios públicos: deve revelar essa fraqueza? Nesse caso, a história seria uma sátira.

Cumpre confessar que a maioria dos escritores de anedotas é mais indiscreta que útil. Mas que dizer desses compiladores insolentes que, achando ser um mérito maldizer, imprimem e vendem escândalos como La Voisin vendia venenos?

História satírica

Se Plutarco repreendeu Heródoto por não ter este realçado devidamente a glória de algumas cidades gregas e por ter omitido vários fatos conhecidos dignos de memória, quão mais repreensíveis não são hoje os que, sem ter nenhum dos méritos de Heródoto, imputam aos príncipes, às nações, ações odiosas, sem a mais leve aparência de prova? A guerra de 1741 foi escrita na Inglaterra. Encontramos nessa história que na batalha de Fontenoy "os franceses atiraram nos ingleses com balas envenenadas e cacos de vidro venenosos, e que o duque de Cumberland enviou ao rei de França uma caixa cheia desses supostos venenos encontrados no corpo dos ingleses feridos". O mesmo autor acrescenta que, tendo os franceses perdido quarenta mil homens nessa batalha, o parlamento de Paris promulgou um decreto pelo qual era proibido falar no assunto, sob pena de punições corporais.

"As memórias fraudulentas" impressas há pouco com o nome de Mme de Maintenon estão cheias de semelhantes absurdos. Encontramos aí que, durante o cerco de Lille, os aliados jogavam na cidade bilhetes concebidos nestes termos: "Franceses, consolai-vos; a Maintenon não será vossa rainha."

Quase todas as páginas estão sujas de imposturas e termos ofensivos contra a família real e contra as principais famílias do reino, sem alegar a mais ligeira verossimilhança capaz de dar a menor cor a essas mentiras. Não é escrever história, é escrever ao sabor das calúnias dignas do pelourinho.

Imprimiram na Holanda, com o nome de *História*, uma multidão de libelos cujo estilo é tão grosseiro quanto as injúrias, e cujos fatos são tão falsos quanto mal escritos. É, dizem, um mau fruto da excelente árvore da liberdade. Mas, se os desgraçados autores dessas inépcias tiveram a liberdade de enganar os leitores, cumpre usar aqui a liberdade para desenganá-los.

A tentação de um ganho vil, somada à insolência dos costumes abjetos, foram os únicos motivos que levaram aquele refugiado protestante do Languedoc, chamado Langlevieux, vulgo La Beaumelle, a tentar a mais infame manobra que já desonrou a literatura. Ele vendeu em 1753 por dezessete luíses de ouro ao livreiro Esllinger, de Frankfurt, a *História do século de Luís XIV*, que não lhe pertence; e, seja para se fazer passar pelo dono, seja para ganhar seu dinheiro, ele a enche de notas abomináveis contra Luís XIV, contra seu filho, contra o duque de Borgonha, seu neto, que trata sem cerimônia de pérfido e de traidor de seu avô e da França. Vomita contra o duque de Orléans, o regente, as calúnias mais horrendas e mais absurdas; ninguém é poupado, e no entanto ele nunca conheceu ninguém. Derrama sobre os marechais de Villars, de Villeroi, os ministros, as mulheres, historietas recolhidas nos cabarés; e fala dos maiores príncipes como se estivesse sob sua autoridade. Ele se exprime como juiz dos reis: "Dai-me um Stuart, e farei dele rei da Inglaterra", diz.

Esse excesso de ridículo num desconhecido não foi considerado: teria sido severamente punido num homem cujas palavras tivessem algum peso. Mas cumpre observar que muitas vezes essas obras de trevas têm curso na Europa; elas são vendidas nas feiras de Frankfurt e de Leipzig; todo o Norte está inundado por elas. Os estrangeiros, que não estão a par, acreditam encontrar nesses libelos os conhecimentos da história moderna. Os autores alemães nem sempre estão alertas contra essas Memórias e as utilizam como matéria-prima. Foi o que sucedeu com as Memórias de Pontis, de Montbrun, de Rochefort, de Vordac; com todos esses supostos testamentos políticos dos ministros de Estado, compostos por falsários; com o Dízimo real de Bois-Guillebert, imprudentemente publicado com o nome do marechal de Vauban; e tantas compilações de analectos e de anedotas.

A história às vezes é ainda mais maltratada na Inglaterra. Como sempre há dois partidos suficientemente violentos encarniçando-se um contra o outro até o perigo comum reuni-los, os escritores de uma facção condenam tudo o que os outros aprovam. O mesmo homem é representado como um Catão e como um Catilina. Como deslindar o verdadeiro entre a adulação e a sátira? Talvez só haja uma regra segura: acreditar no bem que um historiador partidário ousa dizer dos heróis da facção contrária, e no mal que ousa dizer dos chefes da sua, pelo qual ele não tenha motivo de queixa.

Quanto às Memórias realmente escritas pelos personagens envolvidos, como as de Clarendon, de Ludlow, de Burnet, na Inglaterra, de La Rochefoucauld, de Retz, na França: se elas coincidem, são verdadeiras; se se contrariam, duvide.

Para os analectos e as anedotas, há um em cem que pode conter alguma sombra de verdade.

SEÇÃO IV

Do método, da maneira de escrever a história e do estilo

Tanto se falou sobre essa matéria que é pouco o que se tem a dizer aqui. Sabe-se muito bem que o método e o estilo de Tito Lívio, sua gravidade, sua eloqüência comedida, convêm à majestade da república romana; que Tácito é mais feito para pintar tiranos; Políbio, para dar lições de guerra; Dionísio de Halicarnasso, para desenvolver as antiguidades.

Mas, moldando-se em geral nesses grandes mestres, temos hoje um fardo muito mais pesado que o deles a carregar. Exige-se dos historiadores modernos mais detalhes, fatos mais constatados, datas precisas, autoridades, mais atenção aos usos, às leis, aos costumes, ao comércio, às finanças, à agricultura, à população. Ocorre com a história o mesmo que com a matemática e a física: o campo aumentou prodigiosamente. Tanto é fácil fazer uma coletânea de mexericos como é hoje difícil escrever a história.

Daniel acreditava-se historiador porque transcrevia datas e relatos de batalhas em que não entendemos nada. Ele devia me informar sobre os direitos da nação, os direitos dos principais corpos dessa nação, suas leis, seus usos, seus costumes e como eles mudaram. Essa nação está no direito de lhe dizer: eu lhe peço muito mais minha história do que a de Luís, o Gordo, e de Luís, o Teimoso. Você me diz, baseando-se numa velha crônica escrita ao acaso, que estando Luís VIII acometido por uma doença mortal, extenuado, definhando, não agüentando mais, os médicos mandaram aquele corpo cadavérico deitar-se com uma bonita moça para se recuperar, e que o santo rei rejeitou com veemência essa vilania. Ah! Daniel, você não conhece o provérbio italiano: *donna ignuda manda l'uomo sotto la terra*. Você deveria ter um pouco mais de tintura da história política e da história natural.

Exige-se que a história de um país estrangeiro não seja vazada no mesmo molde da história da sua pátria.

Se você escreve uma história da França, não é obrigado a descrever o curso do Sena e do Loire; mas, se dá ao público as conquistas dos portugueses na Ásia, exige-se uma topografia dos países descobertos. Pretende-se que você leve o leitor pela mão ao longo da África e das costas da Pérsia e da Índia; espera-se de sua parte informações sobre os costumes, as leis, os usos dessas nações, novas para a Europa.

Temos vinte histórias do estabelecimento dos portugueses nas Índias; mas nenhuma nos deu a conhecer os diversos governos desse país, suas religiões, suas antiguidades, os brâmanes, os discípulos de são João, os guebros, os baneanes. Conservaram-nos, é bem verdade, as cartas de Xavier e dos seus sucessores. Deram-nos histórias da Índia, feitas em Paris, baseadas nesses missionários que não sabiam a língua dos brâmanes. Repetem-nos em inúmeros escritos que os indianos adoram o diabo. Capelães de uma companhia de mercadores partem com esse preconceito; e, desde que vêem nas costas de Coromandel umas figuras simbólicas, não deixam de escrever que são retratos do diabo, que estão no império dele, que vão combatê-lo. Nem lhes passa pela cabeça que nós é que adoramos o diabo Mamon e que vamos levar-lhe nossos votos a seis mil léguas da nossa pátria para ganhar dinheiro.

A quem, em Paris, se põe a soldo de certo livreiro da *rue* Saint-Jacques, a quem se encomenda uma história do Japão, do Canadá, das ilhas Canárias, com base nas Memórias de algum capuchinho, não tenho nada a dizer.

Basta saber que o método adequado à história do seu país não é próprio para descrever as descobertas do novo mundo; que não se deve escrever sobre um vilarejo como se escreve sobre um grande império; que não se deve fazer a história privada de um príncipe como se faz a da França ou da Inglaterra.

Se você só tem a dizer que um bárbaro sucedeu outro bárbaro à margem do Oxus e do Iaxarte, em que você é útil ao público?

Essas regras são bem conhecidas; mas a arte de escrever bem a história sempre será raríssima. Sabe-se muito bem que é necessário um estilo grave, puro, variado, agradável. Vale para as leis da escrita da história o mesmo que para todas as artes do espírito: muitos preceitos e poucos grandes artistas.

SEÇÃO V

História dos reis judeus e dos paralipômenos

Todos os povos escreveram sua história assim que puderam escrever. Os judeus também escreveram a deles. Antes de terem reis, viviam sob uma teocracia; pretendiam-se governados por Deus.

Quando os judeus quiseram ter um rei como os outros povos vizinhos, o profeta Samuel, interessadíssimo em não ter rei, declarou-lhes da parte de Deus que era Deus mesmo que eles rejeitavam assim; desse modo, a teocracia acabou para os judeus quando a monarquia começou.

Logo, poder-se-ia dizer sem blasfemar que a história dos reis judeus foi escrita como a dos outros povos e que Deus não se deu ao trabalho de ditar ele próprio a história de um povo que ele já não governava.

Essa opinião só pode ser defendida com a mais extrema desconfiança. O que poderia confirmá-la é que os *Paralipômenos* contradizem abertamente o Livro dos Reis, na cronologia e nos fatos, do mesmo modo que os historiadores profanos também se contradizem algumas vezes. Além do mais, se Deus sempre escreveu a história dos judeus, há que acreditar que ainda a escreve: porque os judeus continuam sendo seu povo eleito. Eles devem se converter um dia, e parece que nesse dia terão tanto direito de considerar sagrada a história da sua dispersão quanto têm o direito de dizer que Deus escreveu a história dos seus reis.

Podemos fazer mais uma reflexão: é que, tendo Deus sido o único rei por muito tempo e, depois, tendo sido o historiador dos reis, devemos ter por todos os judeus o mais profundo respeito. Não há roupa-velheiro judeu que não esteja infinitamente acima de César ou de Alexandre. Como não se prosternar diante de um roupa-velheiro que prova que sua história foi escrita pela própria Divindade, enquanto as histórias gregas e romanas nos foram transmitidas apenas por profanos?

Se o estilo da *História dos reis* e dos *Paralipômenos* é divino, é bem possível também que nem todas as ações contadas nessas histórias sejam divinas. Davi assassina Uri. Isboset e Mefiboset são assassinados. Absalão assassina Amnon; Joab assassina Absalão; Salomão assassina Adonias, seu irmão; Baasa assassina Nadab; Zinri assassina Elá; Onri assassina Zinri; Acab assassina Nabot; Jeú assassina Acab e Jorão; os moradores de Jerusalém assassinam Amazias, filho de Joás; Salum, filho de Jabes, assassina Zacarias, o de Jeroboão; Menaém assassina Salum, filho de Jabes; Peca, filho de Remalias, assassina Pecaías, filho de Menaém; Oséias, filho de Elá, assassina Peca, filho de Remalias. Silencia-se sobre muitos outros pequenos assassinatos. Há que confessar que, se o Espírito Santo escreveu essa história, ele não escolheu um tema muito edificante.

SEÇÃO VI

Das más ações consagradas ou desculpadas na história

É até por demais comum os historiadores louvarem péssimos homens que prestaram serviço à seita dominante ou à pátria. Esses elogios talvez sejam os de um cidadão zeloso, mas esse zelo ultraja o gênero humano. Rômulo assassina o irmão, e fazem dele um deus. Constantino degola o filho, asfixia a mulher, assassina quase toda a família: foi elogiado em concílios, mas a história deve detestar suas barbáries. Ainda bem para nós, sem dúvida, Clóvis ter sido católico; ainda bem para a Igreja anglicana Henrique VIII ter abolido os monges; mas cumpre confessar que Clóvis e Henrique VIII eram monstros de crueldade.

Quando o jesuíta Berruyer, que, apesar de jesuíta, era um tolo, teve a idéia de parafrasear o Antigo e o Novo Testamento em estilo de ruela, sem outra intenção que a de fazê-los ser lidos, jogou flores de retórica na faca de dois gumes que o judeu Eúde enfiou com cabo e tudo no ventre do rei Eglom, no sabre com que Judite cortou a cabeça de

Holofernes depois de se ter prostituído a ele, e em várias outras ações desse gênero. O parlamento, respeitando a Bíblia, que relata essas histórias, condenou o jesuíta que as louvava e mandou queimar o Antigo e o Novo Testamento, quero dizer, o do jesuíta.

Mas, como os juízos dos homens são sempre diferentes em casos assim, a mesma coisa aconteceu com Bayle num caso oposto: ele foi condenado por não ter elogiado todas as ações de Davi, rei da província da Judéia. Um tal de Jurieu, pregador refugiado na Holanda, com outros pregadores refugiados, quiseram obrigá-lo a se retratar. Mas como se retratar de fatos registrados na Escritura? Bayle não tinha acaso certa razão em pensar que nem todos os fatos relatados nos livros judeus são ações santas; que Davi cometeu, como qualquer outro, ações criminosas e que, se é chamado de homem segundo o coração de Deus, é em virtude da sua penitência, e não por causa dos seus feitos?

Deixemos de lado os nomes e pensemos apenas nas coisas. Suponhamos que durante o reinado de Henrique IV um cura da Santa Liga tenha derramado em segredo uma garrafa de óleo na cabeça de um pastor da Brie, que esse pastor vá à corte, que o cura o apresente a Henrique IV como um bom violinista capaz de dissipar sua melancolia, que o rei o faça seu escudeiro e lhe dê uma de suas filhas em casamento; que, depois, tendo o rei se desentendido com o pastor, este busque refúgio junto a um príncipe da Alemanha, inimigo do seu sogro, que arme seiscentos bandoleiros crivados de dívidas e de devassidão, que corra os campos com essa canalha, degole amigos e inimigos, extermine até mesmo as mulheres e crianças de peito, para que ninguém possa dar notícia dessa carnificina; suponhamos ainda que esse mesmo pastor da Brie se torne rei da França após a morte de Henrique IV e mande assassinar o neto deste, depois de tê-lo feito comer a sua mesa, e entregue à morte os outros sete netos do rei: quem não confessará que esse pastor da Brie é um pouco duro?

Os comentadores consideram que o adultério de Davi e o assassinato de Urias são faltas que Deus perdoou. Podemos, portanto, considerar que os massacres acima são faltas que Deus também perdoou.

No entanto, não se teve a menor condescendência com Bayle. Mas, para concluir, tendo alguns pregadores de Londres comparado Jorge II com Davi, um dos serviçais desse monarca publicou um livrinho no qual se queixa da comparação. Ele examina toda a conduta de Davi, vai infinitamente mais longe que Bayle, trata Davi com maior severidade do que Tácito trata Domiciano. Esse livro não provocou na Inglaterra o menor murmúrio; todos os leitores sentiram que as más ações sempre são más, que Deus pode perdoá-las quando a penitência for proporcional ao crime, mas que nenhum homem deve aprová-las.

Portanto há mais razão na Inglaterra do que havia na Holanda no tempo de Bayle. Sente-se hoje que não se deve apresentar como modelo de santidade o que é digno do último suplício; e sabe-se que, se não se deve consagrar o crime, tampouco se deve crer no absurdo.

Historiógrafo

Título bem diferente do de historiador. Costuma-se chamar na França de historiógrafo o homem de letras pensionista e, como se dizia outrora, *appointé** para escrever a história. Alain Chartier foi historiógrafo de Carlos VII. Ele diz que interrogou os domésticos desse príncipe e os fez prestar juramento, segundo o dever do seu cargo, para saber deles se Carlos de fato teve Agnès Sorel como amante. Concluiu que nunca aconteceu nada de livre entre esses amantes e que tudo se reduziu a algumas carícias honestas, de que esses domésticos tinham sido testemunhas inocentes. No entanto, é constante, não da parte dos historiógrafos, mas dos historiadores apoiados nos títulos de família, que Carlos VII teve de Agnès Sorel três filhas, a mais velha das quais, casada com um Brezé, foi apunhalada pelo marido. Desde esse tempo houve muitos historiógrafos oficiais da França, e o uso era de lhes dar patentes de conselheiros de Estado com os proventos do cargo. Eles eram comensais da casa do rei. Matthieu teve esses privilégios sob Henrique IV, e nem por isso escreveu melhor a história desse rei.

Em Veneza, é sempre um nobre do Senado que tem esse título e essa função; e o célebre Nani exerceu-os com

---

* Remunerado. (N. do T.)

aprovação geral. É bem difícil o historiógrafo de um príncipe não ser um mentiroso; o de uma república adula menos, mas não diz todas as verdades. Na China, os historiógrafos são encarregados de recolher todos os acontecimentos e todos os títulos originais de uma dinastia. Eles jogam as folhas numeradas numa vasta sala, por um orifício parecido com a bocarra do leão em que se metem, em Veneza, os conselhos secretos que se quer dar; quando a dinastia se extingue, abre-se a sala e dá-se redação ao material, com o qual se compõe uma história autêntica. O Diário Geral do império também serve para constituir o corpo de história; esse diário é superior às nossas gazetas, porque é feito sob os olhos dos mandarins de cada província e revisto por um tribunal supremo e porque cada peça traz consigo uma autenticidade decisiva em matérias contenciosas.

Cada soberano escolhe seu historiógrafo. Vittorio Siri foi um. Pellisson foi escolhido primeiro por Luís XIV para escrever os acontecimentos do seu reinado, e desincumbiu-se desse emprego com eloqüência na *História da Franche-Comté*. Racine, o mais elegante dos poetas, e Boileau, o mais correto, mais tarde substituíram Pellisson. Alguns curiosos recolheram memórias da travessia do Reno escritas por Racine. Não se pode julgar por essas memórias se Luís XIV cruzou ou não o Reno com as tropas que atravessaram esse rio a nado. Esse exemplo demonstra muito bem quanto é raro um historiógrafo ousar dizer a verdade. Por isso, muitos dos que tiveram esse título trataram de evitar escrever a história: fizeram como Amyot, que dizia ser demasiado apegado aos seus amos para escrever a vida deles. O padre Daniel recebeu a patente de historiógrafo depois de ter escrito sua História da França; obteve somente uma pensão de seiscentas libras, tida apenas como honorários convenientes a um religioso.

É muito difícil atribuir às ciências e às artes, aos trabalhos literários, seus verdadeiros limites. Talvez o próprio de um historiógrafo seja reunir o material, e é historiador quem os utiliza. O primeiro pode juntar tudo, o segundo escolher e arranjar. O historiógrafo é mais um simples analista, o historiador parece ter um campo mais livre para a eloquência.

Não é necessário dizer aqui que ambos devem igualmente dizer a verdade; mas pode-se examinar essa grande lei de Cícero: *ne quid veri tacere non audeat*, é preciso ousar não calar nenhuma verdade. Essa regra é uma das leis que necessitam ser comentadas. Suponho um príncipe que confie a seu historiógrafo um segredo importante, a que está ligada a honra desse príncipe, ou que o próprio interesse do Estado exige que esse segredo nunca seja revelado; o historiógrafo ou o historiador deve faltar à confiança que seu príncipe nele depositou? Deve trair sua pátria para obedecer a Cícero? A curiosidade do público parece exigi-lo: a honra, o dever o defendem. Talvez nesse caso se deva renunciar a escrever a história.

Uma verdade desonra uma família: o historiógrafo ou o historiador deve dá-la a saber ao público? Não, é claro; ele não é encarregado de revelar a vergonha dos particulares, e a história não é uma sátira.

Mas se essa verdade escandalosa diz respeito aos acontecimentos públicos, se entra nos interesses do Estado, se produz males cuja causa é importante saber, então a máxima de Cícero deve ser observada; porque essa lei é como todas as outras leis, que devem ser ou executadas, ou temperadas, ou desprezadas, conforme as conveniências.

Evitemos esse respeito humano, quando se trata das faltas públicas reconhecidas, das prevaricações, das injustiças que o infortúnio dos tempos arrancou de corpos respeitáveis; não seria possível pô-las a nu: são faróis que avisam esses corpos sempre subsistentes para não mais se quebrarem contra os mesmos escolhos. Se um parlamento da Inglaterra condenou um homem de bem ao suplício, se uma assembléia de teólogos pediu o sangue de um infortunado que não pensava como eles, é do dever de um historiador inspirar horror a todos os séculos por esses assassinatos jurídicos. Sempre se deveu fazer os atenienses enrubescerem por causa da morte de Sócrates.

Felizmente, mesmo um povo íntegro sempre acha bom que lhe exibam os crimes dos seus pais; gostam de condená-los, acreditam ser melhores que eles. O historiógrafo ou o historiador incentiva-os nesses sentimentos; e, recordando as guerras da Fronda e as guerras religiosas, impedem que haja outras como elas.

Introdução ao
Ensaio sobre os costumes

I. Mudanças no globo

Você gostaria que a história antiga tivesse sido escrita por filósofos, porque a lê como filósofo. Você só busca verdades úteis, e achou apenas erros inúteis, diz. Procuremos esclarecer-nos juntos; procuremos desenterrar alguns monumentos preciosos sob as ruínas dos séculos.

Comecemos por examinar se o globo que habitamos era outrora tal qual é hoje.

Pode ser que nosso mundo tenha sofrido tantas mudanças quantas revoluções os Estados experimentaram. Parece provado que o mar cobriu imensos terrenos, repletos hoje de grandes cidades e ricas searas. Não há orla que o tempo não tenha afastado ou aproximado do mar.

As areias movediças da África setentrional e as bordas da Síria vizinhas do Egito podem ser outra coisa que areias do mar, que permaneceram amontoadas quando o mar retirou-se pouco a pouco? Heródoto, que nem sempre mente, nos diz sem dúvida uma grande verdade quando conta que, segundo o relato dos sacerdotes do Egito, o delta nem sempre foi terra. Não podemos dizer o mesmo das regiões arenosas situadas próximo do mar Báltico? As Cícladas não atestam aos nossos olhos, por todos os baixios que as rodeiam, pela vegetação que divisamos facilmente sob a água que as banha, que fizeram parte do continente? O estreito da Sicília, essa antiga voragem de Caribde e de Cila, perigosa ainda hoje para as pequenas embarcações, não parece nos ensinar que a Sicília era contígua à Apúlia, como a Antiguidade sempre acreditou? O monte Vesúvio e o monte Etna têm os mesmos fundamentos sob o mar que os separa. O Vesúvio só começou a ser um vulcão perigoso quando o Etna deixou de sê-lo; um dos dois respiradouros ainda lança chamas quando o outro está tranqüilo: um abalo violento abismou a parte dessa montanha que unia Nápoles à Sicília.

Toda a Europa sabe que o mar tragou metade da Frísia. Vi, quarenta anos atrás, os campanários de dezoito vilarejos perto de Mordick, que ainda se elevavam acima das inundações e que desde então cederam ao esforço das ondas. É perceptível que o mar abandona em pouco tempo suas antigas orlas. Vide Aigues-Mortes, Fréjus, Ravena, que foram portos e que já não são; vide Damieta, onde acostamos no tempo das cruzadas e que está atualmente a dez milhas em terra firme; o mar se retira todos os dias de Roseta. A natureza dá em toda parte testemunho dessas revoluções; e, se estrelas se perderam na imensidão do espaço, se a sétima das Plêiades desapareceu faz tempo, se várias outras desvaneceram-se a olhos vistos na Via Láctea, devemos nos surpreender com que nosso pequeno globo passe por mudanças contínuas?

Não pretendo, é claro, garantir que o mar tenha formado ou mesmo margeado todas as montanhas da Terra. As conchas encontradas perto dessas montanhas podem ter sido a morada de pequenos testáceos que viviam em lagos; e esses lagos, que desapareceram devido aos terremotos, ter-se-iam precipitado em outros lagos inferiores. Os hipocampos, as pedras estreladas, os lenticulares, os judaicos, os glossópetras me pareceram fósseis terrestres. Nunca ousei pensar que esses glossópetras pudessem ser línguas de cachorro marinho, e sou da mesma opinião que aquele que disse ser a mesma coisa acreditar que milhares de mulheres tinham vindo depositar suas *conchas Veneris* numa praia e acreditar que milhares de cachorros marinhos tinham vindo deixar suas línguas nas praias. Ousou-se até dizer que os mares sem refluxo e os mares cujo refluxo é de sete ou oito pés formaram montanhas de quatrocentas a quinhentas toesas de altura; que todo o globo foi queimado; que ele se tornou uma bola de vidro. Essas imaginações desonram a física; tal charlatanice é indigna da história.

Evitemos misturar o duvidoso ao certo, e o quimérico ao verdadeiro; temos provas suficientes das grandes revoluções do globo, sem precisar ir buscar novas.

A maior de todas essas revoluções seria a perda da terra atlante, se for verdade que essa parte do mundo de fato existiu. É verossímil que essa terra não fosse outra senão a ilha da Madeira, descoberta talvez pelos fenícios, os mais intrépidos navegantes da Antiguidade, esquecida em seguida e finalmente reencontrada no começo do século XV da nossa era vulgar.

Enfim, parece evidente, pelos recortes de todas as terras que o oceano banha, por esses golfos que as irrupções do mar formaram, por esses arquipélagos semeados no meio das águas, que os dois hemisférios perderam mais de duas mil léguas de terreno, de um lado, e que o recuperaram, de outro; mas o mar não pode ter estado por séculos e séculos sobre os Alpes e sobre os Pirineus: tal idéia choca todas as leis da gravitação e da hidrostática.

II. Das diferentes raças de homens

Para nós, o mais interessante é a sensível diferença entre as espécies de homens que povoam as quatro partes conhecidas do nosso mundo.

Só um cego tem direito de duvidar que os brancos, os negros, os albinos, os hotentotes, os lapões, os chineses e os americanos são de raças inteiramente diferentes.

Não há viajante instruído que, passando por Leyden, não tenha visto a parte do *reticulum mucosum* de um negro, dissecado pelo célebre Ruysch. Todo o resto dessa membrana foi transportado por Pedro, o Grande, para o gabinete das raridades, em Petersburgo. Essa membrana é negra; e é ela que comunica aos negros esse negror inerente que eles só perdem nas doenças que podem rasgar esse tecido e permitir que a gordura, escapada das suas células, produza manchas brancas sob a pele.

Os olhos redondos, o nariz achatado, os lábios sempre grossos, as orelhas diferentemente conformadas, a lanugem da cabeça, a própria medida da inteligência erigem entre eles e as outras espécies de homens diferenças prodigiosas. E o que demonstra que não devem essa diferença ao clima é que negros e negras, transportados para os países mais frios, sempre produzem animais da sua espécie e que os mulatos são uma raça bastarda de um negro e de uma branca, ou de um branco e uma negra.

Os albinos são, na verdade, uma nação muito pequena e rara; moram no meio da África; sua fraqueza não lhes permite afastar-se das cavernas onde moram, mas os negros às vezes capturam um, e nós os compramos deles por curiosidade. Vi dois, e milhares de europeus viram. Pretender que são negros anões, de que uma espécie de lepra branqueou a pele, é como dizer que os próprios negros são brancos que a lepra enegreceu. Um albino se parece tanto com um negro da Guiné quanto com um inglês ou um espanhol. A brancura dos albinos não é como a nossa; nenhum encarnado, nenhuma mistura de branco e moreno; é uma cor de pano, ou melhor, de cera esbranquiçada; seus cabelos, suas sobrancelhas são da mais bela e mais suave seda; seus olhos não parecem nada com os dos outros homens, mas se aproximam muito dos olhos de perdiz. Eles se parecem com os lapões pela estatura, a nenhuma nação pela cabeça, já que têm outro cabelo, outros olhos, outras orelhas; e de humano só têm a estatura do corpo, com a faculdade da palavra e do pensamento num grau muito distante do nosso. Assim são os que vi e examinei.

A dobra que a natureza deu aos cafres, cuja pele frouxa e mole cai do umbigo sobre as coxas; o mamilo negro das samoiedas, a barba dos homens do nosso continente e o queixo sempre imberbe dos americanos são diferenças tão acentuadas que não é possível imaginar que não se trate de raças diferentes.

De resto, se perguntarmos de onde vieram os americanos, também teremos de perguntar de onde vieram os habitantes das terras austrais; e já responderam que a Providência, que pôs homens na Noruega, também os pôs na América e sob o círculo polar meridional, assim como aí plantou árvores e fez crescer a vegetação.

Vários estudiosos desconfiaram que algumas raças de homem ou de animais próximos do homem pereceram; os albinos são em número tão pequeno, são tão frágeis e tão maltratados pelos negros, que é de se temer que essa espécie não subsista por muito tempo.

Fala-se dos sátiros em quase todos os autores antigos. Não me parece que a existência deles seja impossível; ainda sufocam na Calábria alguns monstros postos no mundo pelas mulheres. Não é improvável que, nos países quentes, macacos tenham subjugado mulheres. Heródoto, no livro II, diz que, durante sua viagem ao Egito, uma mulher se acasalou em público com um bode, na província de Mendes; e invoca em testemunho todo o Egito. O *Levítico*, no capítulo 17, traz a proibição de se unir com bodes e cabras. Portanto esses acasalamentos devem ter sido comuns; enquanto não somos mais bem esclarecidos, é de se presumir que espécies monstruosas podem ter nascido desses amores abomináveis. Mas, se existiram, não podem ter influído sobre o gênero humano; e, como as mulas, que não geram, não puderam desnaturar as outras raças.

Quanto à duração da vida dos homens (se abstrairmos essa linhagem de descendentes de Adão consagrada pelos livros judeus e por tanto tempo desconhecida), é verossímil que todas as raças humanas desfrutaram de uma vida mais ou menos tão curta quanto a nossa. Como os animais, as árvores e todas as produções da natureza sempre tiveram a mesma duração, é ridículo fazermos de nós uma exceção.

Mas cumpre observar que, como o comércio nem sempre trouxe ao gênero humano as produções e as doenças dos outros climas e como os homens eram mais robustos e mais laboriosos na simplicidade de um estado campestre, para o qual nasceram, eles devem ter gozado de uma saúde mais igual e de uma vida um pouco mais longa que na indolência ou nos trabalhos malsãos das grandes cidades; isto é, se em Constantinopla, Paris e Londres um homem em cem mil chega a cem anos, é provável que vinte homens em cem mil alcançassem outrora essa idade. Foi o que se observou em vários lugares da América, onde o gênero humano tinha se conservado no estado de pura natureza.

A peste, a varíola, que as caravanas árabes comunicaram com o tempo aos povos da Ásia e da Europa, foram por muito tempo desconhecidas. Assim, o gênero humano, na Ásia e nos bons climas da Europa, se multiplicava mais facilmente que em outras partes. As doenças causadas por acidentes e vários ferimentos não eram curados como hoje, é verdade; mas a vantagem de nunca ser acometido da varíola e da peste compensava todos os perigos inerentes à nossa natureza, de sorte que, tudo somado, é de se crer que o gênero humano, nos climas mais favoráveis, gozava outrora de uma vida mais saudável e mais feliz que desde o estabelecimento dos grandes impérios. Isso não significa que os homens viveram um dia trezentos ou quatrocentos anos: é um milagre respeitabilíssimo na Bíblia; mas, fora dela, é um conto absurdo.

III. Da antiguidade das nações

Quase todos os povos, mas sobretudo os da Ásia, têm uma quantidade de séculos que nos assusta. Essa conformidade deles deve pelo menos nos fazer examinar se as idéias que têm sobre essa antiguidade são ou não destituídas de verossimilhança.

Para que uma nação se reúna em corpo de povo, seja poderosa, aguerrida, culta, é necessário um tempo prodigioso. Vejam a América: quando foi descoberta, só havia lá dois reinos e, ainda assim, nesses dois reinos não se havia inventado a arte de escrever. Todo o resto desse vasto continente era dividido, e ainda é, em pequenas sociedades de que as artes são desconhecidas. Todos esses povos vivem em choças; vestem peles de bicho nos climas frios e andam quase nus nos temperados. Uns se alimentam de caça, outros das raízes que moem: não procuraram outro gênero de vida, porque ninguém deseja o que não conhece. Sua indústria não pôde ir além de suas necessidades prementes. Os samoiedos, os lapões, os habitantes do norte da Sibéria, os de Kamtschatka são menos avançados ainda que os povos da América. A maioria dos negros e todos os cafres estão imersos na mesma estupidez, e nela estagnarão por muito tempo.

É necessário um concurso de circunstâncias favoráveis durante séculos para que se forme uma grande sociedade de homens reunidos sob as mesmas leis; elas são necessárias até mesmo para formar uma linguagem. Os homens não articulariam se não lhes ensinassem a pronunciar palavras; só soltariam gritos confusos; só se fariam entender por sinais. Uma criança só fala, ao cabo de algum tempo, por imitação; e ela enunciaria com extrema dificuldade se deixassem passar seus primeiros anos sem lhe soltar a língua.

Talvez, para que homens dotados de um talento singular formassem e ensinassem aos outros os primeiros rudimentos de uma linguagem imperfeita e bárbara, tenha sido necessário mais tempo do que foi para se chegar posteriormente ao estabelecimento de uma sociedade. Há inclusive nações inteiras que nunca puderam chegar a formar uma linguagem regular e a pronunciar distintamente: assim foram os trogloditas, segundo relata Plínio; assim ainda são os que habitam na direção do cabo da Boa Esperança. Mas quão longe está esse jargão bárbaro da arte de pintar seus pensamentos! A distância é imensa.

Esse estado de brutos, em que o gênero humano esteve por muito tempo, deve ter tornado a espécie raríssima em todos os climas. Os homens não podiam satisfazer às suas necessidades e, não se entendendo, não podiam se socorrer. As feras carnívoras, tendo mais instinto que eles, deviam cobrir a terra e devorar uma parte da espécie humana.

Os homens só eram capazes de se defender contra os animais ferozes atirando pedras e armando-se com grossos galhos de árvore; foi daí, talvez, que veio a confusa noção da Antiguidade de que os primeiros heróis combatiam armados de tacapes os leões e os javalis.

As regiões mais populosas foram sem dúvida as de clima quente, onde o homem encontrou uma alimentação fácil e abundante em cocos, tâmaras, abacaxis e no arroz, que cresce por si mesmo. É verossímil que a Índia, a China, as margens do Eufrates e do Tigre eram muito povoadas, enquanto as outras regiões eram quase desertas. Em nossos climas setentrionais, ao contrário, era muito mais fácil encontrar uma companhia de lobos do que uma sociedade de homens.

IV. Do conhecimento da alma

Que noção os primeiros povos devem ter tido da alma? Essa que toda a nossa gente do campo tem antes de ouvir o catecismo, ou mesmo depois de o ter ouvido. Adquirem apenas uma idéia confusa, sobre a qual eles mesmos nunca refletem. A natureza teve demasiada piedade dessa gente para torná-las metafísicas; essa natureza é sempre e em toda parte a mesma. Ela fez as primeiras sociedades sentirem que havia algum ser superior ao homem, quando experimentavam flagelos extraordinários. Ela lhes fez sentir também que há no homem algo que age e que pensa. Elas não distinguiam essa faculdade da faculdade da vida; e a palavra *alma* sempre significou vida para os antigos, fossem eles sírios, caldeus, egípcios, gregos ou os que vieram enfim se estabelecer numa parte da Fenícia.

Por que graus pôde-se chegar a imaginar, em nossa era física, um outro ser metafísico? É claro que homens unicamente ocupados com suas necessidades não sabiam o suficiente para se tornar filósofos.

Formaram-se, na seqüência dos tempos, sociedades um pouco civilizadas nas quais um pequeno número de homens pôde dispor de tempo para refletir. Deve ter ocorrido que um homem, sensivelmente atingido pela morte do pai, ou do irmão, ou da esposa, tenha visto em sonho a pessoa saudosa. Dois ou três sonhos dessa natureza terão inquietado todo um povo. Um morto aparece aos vivos! E no entanto esse morto, roído pelos vermes, continua no mesmo lugar. Portanto é algo que havia nele que agora passeia no ar; é sua alma, sua sombra, seus manes; é uma leve figura dele próprio. É esse o raciocínio natural da ignorância que começa a raciocinar. Essa opinião é a de todos os primeiros tempos conhecidos, e deve ter sido, por conseguinte, a dos tempos ignorados. A idéia de um ser puramente imaterial não pode ter se apresentado a espíritos que só conheciam a matéria. Foram necessários ferreiros, carpinteiros, pedreiros, lavradores, antes de aparecer um homem que tivesse suficiente tempo livre para meditar. Todas as artes manuais certamente precederam a metafísica de vários séculos.

Notemos, de passagem, que na idade média da Grécia, na época de Homero, a alma não passava de uma imagem aérea do corpo. Ulisses vê no inferno sombras, manes: podia ver espíritos puros?

Examinaremos em seguida como os gregos tomaram emprestada dos egípcios a idéia do inferno e da apoteose dos mortos; como acreditaram, assim como outros povos, numa segunda vida, sem desconfiar da espiritualidade da alma. Ao contrário, eles não podiam imaginar que um ser sem corpo poderia ter experimentado o bem e o mal. Não sei se Platão não foi o primeiro a falar em um ser puramente espiritual. Talvez seja esse um dos maiores esforços da inteligência humana. Em todo caso a espiritualidade de Platão é muito contestada, e a maioria dos Padres da Igreja admitiram uma alma corporal, por mais platônicos que fossem. Mas não chegamos a esse tempo tão recente, ainda estamos considerando o mundo como informe e apenas desbastado.

V. Da religião dos primeiros homens

Quando, após um grande número de séculos, algumas sociedades se estabeleceram, é de se crer que houve alguma religião, alguma espécie de culto grosseiro. Os homens, então unicamente ocupados em sustentar sua vida, não podiam remontar ao autor da vida; não podiam conhecer essas relações de todas as partes do universo, esses incontáveis meios e fins que anunciam aos sábios um eterno arquiteto.

O conhecimento de um deus, formador, remunerador e vingador, é fruto da razão cultivada.

Todos os povos foram, portanto, durante séculos, o que são hoje os habitantes de várias costas meridionais da África, os de várias ilhas e a metade dos americanos. Esses povos não têm nenhuma idéia de um deus único, que tudo fez, presente em todos os lugares, existindo por si mesmo na eternidade. Mas nem por isso devemos denominá-los ateus, no sentido costumeiro da palavra, porque eles não negam o Ser supremo; eles não o conhecem, não têm a menor idéia dele. Os cafres adotam como protetor um inseto; os negros, uma serpente. Entre os americanos, uns adoram a Lua, outros uma árvore, vários não possuem nenhum culto.

Os peruanos, sendo civilizados, adoravam o Sol: ou Manco Capac lhes fez acreditar que ele era filho desse astro, ou seu começo de razão lhes disse que eles deviam algum reconhecimento a esse astro que anima a natureza.

Para saber como todos esses cultos e essas superstições se estabeleceram, parece-me que devemos acompanhar a marcha do espírito humano abandonado a si mesmo. Uma aldeola de homens quase selvagens vê perecer os frutos que a alimentam; uma inundação destrói algumas cabanas; um raio queima outras. O que lhes fez esse mal? Não pode ter sido um dos seus concidadãos, porque todos sofreram igualmente; portanto, é alguma força secreta; ela os maltratou, logo é preciso aplacá-la. Como conseguir isso? Servindo-a, como se serve a quem se quer agradar, dando-lhe presentes. Há uma cobra na vizinhança: quem sabe não é essa cobra? Vão lhe oferecer leite perto da gruta onde ela vive; ela se torna sagrada a partir de então; invocam-na quando entram em guerra contra a aldeia vizinha, que, por sua vez, escolheu outro protetor.

Outros pequenos povos se encontram no mesmo caso. Mas, não tendo nenhum objeto que fixe seu temor ou sua adoração, apelarão em geral para o ser que elas desconfiam ter lhes feito mal, *o Amo, o Senhor, o Chefe, o Dominante.*

Essa idéia, sendo mais conforme do que as outras à razão iniciada, que cresce e se fortalece com o tempo, permanece em todas as cabeças quando a nação se torna mais numerosa. Assim, vemos que muitas nações não tiveram outro deus que o amo, o senhor. Era Adonai para os fenícios; Baal, Milcom, Adad, Sadai, para os povos da Síria. Todos esses nomes significam *o Senhor, o Poderoso.*

Cada Estado teve, portanto, com o tempo, sua divindade tutelar, sem nem mesmo saber o que é um deus e sem poder imaginar que o Estado vizinho não tivesse, como ele, um protetor verdadeiro. Porque, como pensar, quando se tinha um senhor, que os outros não tivessem também o seu? Tratava-se apenas de saber qual de tantos amos, senhores, deuses venceria, quando as nações combatessem umas contra as outras.

Foi essa, sem dúvida, a origem da opinião, tão generalizadamente difundida, e por tanto tempo, de que cada povo era realmente protegido pela divindade que havia escolhido. Essa idéia arraigara-se de tal modo nos homens que, em épocas bem posteriores, vemos Homero pôr os deuses de Tróia para combater contra os deuses dos gregos, sem dar a entender em nenhum momento que fosse isso algo extraordinário e novo. Vemos Jefté, entre os judeus, dizer aos amonitas: "Não possuis de direito aquilo que Camos, teu senhor, te deu? Aceita, pois, que possuamos a terra que nosso senhor, Adonai, nos prometeu."

Há outra passagem não menos forte, a de Jeremias, capítulo 49, versículo 1, em que é dito: "Que razão teve o senhor Milcom para se apossar de Gade?" Está claro, por essas expressões, que os judeus, embora servos de Adonai, reconheciam o senhor Melcom e o senhor Camos.

No primeiro capítulo dos Juízes encontra-se que "o deus de Judá se apoderou da região montanhosa, mas não pôde vencer no vale". E no terceiro livro dos Reis lemos que a opinião estabelecida entre os sírios era de que o deus dos judeus era apenas o deus das montanhas.

Há muito mais. Nada foi mais comum do que adotar os deuses estrangeiros. Os gregos reconheceram os dos egípcios: não digo o boi Ápis e o cachorro Anúbis, mas Amon e os doze grandes deuses. Os romanos adoraram todos os deuses dos gregos. Jeremias, Amós e santo Estêvão nos garantem que, no deserto, durante quarenta anos, os judeus só reconheciam Moloque, Renfã e Quium; que não fizeram nenhum sacrifício, não apresentaram nenhuma oferenda ao deus Adonai, que adoraram desde então. É verdade que o Pentateuco fala apenas do *bezerro de ouro*, ao qual nenhum profeta faz menção; mas não cabe aqui esclarecer essa grande dificuldade: basta respeitar igualmente Moisés, Jeremias, Amós e santo Estêvão, que parecem se contradizer e que os teólogos conciliam.

O que observo apenas é que, salvo esses tempos de guerra e de fanatismo sanguinário que extinguem toda humanidade e que tornam os costumes, as leis, a religião de um povo objeto do horror de outro povo, todas as nações achavam ótimo que seus vizinhos tivessem seus deuses particulares e muitas vezes imitassem o culto e as cerimônias dos estrangeiros.

Os próprios judeus, apesar do seu horror pelo resto dos homens, que aumentou com o tempo, imitaram a circuncisão dos árabes e dos egípcios, aplicaram-se, como estes últimos, a distinguir as carnes, adotaram deles as abluções, as procissões, as danças sagradas, o bode Hazazel, a vaca ruça. Eles adoraram com freqüência o Baal, o Belfegor de seus outros vizinhos, a tal ponto a natureza e o costume quase sempre levam a melhor sobre a lei, principalmente quando essa lei não é geralmente conhecida do povo. Assim Jacó, neto de Abraão, não opôs nenhuma dificuldade a se casar com duas irmãs, que eram o que chamamos idólatras, e filhas de pai idólatra. O próprio Moisés casou-se com a filha de um sacerdote midianita idólatra. Abraão era filho de um idólatra. O neto de Moisés, Eleazar, foi sacerdote idólatra da tribo de Dan, idólatra.

Esses mesmos judeus, que muito tempo depois gritaram tanto contra os cultos estrangeiros, chamaram em seus diversos livros sagrados Nabucodonosor de ungido do Senhor; o idólatra Ciro, também de ungido do Senhor. Um de seus profetas foi enviado à idólatra Nínive, Eliseu permitiu que o idólatra Naamã fosse ao templo de Remom. Mas não vamos antecipar nada; sabemos perfeitamente que os homens se contradizem sempre em seus costumes e em suas leis. Não vamos sair aqui do tema que tratamos; vamos continuar a ver como as diversas religiões se estabeleceram.

Os povos mais civilizados da Ásia, aquém do Eufrates, adoraram os astros. Os caldeus, antes do primeiro Zoroastro, cultuavam o Sol, como fizeram depois os peruanos em outro hemisfério. Esse erro deve ser bem natural ao homem, já que teve tantos seguidores na Ásia e na América. Uma nação pequena e semi-selvagem só tem um protetor. Se ela se torna mais numerosa, aumenta o número dos seus deuses. Os egípcios começam adorando Isheth, ou Ísis, e acabam adorando gatos. As primeiras homenagens dos romanos agrestes são para Marte; as dos romanos, senhores da Europa, são para a deusa do ato do casamento, para o deus das latrinas[1]. No entanto Cícero, e todos os filósofos, e

---

1. *Dea Pertunda, Deus Stercutius.*

todos os iniciados, reconheciam um deus supremo e onipotente. Todos voltaram pela razão ao ponto de que os homens selvagens haviam partido por instinto.

As apoteoses foram necessariamente imaginadas muito tempo depois dos primeiros cultos. Não é natural fazer inicialmente um deus de um homem que vimos nascer como nós, sofrer como nós as doenças, as tristezas, as misérias da humanidade, suportar as mesmas necessidades humilhantes, morrer e tornar-se pasto dos vermes. Mas eis o que aconteceu em quase todas as nações, depois das revoluções de vários séculos.

Um homem que havia feito grandes coisas, que havia prestado muitos serviços ao gênero humano, não podia ser em verdade visto como um deus pelos que o tinham visto tremer de febre e ir à privada; mas os entusiastas se persuadiram de que, tendo qualidades eminentes, estas lhe foram legadas por um deus; que ele era filho de um deus. Assim, os deuses fizeram filhos em todo o mundo; porque, sem contar os devaneios de tantos povos que precederam os gregos, Baco, Perseu, Hércules, Castor, Pólux foram filhos de deus; Rômulo, filho de deus; Alexandre foi declarado filho de deus no Egito; um certo Odin, em nossas nações do Norte, filho de deus; Manco Capac, filho do Sol no Peru. O historiador dos mongóis, Abul Kasim, relata que uma das ancestrais de Gêngis, chamada Alanku, ficou grávida de um raio celeste. O próprio Gêngis passou por filho de deus; e quando o papa Inocêncio IV mandou frei Anselmo encontrar-se com Batou Khan, neto de Gêngis, esse frade, que só conseguiu ser apresentado a um dos vizires, lhe disse que vinha da parte do vigário de Deus; e o ministro respondeu: "Esse vigário ignora que deve homenagens e tributos ao filho de Deus, o grande Batou Khan, seu amo?"

De um filho de deus a um deus não há muita distância, para os homens apaixonados pelo maravilhoso. Bastam apenas duas ou três gerações para que o filho compartilhe o domínio do pai; assim, foram erguidos templos, com o correr do tempo, a todos os que haviam supostamente nascido do comércio sobrenatural da divindade com nossas mulheres e nossas filhas.

Poder-se-iam escrever volumes e mais volumes sobre esse tema; mas todos esses volumes se reduzem a duas palavras: é que a maior parte do gênero humano foi e será por muito tempo insensata e imbecil; e que talvez os mais insensatos de todos foram os que quiseram encontrar um sentido nessas fábulas absurdas e pôr razão na loucura.

VI. Dos usos e dos sentimentos comuns a quase todas as nações antigas

Como a natureza é em toda parte a mesma, os homens devem ter necessariamente adotado as mesmas verdades e os mesmos erros naquilo que cai mais ou menos no domínio dos sentidos e que mais impressiona a imaginação. Devem ter atribuído o estrondo e os efeitos dos raios ao poder de um ser superior que habitaria os ares. Os povos vizinhos do oceano, ao verem as grandes marés inundarem seu litoral na lua cheia, devem ter acreditado que a Lua era a causa de tudo o que acontecia com o mundo, durante suas diferentes fases.

Em suas cerimônias religiosas, quase todos se voltaram para o Oriente, sem pensar que não existe nem Oriente nem Ocidente e prestando todos uma espécie de homenagem ao Sol, que se levantava diante de seus olhos.

Dentre os animais, a cobra deve ter parecido dotada de uma inteligência superior, porque, vendo sua pele mudar de quando em quando, devem ter acreditado que ela rejuvenescia. Ela podia, portanto, mudando de pele, manter-se sempre na juventude: logo, a cobra era imortal. Tanto assim que foi, no Egito e na Grécia, símbolo da imortalidade. As cobras grandes que eram encontradas perto das fontes impediam que os homens temerosos se aproximassem: não tardaram a pensar que elas guardavam um tesouro. Assim, uma cobra guardava os pomos de ouro hespéricos; outra zelava pelo tosão de ouro; e nos mistérios de Baco, levava-se a imagem de uma cobra que parecia guardar um cacho de ouro.

A cobra era tida portanto como o mais hábil dos animais; daí a antiga fábula indiana, segundo a qual Deus, tendo criado o homem, lhe deu uma droga que lhe assegurava uma vida sadia e longa; que o homem carregou em seu burrico esse presente divino, mas que, a caminho, o burro teve sede, e a cobra lhe indicou uma fonte, roubando a droga enquanto o burro bebia; de sorte que o homem perdeu a imortalidade por sua negligência, e a cobra adquiriu-a por sua esperteza. Daí enfim tantos contos de burros e cobras.

Essas cobras eram daninhas; mas, como tinham algo de divino, só havia um deus capaz de mostrar como destruí-las. Assim, a cobra Píton foi morta por Apolo. Assim, Ofíon, a cobra grande, guerreou os deuses muito antes de os gregos terem forjado seu Apolo. Um fragmento de Ferécidas prova que essa fábula da cobra grande, inimiga dos deuses, era uma das mais antigas da Fenícia. E cem séculos antes de Ferécidas, os primeiros brâmanes haviam imaginado que Deus enviou um dia à Terra uma grande serpente, que gerou dez mil serpentes, as quais correspondiam cada uma a um pecado no coração dos homens.

Já vimos que os sonhos devem ter introduzido a mesma superstição em toda a Terra. Ainda acordado, estou preocupado com a saúde da minha mulher, do meu filho; vejo-os morrer em sonho; eles de fato morrem dias depois: é bem possível que os deuses tenham enviado esse sonho verdadeiro. Meu sonho não se consumou? Foi um sonho enganador que os deuses me mandaram. Assim, em Homero, Júpiter envia um sonho enganador a Agamêmnon, chefe dos gregos. Assim, no terceiro livro de Reis, capítulo 22, o deus que guia os judeus envia um espírito maligno para mentir na boca dos profetas e enganar o rei Acab.

Todos os sonhos, verdadeiros ou falsos, vêm do céu; os oráculos também se estabelecem por toda a Terra.

Uma mulher pergunta a alguns magos se seu marido vai morrer naquele ano. Um responde que sim, o outro que não: é claro que um dos dois terá razão. Se o marido vive, a mulher mantém silêncio; se morre, ela grita por toda a cidade que o mago que predisse a morte é um profeta divino. Logo aparecem em todos os países homens que predizem o futuro e que descobrem as coisas mais ocultas. Esses homens se chamam *videntes* entre os egípcios, como diz Manethon, segundo o próprio Josefo, em seu Discurso contra Apião.

Havia videntes na Caldéia, na Síria. Cada templo tinha seus oráculos. Os de Apolo obtiveram tamanho crédito que Rollin, em sua *História antiga*, repete os oráculos proferidos por Apolo a Creso. O deus adivinha que o rei mandou cozinhar uma tartaruga numa fôrma de cobre e responde-lhe que seu reinado terminará quando um jumento estiver no trono dos persas. Rollin não examina se essas predições, dignas de Nostradamus, foram feitas posteriormente; não põe em dúvida a ciência dos sacerdotes de Apolo, e acredita que Deus permitia que Apolo dissesse a verdade: era aparentemente para firmar a crença dos pagãos em sua religião.

Uma questão mais filosófica, na qual todas as grandes nações civilizadas, da Índia à Grécia, coincidem é a da origem do bem e do mal.

Os primeiros teólogos de todas as nações devem ter se feito a pergunta que fazemos desde os quinze anos de idade: por que existe o mal na Terra?

Ensinava-se na Índia que Adimo, filho de Brama, produziu os homens justos pelo umbigo, do lado direito, e os injustos do lado esquerdo; e que foi desse lado esquerdo que veio o mal moral e o mal físico. Os egípcios tiveram seu Tífon, que foi inimigo de Osíris. Os persas imaginaram que Ahriman furou o ovo que Ohrmazd tinha posto e nele introduziu o pecado. Conhece-se a Pandora dos gregos: é a mais bela de todas as alegorias que a Antiguidade nos transmitiu.

A alegoria de Jó foi certamente escrita em árabe, pois as traduções hebraica e grega conservaram vários termos árabes. Esse livro, que é de uma altíssima antiguidade, representa Satã, que é o Ahriman dos persas e o Tífon dos egípcios, passeando por toda a terra e pedindo ao Senhor licença para afligir Jó. Satã parece subordinado ao Senhor; mas resulta que Satã é um ser poderosíssimo, capaz de enviar doenças à Terra e de matar os animais.

Ocorreu, no fundo, que muitos povos, sem saber, coincidiam na crença em dois princípios e que o universo então conhecido era de certo modo maniqueísta.

Todos os povos tiveram de admitir as expiações; porque onde estava o homem que não havia cometido grandes faltas contra a sociedade? E onde estava o homem a quem o instinto de sua razão não fez sentir remorsos? A água lavava as manchas do corpo e das roupas, o fogo purificava os metais; a água e o fogo tinham necessariamente de purificar as almas. Por isso, não há nenhum templo sem águas e fogos salutares.

Os homens mergulhavam no Ganges, no Indo, no Eufrates, quando se renovava a lua e durante os eclipses. Essa imersão expiava os pecados. Os egípcios não se purificavam no Nilo, porque os crocodilos teriam devorado os penitentes. Mas os sacerdotes, que se purificavam para o povo, mergulhavam e banhavam em grandes cubas os criminosos que vinham pedir perdão aos deuses.

Os gregos tinham em todos os seus templos banhos sagrados, assim como fogos sagrados, símbolos universais, em todos os homens, da pureza das almas. Enfim, as superstições parecem estabelecidas em todas as nações, salvo entre os letrados da China.

VII. Dos selvagens

Entenda por *selvagens* rústicos que vivem em cabanas com suas fêmeas e alguns animais, expostos sem cessar a toda a intempérie das estações; que só conhecem a terra que os alimenta e o mercado onde às vezes vão vender seus produtos para comprar algumas roupas grosseiras; que falam um jargão que não se ouve nas cidades; que têm poucas idéias e, por conseguinte, poucas expressões; submetidos, sem saberem por que, a um homem de letras, a quem levam todos os anos a metade do que ganharam com o suor do rosto; que se reúnem, certos dias, em uma espécie de tulha para celebrar cerimônias de que não entendem nada, ouvindo um homem vestido de uma maneira diferente da deles e que eles não entendem; que às vezes deixam sua palhoça quando toca o tambor e que se alistam para se fazer matar numa terra estrangeira e matar seus semelhantes pelo quarto do que podem ganhar em casa trabalhando? Há desses selvagens em toda a Europa. Há que convir sobretudo que os povos do Canadá e os cafres, que houvemos por bem chamar de selvagens, são infinitamente superiores aos nossos. O huroniano, o algonquino, o illinois, o cafre, o hotentote têm a arte de fabricar eles próprios tudo de que necessitam, e essa arte falta aos nossos rústicos. Os povos da América e da África são livres, e nossos selvagens nem sequer têm idéia do que seja a liberdade.

Os supostos selvagens da América são soberanos que recebem embaixadores das nossas colônias transplantadas no território deles pela avareza e a leviandade. Eles conhecem a honra, de que nossos selvagens da Europa nunca ouviram falar. Têm uma pátria, amam-na, defendem-na; fazem tratados; combatem com coragem e quase sempre falam com uma energia heróica. Haverá nos *Homens ilustres* de Plutarco resposta mais bela que a daquele chefe dos canadenses a quem uma nação européia propôs-lhe a cessão de seu patrimônio: "nós nascemos nesta terra, nossos pais estão enterrados nela; como poderemos dizer às ossadas dos nossos pais: levantai-vos e vinde conosco para uma terra estrangeira?"?

Esses canadenses eram espartanos, em comparação com nossos rústicos, que vegetam em nossas aldeias, e com os sibaritas que se enlanguescem em nossas cidades.

Acaso vocês entendem por selvagens animais de duas patas, que andam com as mãos se necessário, isolados, que erram pelas florestas, *salvatici, selvaggi*; que se acoplam ao acaso, esquecendo as mulheres a que se uniram, não conhecendo nem seus filhos nem seus pais; que vivem como brutos, sem ter nem o instinto nem os recursos dos brutos? Alguém escreveu que esse estado é o verdadeiro estado do homem e que não fizemos nada mais que degenerar miseravelmente desde que dele saímos. Não creio que essa vida solitária, atribuída a nossos pais, corresponda à natureza humana.

Estamos, ou muito me engano, na primeira linha (se me é permitido dizer assim) dos animais que vivem em bando, como as abelhas, as formigas, os castores, os gansos, as galinhas, os carneiros, etc. Se encontramos uma abelha errante, devemos concluir que essa abelha se encontra no estado de pura natureza e que as que trabalham em sociedade na colméia degeneraram?

Porventura todo animal não possui um instinto irresistível, a que necessariamente obedece? O que é esse instinto? Um arranjo dos órgãos cuja atividade se desenvolve com o tempo. Esse instinto não pode se desenvolver, de início, porque os órgãos não alcançaram sua plenitude[2].

De fato, não vemos que todos os animais, assim como todos os outros seres, executam invariavelmente a lei que a natureza dá à sua espécie? O passarinho faz seu ninho, do mesmo modo que os astros fornecem sua trajetória por um princípio que nunca muda. Como o homem sozinho teria mudado? Se ele tivesse sido destinado a viver solitário como os outros animais carnívoros, podeia ter contradito a lei da natureza a ponto de viver em sociedade? E se fosse

....
2. *Leur pouvoir est constant, leur principe est divin;*
Il faut que l'enfant croisse avant qu'il les exerce;
Il ne les connaît pas sous la main qui le berce.
Le moineau, dans l'instant qu'il a reçu le jour,
Sans plumes dans son nid, peut-il sentir l'amour?
Le renard en naissant va-t-il chercher sa proie?
Les insectes changeants qui nous filent la soie,
Les essaims bourdonnants de ces filles du ciel
Qui pétrissent la cire et composent le miel,
Sitôt qu'ils sont éclos forment-ils leur ouvrage?
Tout s'accroît par le temps, tout mûri avec l'âge.
Chaque être a son objet; et, dans l'instant marqué,
Marche, et touche à son but par le ciel indiqué.
Poème de la loi naturelle, IIe partie

[O poder deles é constante, seu princípio, divino; / A criança precisa crescer antes de exercitá-los; / Ela não os conhece sob a mão que a acalanta. / O pardal, no instante em que vê a luz, / Sem penas em seu ninho, pode sentir amor? / A raposa ao nascer vai procurar sua presa? / Os insetos mutáveis que fiam a seda para nós, / Os enxames barulhentos dessas meninas do céu / Que amassam a cera e compõem o mel, / Mal eclodem formam sua obra? / Tudo cresce com o tempo, tudo amadurece com a idade. / Cada ser tem seu objeto; e, no instante marcado, / Vai e atinge seu fim, pelo céu indicado. (Poema da lei natural, parte II) (N. do T.)]

feito para viver em bando, como as aves de capoeira e tantos outros, teria podido perverter seu destino a ponto de viver séculos a fio como solitário? Ele é perfectível; daí concluiu-se que se perverteu. Mas por que não concluir que se aperfeiçoou até o ponto em que a natureza marcou os limites da sua perfeição?

Todos os homens vivem em sociedade: pode-se inferir disso que outrora não viviam? Não é como concluir que, se os touros hoje têm chifres, é porque nem sempre tiveram?

O homem, em geral, sempre foi o que é: o que não significa que sempre tenha tido bonitas cidades, canhão com bala de vinte e quatro libras, óperas-cômicas e conventos de religiosas. Mas sempre teve o mesmo instinto, que o leva a se amar em si mesmo, na companheira do seu prazer, em seus filhos, em seus netos, nas obras das suas mãos.

Eis aí o que nunca muda, de um extremo a outro do universo. Tendo o fundamento da sociedade desde sempre existido, sempre houve portanto alguma sociedade; não éramos feitos, pois, para viver à maneira dos ursos.

Algumas vezes encontraram-se crianças perdidas nos bosques, vivendo como bicho; mas encontraram-se também carneiros e gansos; o que não impede que os gansos e os carneiros estejam destinados a viver em bando.

Há faquires na Índia que vivem sozinhos, carregados de correntes. Sim. E só vivem assim para que os passantes, que os admiraram, venham lhes dar esmola. Eles fazem, por um fanatismo repleto de vaidade, o que fazem nossos mendigos das ruas, que se estropiam para atrair a compaixão. Esses excrementos da sociedade humana são apenas provas do abuso que se pode fazer desta sociedade.

É verossímil que o homem tenha sido agreste por milhares de séculos, como ainda é hoje em dia uma infinidade de camponeses. Mas o homem não viveu como os texugos e as lebres.

Por que lei, por que vínculos secretos, por que instinto o homem terá sempre vivido em família sem o socorro das artes e sem ainda ter formado uma linguagem? É por sua própria natureza, pelo gosto que o leva a se unir com uma mulher; é pelo apego que um morlaque, um islandês, um lapão, um hotentote sente por sua companheira, quando seu ventre, crescendo, lhe dá a esperança de ver nascer do seu sangue um ser semelhante a ele; é pela necessidade que esse homem e essa mulher têm um do outro, pelo amor que a natureza lhes inspira por sua criança, desde que nasce, pela autoridade que a natureza lhes dá sobre essa criança, pelo hábito de amá-la, pelo hábito que a criança necessariamente adquire de obedecer ao pai e à mãe, pela ajuda que dela recebem quando faz cinco ou seis anos, pelos novos filhos que esse homem e essa mulher fazem; é enfim porque, numa idade avançada, eles vêem com prazer seus filhos e suas filhas fazerem juntos outros filhos, que têm o mesmo instinto que seus pais e suas mães.

Tudo isso é um agrupamento de homens bem grosseiros, confesso; mas alguém acredita que os carvoeiros das florestas da Alemanha, os habitantes do Norte e tantos povos da África vivem hoje de uma maneira muito diferente?

Que língua falarão essas famílias selvagens e bárbaras? Estarão sem dúvida por muito tempo sem falar nenhuma; entender-se-ão muito bem por meio de gritos e de gestos. Todas as nações foram, assim, selvagens, se tal palavra for considerada nesse sentido; isto é, houve por muito tempo famílias errando nas florestas, disputando seu alimento com outros animais, armando-se contra eles com pedras e grossos galhos de árvore, comendo legumes selvagens, frutas de todo tipo e, enfim, também animais.

Há no homem um instinto de mecânica que vemos produzir todos os dias grandes efeitos nos homens demasiado grosseiros. Vemos máquinas inventadas pelos habitantes das montanhas do Tirol e dos Vosges que deixam os homens doutos boquiabertos. Em toda parte, o camponês mais ignorante sabe movimentar o fardo mais pesado com auxílio de uma alavanca, sem sequer desconfiar que a força responsável pelo equilíbrio está para o peso assim como a distância do ponto de apoio a esse peso está para a distância desse mesmo ponto de apoio à força. Se tivesse sido preciso que esse conhecimento precedesse o uso das alavancas, quantos séculos teriam passado antes que tivesse sido possível deslocar um pedregulho!

Proponha a algumas crianças que pulem um fosso. Todas tomarão maquinalmente impulso, recuando um pouco, e depois sairão correndo. Elas com toda certeza não sabem que sua força, nesse caso, é o produto de sua massa multiplicada por sua velocidade.

Está provado portanto que a natureza por si só nos inspira idéias úteis que precedem todas as nossas reflexões. O mesmo ocorre na moral. Todos nós temos dois sentimentos que são o fundamento da sociedade: a comiseração e a justiça. Se uma criança vê um semelhante seu ser maltratado, sentirá angústias súbitas, que atestará com seus gritos e suas lágrimas; se puder, acudirá quem está sofrendo.

Pergunte a uma criança sem educação, que começa a raciocinar e a falar, se o cereal que um homem semeou em sua terra lhe pertence e se o ladrão que matou o dono dessa terra tem um direito legítimo sobre esse cereal; você verá que a criança responderá como todos os legisladores da Terra.

Deus nos deu um princípio de razão universal, como deu penas às aves e pelagem aos ursos; e esse princípio é tão constante que subsiste apesar de todas as paixões que o combatem, apesar dos impostores que querem aniquilá-lo na superstição. É o que faz o povo mais grosseiro julgar sempre muito bem, com o tempo, as leis que o governam, porque sente se essas leis são conformes ou opostas aos princípios de comiseração e de justiça que estão em seu coração.

Mas, antes de formar uma sociedade numerosa, um povo, uma nação, é necessária uma linguagem; e isso é o mais difícil. Sem o dom da imitação, nunca se conseguiria. Começou-se certamente por gritos que exprimiam as primeiras necessidades; depois os homens mais engenhosos, nascidos com os órgãos mais flexíveis, formaram algumas articulações que seus filhos repetiram; e as mães, principalmente, foram as primeiras a soltar a língua deles. Todo idioma nascente deve ter sido composto de monossílabos, mais fáceis de formar e de memorizar.

De fato, vemos que as nações mais antigas, que conservaram algo da sua primeira linguagem, ainda exprimem por monossílabos as coisas mais familiares e mais óbvias: quase todo o chinês ainda hoje se baseia em monossílabos.

Consulte o antigo tudesco e todos os idiomas do Norte, e você quase não verá nada necessário e comum expresso por mais de uma articulação. Tudo é monossílabos: *zon*, sol; *moun*, lua; *ze*, mar; *flus*, rio; *man*, homem; *kof*, cabeça; *boum*, árvore; *drink*, beber; *march*, andar; *shlaf*, dormir, etc.

É com essa brevidade que os povos se exprimem nas florestas da Gália e da Germânia, e em todo o setentrião. Os gregos e os romanos só tiveram palavras mais compostas muito tempo depois de se terem reunido em corpo de povo.

Mas por qual sagacidade pudemos assinalar as diferenças de tempo? Como pudemos exprimir as nuances *eu diria, eu teria dito*; as coisas positivas, as coisas condicionais?

Só mesmo nas nações mais civilizadas é que se deve ter conseguido, com o tempo, tornar sensíveis, por meio de palavras compostas, essas operações secretas do espírito humano. Assim, podemos ver que, entre os bárbaros, só há dois ou três tempos. Os hebreus só expressavam o presente e o futuro. A língua franca, tão comum nas praças do Levante, ainda está reduzida a essa indigência. E, enfim, apesar de todos os esforços dos homens, não há nenhuma linguagem que se aproxime da perfeição.

VIII. Da América

Como é possível que ainda se pergunte de onde vieram os homens que povoaram a América? Deve-se certamente fazer a mesma pergunta sobre as nações das terras austrais. Elas são muito mais distantes do porto de que partiu Colombo que as ilhas Antilhas. Homens e animais foram encontrados onde quer que a terra seja habitável: quem os pôs aí? Já se disse, foi aquele que fez crescer a vegetação dos campos: encontrar homens na América não deveria causar maior surpresa que encontrar moscas.

É divertido que o jesuíta Lafitau, em seu prefácio da *História dos selvagens americanos*, afirme que só ateus podem dizer que Deus criou os americanos.

Ainda hoje gravam-se mapas do velho mundo em que a América aparece com o nome de ilha Atlântica. As ilhas do Cabo Verde vêm com o nome de Górgades; as Caraíbas com o de Hespérides. Tudo isso, entretanto, baseia-se apenas na antiga descoberta das ilhas Canárias e, provavelmente, da ilha de Madeira, onde os fenícios e os cartagineses estiveram; elas quase tocam na África, da qual talvez estivessem menos distantes nos tempos antigos que hoje.

Deixemos o padre Lafitau fazer os caraíbas descenderem dos povos da Cária, por causa da conformidade do nome e principalmente porque as mulheres caraíbas cozinhavam para seus maridos, assim como as mulheres carianas; deixemo-lo supor que as caraíbas nascem vermelhas e as negras, negras, por causa do costume que tinham seus primeiros pais de se pintarem de preto ou de vermelho.

Aconteceu, diz ele, que as negras, ao verem seus maridos pintados de preto, ficaram tão impressionadas, que a raça delas se ressentiu para sempre disso. A mesma coisa aconteceu com as mulheres caraíbas, que, pela própria força da imaginação, pariram crianças vermelhas. Ele relata o exemplo das ovelhas de Jacó, que nasceram listadas, salpicadas e malhadas, graças à astúcia desse patriarca, que mostrava ao rebanho varas de que tirara parte da casca; essas varas, parecendo de duas cores, deram assim duas cores aos cordeiros do patriarca. Mas o jesuíta devia saber que nem tudo o que acontecia no tempo de Jacó acontece hoje.

Se alguém perguntasse ao genro de Labão por que suas ovelhas, que viam a relva o tempo todo, não pariam cordeiros verdes, ele ficaria um tanto embaraçado.

Enfim, Lafitau faz os americanos descenderem dos gregos antigos. Eis por quê. Os gregos tinham fábulas, alguns americanos também. Os primeiros gregos caçavam, os americanos caçam. Os primeiros gregos tinham oráculos, os americanos têm feiticeiros. Dançava-se nas festas da Grécia, dança-se na América. Temos de confessar que essas razões são convincentes.

Podemos fazer, sobre as nações do novo mundo, uma reflexão que o padre Lafitau não fez: que os povos distantes dos trópicos sempre foram invencíveis e que os povos mais próximos dos trópicos são quase sempre submissos a monarcas. Também foi assim em nosso continente. Mas não vemos que os povos do Canadá tenham ido um dia subjugar o México, como os tártaros se espalharam pela Ásia e a Europa. Parece que os canadenses nunca foram suficientemente numerosos para criar colônias alhures.

Em geral, a América nunca pôde ser tão povoada quanto a Europa e a Ásia; ela é coberta de pântanos imensos que tornam o ar muito insalubre; sua terra produz uma quantidade prodigiosa de peixes; as flechas molhadas com o sumo de suas ervas venenosas produzem ferimentos sempre mortais; enfim, a natureza tinha dado aos americanos muito menos indústria que aos homens do velho mundo. Todas essas causas juntas devem ter prejudicado muito a população.

De todas as observações físicas que podemos fazer sobre essa quarta parte do nosso universo, por tanto tempo desconhecida, a mais singular talvez seja a de que lá só se encontra um povo com barba: os esquimós. Eles vivem no norte, na altura dos cinqüenta e dois graus, onde o frio é mais forte que no grau sessenta e seis do nosso continente. Seus vizinhos são imberbes. Eis, pois, duas raças de homens absolutamente diferentes uma ao lado da outra, supondo-se que os esquimós sejam de fato barbudos. Mas novos viajantes dizem que os esquimós são imberbes, que confundiram seus cabelos imundos com barba. Em quem acreditar?

No istmo de Panamá encontra-se a raça dos darianos, quase idêntica aos albinos, que evita a luz e vegeta nas cavernas, raça fraca e, por conseguinte, muito pouco numerosa.

Os leões da América são franzinos e poltrões; os animais lanígeros são grandes, e tão vigorosos que servem para carregar fardos. Todos os rios são pelo menos dez vezes mais largos que os nossos. Enfim, as produções naturais dessa terra não são as do nosso hemisfério. Assim, tudo é variado; e a mesma providência que produziu o elefante, o rinoceronte e os negros fez nascer em outro mundo alces, condores, animais que por muito tempo se acreditou terem o umbigo nas costas, e homens de características diferentes das nossas.

IX. Da teocracia

Parece que a maioria das antigas nações foi governada por uma espécie de teocracia. Comece pela Índia, e você verá os brâmanes por muito tempo soberanos; na Pérsia, os magos têm a maior autoridade. A história das orelhas de Smerdis pode perfeitamente ser uma fábula; mesmo assim, dela resulta que era um mago que estava no trono de Ciro. Vários sacerdotes do Egito prescreviam aos reis até mesmo a medida do seu beber e do seu comer, criavam-nos na infância e julgavam-nos depois da morte, e muitas vezes se sagravam eles próprios rei.

Se descermos aos gregos, sua história, fabulosa como é, porventura não nos conta que o profeta Calcas tinha no exército poder bastante para sacrificar a filha do rei dos reis?

Desça mais baixo ainda, nas nações selvagens posteriores aos gregos: os druidas governavam a nação gaulesa.

Não parece tampouco possível que nos primeiros povos um pouco mais fortes[3] tenha havido um governo que não fosse a teocracia; porque, mal uma nação escolhe um deus tutelar, esse deus tem sacerdotes. Esses sacerdotes dominam o espírito da nação; eles só podem dominar em nome do seu deus; logo, eles o fazem falar desde sempre: transmitem seus oráculos; e é por uma ordem expressa de Deus que tudo é executado.

É dessa fonte que vieram os sacrifícios de sangue humano que enodoaram quase toda a Terra. Que pai, que mãe seria capaz de abjurar a natureza a ponto de apresentar seu filho ou sua filha a um sacerdote, para serem degolados num altar, se não tivessem certeza de que o deus do país ordenava esse sacrifício?

Não só a teocracia reinou por muito tempo, mas levou a tirania aos mais horríveis excessos que a demência humana é capaz de alcançar; e, quanto mais esse governo se dizia divino, mais era abominável.

....

3. Entendemos por primeiros povos homens reunidos em número de alguns milhares, após várias revoluções deste globo.

Quase todos os povos sacrificaram filhos aos seus deuses; logo, acreditavam receber essa ordem desnaturada da boca dos deuses que adoravam.

Entre os povos impropriamente ditos civilizados que não praticaram esses horrores absurdos, só vejo os chineses. A China é o único dos antigos Estados conhecidos que não foi submetido ao sacerdócio; porque os japoneses viviam sob as leis de um sacerdote seiscentos anos antes da nossa era. Em quase todo lugar, a teocracia estava tão bem estabelecida, tão arraigada, que as primeiras histórias são as dos próprios deuses, que encarnaram para vir governar os homens. Os deuses, diziam os povos de Tebas e de Mênfis, reinaram doze mil anos no Egito. Brama encarnou para reinar na Índia; Samonocodom no Sião; o deus Adad governou a Síria; a deusa Cibele havia sido soberana da Frígia; Júpiter, de Creta; Saturno, da Grécia e da Itália. O mesmo espírito preside todas essas fábulas; é em toda parte uma confusa idéia dos homens a de que os deuses desceram outrora à terra.

X. Dos caldeus

Os caldeus, os indianos e os chineses parecem-me as nações há mais tempo civilizadas. Temos uma época certa da ciência dos caldeus: ela se encontra nos mil novecentos e três anos de observações celestes enviadas da Babilônia por Calistenes ao preceptor de Alexandre. Essas tabelas astronômicas remontam precisamente ao ano de 2234 antes da nossa era vulgar. É verdade que essa época coincide com o tempo em que a *Vulgata* situa o dilúvio; mas não vamos entrar aqui nas profundezas das diferentes cronologias da *Vulgata*, dos *Samaritanos* e dos *Setenta*, que reverenciamos igualmente. O dilúvio universal é um grande milagre que nada tem em comum com nossas investigações. Aqui raciocinamos unicamente a partir das noções naturais, submetendo sempre os frágeis tateamentos do nosso espírito limitado às luzes de uma ordem superior.

Antigos autores, citados em George le Syncelle, dizem que, na época de um rei caldeu chamado Xixutru, houve uma terrível inundação. O Tigre e o Eufrates transbordaram aparentemente mais que de costume. Mas os caldeus só poderiam ter sabido por uma revelação que aquele flagelo teria submergido toda a terra habitável. Mais uma vez, só examino aqui o curso ordinário da natureza.

É claro que, se os caldeus só estivessem na Terra mil e novecentos anos antes da nossa era, esse curto espaço não lhes teria bastado para descobrir uma parte do verdadeiro sistema do nosso universo; noção surpreendente, que os caldeus haviam enfim alcançado. Aristarco de Samos nos informa que os sábios da Caldéia sabiam como é impossível a Terra ocupar o centro do mundo planetário; que eles haviam atribuído ao Sol esse lugar, que lhe pertence; que faziam a Terra e os outros planetas rolarem em torno dele, cada um numa órbita diferente.

Os progressos do espírito são tão lentos, a ilusão dos olhos é tão poderosa, a submissão às idéias preconcebidas é tão tirânica, que não é possível que um povo de apenas mil e novecentos anos pudesse ter alcançado esse alto grau de filosofia que contradiz os olhos e que requer a teoria mais aprofundada. Assim, os caldeus tinham quatrocentos e setenta mil anos; no entanto, esse conhecimento do verdadeiro sistema do mundo foi, na Caldéia, apenas o privilégio do pequeno grupo dos filósofos. É a sorte de todas as grandes verdades; e os gregos, que vieram em seguida, adotaram o sistema comum, que é o sistema das crianças.

Quatrocentos e setenta mil anos[4] é muito para nós, que somos de ontem, mas é pouca coisa para o universo inteiro. Sei muito bem que não podemos adotar esse cálculo; que Cícero escarneceu dele, que ele é exorbitante; e que, principalmente, devemos acreditar antes no Pentateuco que em Sanconiaton e Berósio. No entanto, mais uma vez, é impossível (humanamente falando) que os homens tenham conseguido em mil e novecentos anos adivinhar tão espantosas verdades. A primeira arte é a de prover a subsistência, o que era outrora muito mais difícil para os homens que para os brutos; a segunda, formar uma linguagem, o que certamente requer um tempo considerável; a terceira, construir algumas choupanas; a quarta, vestir-se. Em seguida, para forjar o ferro ou fabricar um seu equivalente, são necessários tantos acasos felizes, tanta indústria, tantos séculos, que é impossível imaginar como os homens foram capazes de fazê-lo. Que salto desse estado à astronomia!

Por muito tempo os caldeus gravaram suas observações e suas leis na argila, em hieróglifos, que eram caracte-

---

4. Nossa santa religião, tão superior em tudo a nossas luzes, nos ensina que o mundo existe há tão-somente seis mil anos, segundo a *Vulgata*, ou cerca de sete mil, segundo os Setenta. Os intérpretes dessa religião inefável nos ensinam que Adão tinha a ciência infusa e que todas as artes se perpetuaram, de Adão a Noé. Se é de fato esse o sentimento da Igreja, nós o adotamos com uma fé firme e constante, submetendo aliás tudo o que escrevemos ao juízo dessa santa Igreja, que é infalível. Foi em vão que o imperador Juliano, por sinal tão respeitável por sua virtude, seu valor e sua ciência, disse em seu discurso censurado pelo grande e moderado são Cirilo, que, tivesse Adão a ciência infusa ou não, Deus não podia ordenar-lhe que não tocasse na árvore da ciência do bem e do mal; que Deus devia, ao contrário, ordenar-lhe que comesse muitas frutas dessa árvore, a fim de se aperfeiçoar na ciência infusa, se ele a tivesse, e de adquiri-la, se não a tivesse. Sabe-se com que sabedoria são Cirilo refutou esse argumento. Numa palavra, sempre prevenimos o leitor de que não tocamos, de maneira nenhuma, nas coisas sagradas. Protestamos contra todas as falsas interpretações, contra todas as induções malignas que alguém pretendesse tirar de nossas palavras.

res falantes; uso que os egípcios conheceram vários séculos depois. A arte de transmitir pensamentos por caracteres alfabéticos deve ter sido inventada bem mais tarde nessa parte da Ásia.

É de se crer que foi na época em que os caldeus construíram suas cidades que começaram a utilizar o alfabeto. Como se fazia antes?, indagarão. Como se faz na minha aldeia, e em cem mil aldeias do mundo, onde ninguém sabe ler nem escrever, e no entanto todos se entendem muito bem, onde as artes necessárias são cultivadas, muitas vezes até com gênio.

A Babilônia era provavelmente um vilarejo antiqüíssimo, antes de ter se tornado uma cidade imensa e magnífica. Mas quem construiu essa cidade? Não sei. Terá sido Semíramis? Terá sido Belus? Terá sido Nabonassar? Talvez nunca tenha existido na Ásia nem mulher chamada Semíramis, nem homem chamado Belus[5]. Seria como darmos a cidades gregas os nomes de Armagnac e Abbeville. Os gregos, que mudaram todas as terminações bárbaras para palavras gregas, desnaturaram todos os nomes asiáticos. Além disso, a história de Semíramis se parece em tudo com os contos orientais.

Nabonassar, ou antes, Nabon-assor foi, provavelmente quem embelezou e fortificou a Babilônia e fez dela, por fim, uma cidade tão magnífica. Foi um verdadeiro monarca, conhecido na Ásia pela era que leva seu nome. Essa era incontestável começa apenas no ano 747 antes da nossa; logo, é bem moderna, relativamente ao número de séculos necessários para chegar ao estabelecimento das grandes dominações. Parece, pelo próprio nome de Babilônia, que ela existia muito tempo antes de Nabonassar. É a cidade do *Pai Bel*. *Bab* significa *pai* em caldeu, como revela d'Her-

---
5. Bel é o nome de Deus.

belot. Bel é o nome do Senhor. Os orientais sempre a conheceram pelo nome de Babel, a cidade do Senhor, a cidade de Deus ou, de acordo com outros, a porta de Deus.

Provavelmente, assim como não houve nenhum Ninus, fundador de Ninvah, que chamamos de Nínive, tampouco houve um Belus, fundador da Babilônia. Nenhum príncipe asiático teve nome em *us*.

É possível que o perímetro da Babilônia tivesse vinte e quatro das nossas léguas médias; mas que um Ninus tenha construído no Tigre, tão perto da Babilônia, uma cidade chamada Nínive, de mesma extensão, eis o que não me parece crível. Falam-nos de três poderosos impérios que teriam subsistido ao mesmo tempo: o da Babilônia, o da Assíria ou de Nínive, e o da Síria ou de Damasco. É pouco verossímil; é como se disséssemos que havia ao mesmo tempo numa parte da Gália três poderosos impérios, cujas capitais, Paris, Soissons e Orléans, tinham cada qual vinte e quatro léguas de contorno.

Confesso que não entendo os dois impérios, da Babilônia e da Assíria. Vários estudiosos, que quiseram lançar algumas luzes nessas trevas, afirmaram que a Assíria e a Caldéia eram o mesmo império, governado às vezes por dois príncipes, um residente na Babilônia, o outro em Nínive; e esse sentimento razoável pode ser adotado, até que se encontre um ainda mais razoável.

O que contribui a lançar uma grande verossimilhança sobre a antiguidade dessa nação é a célebre torre erguida para observar os astros. Quase todos os comentadores, não tendo como contestar esse monumento, se crêem obrigados a supor que era um resto da torre de Babel, que os homens quiseram erguer até o céu. Não se sabe muito bem o que os comentadores entendem por céu: será a Lua? será o planeta Vênus? É uma grande distância daqui até lá. Queriam apenas erguer uma torre alta? Não existe aí nenhum mal e nenhuma dificuldade, supondo-se que se tenha muitos homens, muitos instrumentos e víveres.

A torre de Babel, a dispersão dos povos, a confusão das línguas são coisas, como se sabe, sobremaneira respeitáveis, nas quais não tocamos. Falamos aqui unicamente do observatório, que não tem nada em comum com as histórias judaicas.

Se Nabonassar ergueu esse edifício, temos pelo menos de confessar que os caldeus tiveram um observatório mais de dois mil e quatrocentos anos antes de nós. Conceba então quantos séculos a lentidão do espírito humano requer para chegar ao ponto de erigir tal monumento às ciências.

Foi na Caldéia, e não no Egito, que se inventou o zodíaco. Há disso, parece-me, três provas consistentes: a primeira, que os caldeus foram uma nação esclarecida, antes do Egito, sempre inundado pelo Nilo, pudesse ser habitável; a segunda, que os signos do zodíaco convêm ao clima da Mesopotâmia, e não ao do Egito. Os egípcios não podiam ter o signo de Touro no mês de abril, pois não é nessa estação que eles aram; não podiam representar, no mês que chamamos de agosto, um signo com uma moça carregada de espigas de trigo, pois não é nessa época que fazem a colheita. Não podiam representar janeiro com um jarro d'água, pois no Egito chove raramente, e nunca no mês de janeiro. A terceira razão é que os antigos signos do zodíaco caldeu eram um dos artigos da religião deles. Eles estavam sob o governo de doze deuses secundários: cada um destes presidia uma dessas constelações, como nos informa Diodoro de Sicília, no livro II. Essa religião dos antigos caldeus era o sabismo, isto é, a adoração de um Deus supremo e a veneração dos astros e das inteligências celestes que presidiam os astros. Quando rezavam, viravam-se para a estrela do norte, a tal ponto o culto deles estava ligado à astronomia.

Vitrúvio, em seu nono livro, em que trata dos quadrantes solares, das alturas do Sol, do comprimento das sombras, da luz, refletida pela Lua, cita sempre os antigos caldeus, e não os egípcios. É, parece-me, uma prova bem forte de que se via a Caldéia, e não o Egito, como berço dessa ciência, de sorte que nada é mais verdadeiro do que este antigo provérbio latino:

> Tradidit Aegyptis Babylon, Aegyptus Achivis.

XI. *Dos babilônios que se tornaram persas*

A oriente da Babilônia viviam os persas. Estes levaram suas armas e sua religião à Babilônia, quando Koresh, que chamamos de Ciro, tomou essa cidade com ajuda dos medas, estabelecidos ao norte da Pérsia. Temos duas fábulas principais sobre Ciro: a de Heródoto e a de Xenofonte, que se contradizem em tudo e que mil escritores copiaram indiferentemente.

Heródoto supõe um rei meda, isto é, um rei dos países vizinhos da Hircânia, que ele chama de Astiago, de um nome grego. Esse hircaniano, Astiago, manda sufocar seu neto Ciro, no berço, por ter visto em sonho sua filha *Mandana, mãe de Ciro, urinar tão copiosamente que inundou toda a Ásia*. O resto da aventura é mais ou menos do mesmo tom; é uma história de Gargântua escrita seriamente.

Xenofonte faz da vida de Ciro um romance moral, mais ou menos parecido com o nosso Telêmaco. Ele começa supondo que, para valorizar a educação masculina e vigorosa do seu herói, os medas eram voluptuosos, imersos na lassidão. Todos esses povos vizinhos da Hircânia, que os tártaros, então chamados de citas, haviam assolado durante trinta anos, eram portanto sibaritas?

Tudo o que se pode afirmar de Ciro é que ele foi um grande conquistador, por conseguinte um flagelo da terra. O fundo da sua história é verdadeiro, os episódios são fabulosos: assim é com toda história.

Roma existia no tempo de Ciro. Tinha um território de quatro a cinco léguas e saqueava seus vizinhos tanto quanto podia; mas eu não gostaria de dar por verdadeiro o combate dos três Horácios, a aventura de Lucrécio, o escudo caído do céu e a pedra cortada com uma navalha. Havia alguns judeus escravos na Babilônia e em outras partes; mas, humanamente falando, poder-se-ia duvidar que o anjo Rafael tenha descido do céu para conduzir a pé o jovem Tobias até Hircânia, a fim de fazê-lo pagar algum dinheiro e escorraçar o diabo Asmodeu com a fumaça do fígado de um peixe.

Não vou examinar aqui o romance de Heródoto ou o romance de Xenofonte acerca da vida e da morte de Ciro; mas notarei que os pársis, ou persas, diziam ter tido, seis mil anos antes, um velho Zerdust – um profeta – que lhes havia ensinado a ser justos e a reverenciar o Sol, como os antigos caldeus haviam reverenciado as estrelas observando-as.

Não vou afirmar que esses persas e esses caldeus eram tão justos, nem determinar precisamente em que tempo veio o segundo Zerdust, que retificou o culto ao Sol e ensinou-lhes a adorar apenas o Deus autor do céu e das estrelas. Ele escreveu ou comentou, dizem, o livro do *Zend*, que os pársis, dispersos hoje na Ásia, reverenciaram como sua Bíblia. Esse livro é antiqüíssimo, menos porém que os dos chineses e dos brâmanes; acredita-se até que seja posterior aos de Sanconiaton e dos *cinco Kings* dos chineses. É escrito na antiga língua sagrada dos caldeus, e o senhor Hyde, que nos deu uma tradução do *Sadder*, teria nos dado também a do *Zend*, se pudesse arcar com os gastos dessa pesquisa. Vou me referir pelo menos ao *Sadder*, a esse extrato do *Zend*, que é o catecismo dos pársis. Leio aí que esses pársis acreditavam havia muito num deus, num diabo, numa ressurreição, num paraíso, num inferno. Eles são os primeiros, sem contradita, a estabelecer essas idéias; é o sistema mais antigo e que só foi adotado pelas outras nações muitos séculos mais tarde, visto que os fariseus, entre os judeus, só no tempo dos asmoneus sustentaram altamente a imortalidade da alma e o dogma das penas e das recompensas após a morte.

Eis talvez o que há de mais importante na antiga história do mundo: eis uma religião útil, estabelecida com base no dogma da imortalidade da alma e do conhecimento do Ser criador. Não deixemos de notar por quantos graus foi necessário o espírito humano passar para conceber tal sistema. Notemos ainda que o batismo (a imersão na água para purificar a alma pelo corpo) é um dos preceitos do *Zend* (porta 251). A fonte de todos os ritos veio talvez dos persas e dos caldeus, até as extremidades da terra.

Não examino aqui por que nem como os babilônios tiveram deuses secundários reconhecendo um deus soberano. Esse sistema, ou antes, esse caos foi o de todas as nações. Salvo nos tribunais da China, encontramos em quase toda parte a extrema loucura unida a um pouco de sabedoria nas leis, nos cultos, nos usos. O instinto, mais que a razão, conduz o gênero humano. Em toda parte a Divindade é adorada – e desonrada. Os persas reverenciaram estátuas assim que puderam ter escultores: está cheio delas nas ruínas de Persépolis. Mas vemos também nessas figuras os símbolos da imortalidade; vemos cabeças que alçam vôo para o céu com asas, símbolo da migração de uma vida passageira para a vida imortal.

Passemos aos usos puramente humanos. Espanta-me que Heródoto tenha dito diante de toda a Grécia, em seu primeiro livro, que todos os babilônios eram obrigados pela lei a se prostituir, uma vez na vida, aos estrangeiros, no templo de Milita ou de Vênus. Espanta-me ainda mais que, em todas as histórias feitas para a instrução da juventude, renova-se hoje esse conto. Claro, devia ser uma linda festa e uma linda devoção ver acorrer a uma igreja mercadores de camelos, de cavalos, de bois e de burros, e vê-los descer das suas cavalgaduras para se deitar diante do altar com as principais damas da cidade. Francamente, pode essa infâmia estar no caráter de um povo civilizado? É possível que os magistrados de uma das maiores cidades do mundo tenham estabelecido tal polícia; que os maridos tenham consentido em prostituir suas mulheres; que todos os pais tenham entregue suas filhas aos palafreneiros da Ásia? O que não está na natureza nunca é verdadeiro. Gostaria muito de acreditar em Díon Cássio, que garante que os graves senadores de Roma propuseram um decreto pelo qual César, com cinqüenta e sete anos de idade, teria o direito de usufruir de todas as mulheres que quisesse.

Os que, compilando hoje a *História antiga*, copiam tantos autores sem examinar nenhum, não deveriam ter percebido, ou que Heródoto desfiou fábulas ridículas, ou, em vez disso, que seu texto foi corrompido e que ele queria falar apenas das cortesãs estabelecidas em todas as grandes cidades e que, talvez, atendiam então aos passantes nas ruas?

Não acreditarei tampouco em Sexto Empírico, que pretende que a pederastia era regulamentada entre os persas. Quanta piedade! Como imaginar que os homens tenham elaborado uma lei que, tivesse sido cumprida, teria destruído a raça dos homens? A pederastia, ao contrário, era expressamente proibida no livro do *Zend*; e é o que podemos ver no resumo do *Zend*, o *Sadder*, no qual está dito (porta 9) *que não há pecado maior*[6].

....

6. Ver as respostas àquele que pretendeu que a prostituição era uma lei do império dos babilônios e que a pederastia estava estabelecida na Pérsia, no mesmo país. Não se pode levar mais longe o opróbrio da literatura, nem caluniar mais a natureza humana.

Estrabão diz que os persas se casavam com a mãe; mas quais são os testemunhos? Disse-que-disse, rumores vagos. O que pôde proporcionar um epigrama a Catulo:

> Nam magus ex matre et nato nascatur oportet.
> [Todo mago deve nascer de um incesto de uma mãe
> e de um filho.]

Tal lei não é crível; um epigrama não é uma prova. Se não houvessem encontrado mães dispostas a se deitar com seus filhos, não teria havido então sacerdotes entre os persas! A religião dos magos, cujo grande objeto era a população, devia, isso sim, permitir que os pais se unissem com as filhas, em vez de as mães se deitarem com os filhos, pois um ancião pode gerar, mas uma anciã não tem essa vantagem.

Quantas tolices não dissemos sobre os turcos? Os romanos diziam mais ainda sobre os persas.

Resumindo, lendo qualquer história, mantenhamo-nos alertas contra qualquer fábula.

XII. Da Síria

Vejo, por todos os monumentos que nos restam, que a região que se estende de Alexandreta, ou Scanderon, até depois de Bagdá, sempre foi chamada de Síria; que o alfabeto desses povos sempre foi siríaco; que é lá que se situavam as antigas cidades de Zobá, Balbek e Damasco; e, depois, as de Antióquia, Selêucia, Palmira. Balk era tão antiga que os persas pretendem que seu Bram, ou Abraão, veio de Balk. Onde podia então ficar esse poderoso império da Assíria, de que tanto se falou, senão na região das fábulas?

A Gália, ora se estendeu até o Reno, ora foi mais compacta; mas alguém algum dia imaginou colocar um vasto império entre o Reno e a Gália? Terem chamado as nações vizinhas do Eufrates de assírias, quando elas se estenderam na direção de Damasco, e terem chamado de assírios os povos da Síria, quando estes se aproximaram do Eufrates – é a isso que se pode reduzir a dificuldade. Todas as nações vizinhas se misturaram, todas estiveram em guerra e mudaram seus limites. Mas, quando se erguem cidades capitais, essas cidades estabelecem uma diferença acentuada entre duas nações. Assim, os babilônios, vencedores ou vencidos, sempre foram diferentes dos povos da Síria. Os antigos caracteres da língua siríaca não eram os mesmos dos antigos caldeus.

O culto, as superstições, as leis boas ou ruins, os usos bizarros não eram os mesmos. A deusa da Síria, tão antiga, não tinha nenhuma relação com o culto dos caldeus. Os magos caldeus, babilônios, persas nunca se tornaram eunucos, como os sacerdotes da deusa da Síria. Estranho! Os sírios cultuavam a figura daquele que chamamos Príapo, e os sacerdotes despojavam-se da sua virilidade!

Essa renúncia à generalização não prova uma grande antiguidade, uma população considerável? Não é possível que se tenha querido atentar assim contra a natureza num país em que a espécie fosse rara.

Os sacerdotes de Cibele, na Frígia, tornavam-se eunucos como os da Síria. Mais uma vez, pode-se duvidar de que isso era o efeito do antigo costume de sacrificar aos deuses o que se tinha de mais caro, e não se expor, diante dos seres que se acreditava puros, aos acidentes do que se acreditava ser uma impureza? Ante tais sacrifícios, como se espantar com o que se fazia, em outros povos, do prepúcio e da amputação de um testículo em certas nações africanas? As fábulas de Átis e de Combabo não passam de fábulas, como a de Júpiter, que tornou Saturno, seu pai, eunuco. A superstição inventa usos ridículos, e o espírito romanesco inventa razões absurdas.

O que ainda observarei sobre os antigos sírios é que a cidade que depois foi chamada Cidade Santa, e Hierápolis pelos gregos, era chamada Magog pelos sírios. A palavra *Mag* guarda grande relação com os antigos magos; parece comum a todos os que, nesses climas, consagravam-se ao serviço da Divindade. Todo povo teve uma cidade santa. Sabemos que Tebas, no Egito, era a cidade de Deus; Babilônia, a cidade de Deus; Apaméia, na Frígia, também era a cidade de Deus.

Os hebreus, muito tempo depois, falam dos povos de Gog e de Magog; eles podiam entender por esses nomes os povos do Eufrates e do Oronte; também podiam entender os citas, que vieram assolar a Ásia antes de Ciro e que devastaram a Fenícia; mas não tem nenhuma importância saber que idéia passava pela cabeça de um judeu quando ele pronunciava Magog ou Gog.

De resto, não hesito em acreditar que os sírios são muito mais antigos que os egípcios, pela evidente razão de que os países mais facilmente cultiváveis são necessariamente os primeiros povoados e os primeiros florescentes.

XIII. Dos fenícios e de Sanconiaton

Os fenícios foram provavelmente reunidos em corpo de povo tão antigamente quanto os outros habitantes da Síria. Podem ser menos antigos que os caldeus, porque o país deles é menos fértil. Sidon, Tiro, Jope, Bérito, Ascalon são terrenos ingratos. O comércio marítimo sempre foi o último recurso dos povos. Começou-se a cultivar a terra antes de construir naus para ir buscar novas terras além dos mares. Mas os que são forçados a se dedicar ao comércio marítimo logo têm essa indústria, filha da necessidade, que não aguilhoa as outras nações. Não se fala de nenhum empreendimento marítimo dos caldeus, nem dos indianos. Os egípcios chegavam a ter horror do mar; o mar era o Tífon deles, um ser maléfico; e é o que põe em dúvida as quatrocentas naus equipadas por Sesóstris para ir conquistar a Índia. Mas os empreendimentos dos fenícios são reais. Cartago e Cádiz fundadas por eles, a Inglaterra descoberta, o comércio com a Índia por Eziongaber, suas manufaturas de tecidos preciosos, sua arte de tingir com púrpura são testemunhos da sua habilidade; e essa habilidade fez sua grandeza.

Os fenícios foram, na Antiguidade, o que eram os venezianos no século XV e o que, mais tarde, se tornaram os holandeses, forçados a enriquecer por sua indústria.

O comércio exigia necessariamente a existência de registros que servissem como nossos livros de contas, com sinais fáceis e duradouros para estabelecer esses registros. A opinião que faz dos fenícios os autores da escrita alfabética é portanto bem verossímil. Não vou garantir que eles inventaram esses caracteres antes dos caldeus; mas o alfabeto deles foi certamente mais completo e mais útil, pois pintaram as vogais, que os caldeus não exprimiam.

Não me parece que os egípcios tenham um dia comunicado suas letras, sua língua a algum povo; já os fenícios transmitiram sua língua e seu alfabeto aos cartagineses, que os alteraram posteriormente; suas letras tornaram-se as dos gregos. Que preconceito para com a antiguidade dos fenícios!

Sanconiaton, o fenício, que escreveu muito antes da guerra de Tróia a história dos primeiros tempos, da qual Eusébio conservou para nós alguns fragmentos traduzidos por Filon de Biblos; Sanconiaton, dizia eu, nos faz saber que os fenícios faziam, desde tempos imemoriais, sacrifícios aos elementos e aos ventos; o que de fato convém a um povo navegador. Ele quis, em sua história, elevar-se até a origem das coisas, como todos os primeiros escritores; teve a mesma ambição dos autores do *Zend* e do *Veidam*; a mesma que tiveram Maneton no Egito e Hesíodo na Grécia.

Não se poderia duvidar da prodigiosa antiguidade do livro de Sanconiaton, se é verdade, como pretende Warburton, que lemos suas primeiras linhas nos mistérios de Ísis e de Ceres, homenagem que os egípcios e os gregos não teriam rendido a um autor estrangeiro, se ele não fosse tido como uma das primeiras fontes dos conhecimentos humanos.

Sanconiaton não escreveu nada de sua própria lavra; ele consultou todos os arquivos antigos, principalmente o sacerdote Jerombal. Sanconiaton, em fenício antigo, significa amante da verdade. Porfírio diz, Teodoreto e Bochart confessam. A Fenícia era chamada de país das letras, *Kirjath sepher*. Quando se estabeleceram numa parte dessa região, os hebreus queimaram a cidade das letras, como se vê em Josué e em Juízes.

Jerombal, consultado por Sanconiaton, era sacerdote do deus supremo, que os fenícios chamavam de *Iao, Jeová*, nome tido como sagrado, adotado pelos egípcios e, mais tarde, pelos judeus. Vê-se, pelos fragmentos desse monumento tão antigo, que Tiro existia havia muito tempo, embora ainda não tivesse chegado a ser uma cidade poderosa.

A palavra *El*, que designava Deus entre os primeiros fenícios, tem certa relação com o *Alá* dos árabes; e é provável que desse monossílabo *El* os gregos tenham composto seu *Hélio*. Mas o que é mais notável é que encontramos nos antigos fenícios a palavra *Eloá, Eloim*, que os hebreus utilizaram bem mais tarde, quando se estabeleceram em Canaã.

Foi da Fenícia que os judeus tomaram todos os nomes que deram a Deus, *Eloá, Iao, Adonai*; não pode ser de outro modo, porque por muito tempo os judeus falaram a língua fenícia em Canaã.

A palavra *Iao*, esse nome inefável entre os judeus, que eles nunca pronunciavam, era tão comum no Oriente que Diodoro, em seu livro segundo, falando dos que fingiram ter conversado com os deuses, diz que "Minos se gabava de ter se comunicado com o deus Zeus, Zamolxis com a deusa Vesta e o judeu Moisés com o deus Iao, etc."

O que merece ser observado é, principalmente, que Sanconiaton, relatando a antiga cosmologia do seu país, fale inicialmente do caos com um ar tenebroso, *Chautereb*. Érebo, a noite de Hesíodo, provém da palavra fenícia, que foi conservada pelos gregos. Do caos saiu *Mot*, que significa matéria. Ora, quem ordenou a matéria? Foi *colpi Iao*, o espírito de Deus, o vento de Deus, ou melhor, a voz da boca de Deus. Foi à voz de Deus que nasceram os animais e os homens.

É fácil convencer-se de que essa cosmogonia é a origem de quase todas as outras. O povo mais antigo é sempre imitado pelos que vêm depois; estes aprendem sua língua, seguem uma parte de seus ritos, apropriam-se de suas antiguidades e de suas fábulas. Sei como todas as origens caldéias, sírias, fenícias, egípcias e gregas são obscuras. Que origem não é? Não podemos dar por certo nada relativo à formação do mundo, salvo o que o próprio Criador do mundo tenha se dignado nos dar a saber. Vamos com segurança até certos limites: sabemos que a Babilônia existia antes de Roma, que as cidades da Síria eram poderosas antes que se conhecesse Jerusalém; que havia reis do Egito antes de Jacó, antes de Abraão; sabemos quais sociedades se estabeleceram por último; mas, para saber precisamente qual foi o primeiro povo, é necessária uma revelação.

Pelo menos podemos pesar as probabilidades e valer-nos da nossa razão no que não diz respeito aos nossos dogmas sagrados, superiores a qualquer razão e que só cedem à moral.

Está comprovado que os fenícios ocupavam seu país muito tempo antes de os hebreus lá aparecerem. Poderiam os hebreus ter aprendido a língua fenícia quando erravam, longe da Fenícia, no deserto, no meio de algumas hordas de árabes?

Pôde a língua fenícia ter se tornado a língua corrente dos hebreus? Puderam eles escrever nessa língua na época de Josué, entre devastações e massacres contínuos? Os hebreus, após Josué, por muito tempo escravos naquele mesmo país que tinham posto a fogo e a sangue, não teriam aprendido então um pouco da língua dos seus amos, como depois aprenderam um pouco de caldeu quando foram escravos na Babilônia?

Não é mais que verossímil que um povo comerciante, industrioso, culto, estabelecido desde há tempos imemoriais e que é tido como inventor das letras, escreveu muito tempo antes que um povo errante, recentemente estabelecido em sua vizinhança, sem nenhuma ciência, sem nenhuma indústria, sem nenhum comércio e subsistindo unicamente de rapinas?

Pode-se negar seriamente a autenticidade dos fragmentos de Sanconiaton conservados por Eusébio? Pode-se imaginar, com o douto Huet, que Sanconiaton tenha buscado sua fonte em Moisés, quando tudo o que resta de monumentos antigos nos adverte que Sanconiaton viveu antes de Moisés? Não decidimos nada. Cabe ao leitor esclarecido e judicioso decidir entre Huet e Van-Dale, que o refutou. Nós buscamos a verdade, não a querela.

XIV. Dos citas e dos gomeritas

Deixemos Gômer, quase ao sair da arca, ir subjugar a Gália e povoá-la em alguns anos; deixemos Tubal ir para a Espanha e Magog para o norte da Alemanha, na época em que os filhos de Cão faziam uma prodigiosa quantidade de filhos negros na Guiné e no Congo. Essas impertinências repulsivas são desfiadas em tantos livros que não vale a pena falar nelas, que já começam a fazer as crianças rirem; mas por que fraqueza, ou por que malignidade secreta, ou por que afetação de mostrar uma eloqüência fora de lugar, tantos historiadores teceram tão grandes elogios aos citas, que eles não conheciam?

Por que Quinto Cúrcio, ao falar dos citas que viviam no norte de Sogdiana, para lá do Oxus (que ele confunde com o Tanais, que passa a quinhentas léguas dali), por que, dizia eu, Quinto Cúrcio coloca uma arenga filosófica na boca desses bárbaros? Por que ele supõe que eles censuram a Alexandre sua sede de conquistas? Por que ele os faz dizer que Alexandre é o mais famoso ladrão da terra, logo eles, que haviam exercido o banditismo em toda a Ásia, tanto tempo antes dele? Por que enfim Quinto Cúrcio pinta esses citas como os mais justos de todos os homens? A razão é que, como ele, mau geógrafo que é, situa o Tanais nas bandas do mar Cáspio, fala por mera declamação do suposto desinteresse dos citas.

Se Horácio, ao opor os costumes dos citas aos dos romanos, faz em versos harmoniosos o panegírico desses bárbaros, se ele diz (ode XXIV, liv. III),

> Campestres melius Scythae,
> Quorum plaustra vagas rite trahunt domos,
> Vivunt, et rigidi Getae;
>
> [Vede os habitantes da pavorosa Cítia,
> Que vivem em carroças;
> Com mais inocência consumam sua vida
> Do que o povo de Marte;]

é que Horácio fala, como poeta um pouco satírico, que é bem fácil criar estrangeiros à custa do seu país.

É por essa mesma razão que Tácito se esfalfa elogiando os bárbaros germanos, que pilhavam a Gália e imolavam homens a seus abomináveis deuses. Tácito, Quinto Cúrcio, Horácio parecem esses pedagogos que, para dar emulação a seus discípulos, prodigalizam na presença deles elogios a crianças estrangeiras, por mais grosseiras que sejam.

Os citas são esses mesmos bárbaros a que mais tarde chamamos tártaros; são os mesmos que, muito antes de Alexandre, haviam devastado várias vezes a Ásia e que foram os depredadores de grande parte do continente. Ora, com o nome de mongóis ou de hunos, submeteram a China e a Índia; ora, com o nome de turcos, expulsaram os árabes que haviam conquistado uma parte da Ásia. Foi daqueles vastos campos que partiram os hunos para irem até Roma. São esses os homens desinteressados e justos cuja eqüidade nossos compiladores gabam ainda hoje, quando copiam Quinto Cúrcio. É assim que nos entopem de histórias antigas, sem escolha e sem juízo; as pessoas as lêem mais ou menos com o mesmo espírito com que foram feitas e só enchem de erros a cabeça.

Os russos hoje habitam a antiga Cítia européia; eles é que forneceram à história verdades surpreendentes. Houve na terra revoluções que impressionaram mais a imaginação; mas não há uma que satisfaça tanto o espírito humano e lhe faça tanta honra. Vimos conquistadores e devastações; mas que um só homem tenha, em vinte anos, alterado os costumes, as leis, o espírito do mais vasto império da Terra, que todas as artes tenham acorrido em grande número embelezar os desertos, isso é que é admirável. Uma mulher que não sabia nem ler nem escrever aperfeiçoou o que Pedro, o Grande, havia começado. Outra mulher (Elizabeth) ampliou mais ainda esse nobre começo. Outra imperatriz foi mais longe ainda que as duas outras; seu gênio comunicou-se aos seus súditos; as revoluções do palácio não retardaram um só momento os progressos da felicidade do império: viu-se, em meio século, a corte da Cítia ser mais esclarecida do que foram a Grécia e Roma.

E o mais admirável é que em 1770, tempo em que escrevemos, Catarina II persegue na Europa e na Ásia os turcos, que fogem diante dos seus exércitos e os faz tremer em Constantinopla. Seus soldados são tão terríveis quanto sua corte é polida; e, qualquer que seja o desfecho dessa grande guerra, a posteridade deve admirar a Tomíris do Norte: ela merece vingar a terra da tirania turca.

XV. Da Arábia

Se alguém é curioso de monumentos como os do Egito, não creio que deva buscá-los na Arábia. Meca, dizem, foi construída nos tempos de Abraão; mas ela está num terreno tão arenoso e tão ingrato que não há aparência de que tenha sido fundada antes das cidades erguidas perto dos rios, em regiões férteis. Mais da metade da Arábia é um vasto deserto, ou de areias, ou de pedras. Mas a Arábia Feliz mereceu esse nome porque, estando rodeada de solidões e de um mar proceloso, esteve ao abrigo da rapacidade dos ladrões, chamados conquistadores, até Maomé; e mesmo então ela não foi mais que a companheira das suas vitórias. Essa vantagem está bem acima dos seus aromas, do seu incenso, da sua canela, que é de uma espécie medíocre, e até do seu café, que faz hoje sua riqueza. A Arábia Deserta é esse país infeliz, habitado por alguns amalecitas, moabitas, midianitas: região horrível, que não contém hoje mais que nove a dez mil árabes, ladrões errantes, e que não pode alimentar mais que isso. Foi nesses mesmos desertos que se diz que dois milhões de hebreus passaram quarenta anos. Não é a verdadeira Arábia: essa região costuma ser chamada de deserto da Síria.

A Arábia Pétrea é assim chamada do nome de Petra, pequena fortaleza, a que certamente os árabes não deram esse nome, mas que foi assim chamada pelos gregos no tempo de Alexandre. Essa Arábia Pétrea é bem pequena e pode ser confundida, sem lhe fazer injustiça, com a Arábia Deserta: ambas sempre foram habitadas por hordas errantes. Nessa Arábia Pétrea é que foi construída a cidade que chamamos de Jerusalém.

Quanto a essa vasta parte chamada Feliz, cerca da metade também consiste em desertos; mas, quando avançamos algumas milhas nas terras, seja a oriente de Moca, seja inclusive a oriente de Meca, então encontramos a região mais agradável da Terra. O ar é perfumado, num verão contínuo, com o odor das plantas aromáticas que a natureza faz crescer sem cultivo. Mil riachos descem das montanhas e mantêm um frescor perpétuo que tempera o ardor do Sol sob sombras sempre verdes.

É principalmente nessa região que a palavra jardim, paraíso, significou o favor celeste.

Os jardins de Sana, para os lados de Áden, foram mais famosos entre os árabes do que foram, mais tarde, os de Alcinoo entre os gregos; e esse Áden, ou Éden, era chamado de lugar das delícias. Fala-se também de um antigo Shedad, cujos jardins não eram menos renomados. A felicidade, nesses climas calcinantes, era a sombra.

Esse vasto país do Iêmen é tão lindo, seus portos são tão propiciamente situados no oceano Índico, que pretendem ter Alexandre querido conquistar o Iêmen para dele fazer a sede do seu império e aí estabelecer o entreposto do comércio do mundo. Ele teria conservado o antigo canal dos reis do Egito, que unia o Nilo ao mar Vermelho; e todos os tesouros da Índia teriam passado de Áden ou Éden à sua cidade de Alexandria. Tal empresa não guarda semelhança com essas fábulas insossas e absurdas de que toda a história antiga está cheia: na verdade, teria sido necessário subjugar toda a Arábia, e, se alguém podia fazer isso, esse alguém era Alexandre. Mas parece que esses povos não o temeram; nem sequer lhe enviaram deputados quando ele mantinha sob seu jugo o Egito e a Pérsia.

Os árabes, defendidos por seus desertos e por sua coragem, nunca sofreram o jugo estrangeiro: Trajano só conquistou uma pequena parte da Arábia Pétrea, e hoje eles enfrentam o poderio dos turcos. Esse grande povo sempre foi tão livre quanto os citas, e mais civilizado que eles.

Não há que confundir esses antigos árabes com as hordas que se dizem descendentes de Ismael. Os ismaelitas, ou agarenos, ou os que se diziam filhos de Cetura eram tribos estrangeiras que nunca puseram os pés na Arábia Feliz. Suas hordas erravam na Arábia Pétrea na região de Midiã; elas se misturaram depois com os verdadeiros árabes, no tempo de Maomé, quando abraçaram a religião destes.

Os povos da Arábia propriamente dita é que eram os verdadeiros indígenas, isto é, que desde tempos imemoriais habitavam essa linda região, sem mistura com nenhuma outra nação, sem nunca terem sido nem conquistados nem conquistadores. Sua religião era a mais natural e a mais simples de todas; era o culto de um Deus e a veneração das estrelas, que pareciam, sob um céu tão belo e tão puro, anunciar a grandeza de Deus com maior magnificência que o resto da natureza. Eles viam os planetas como mediadores entre Deus e os homens. Tiveram essa religião até Maomé. Acredito que tenha havido muitas superstições, pois eram homens; mas, separados do resto do mundo por mares e desertos, possuidores de um país delicioso e estando acima de qualquer necessidade e qualquer temor, devem ter sido necessariamente menos maus e menos supersticiosos que outras nações.

Nunca ninguém os viu invadir o bem dos seus vizinhos, como feras esfaimadas; nem degolar os fracos, pretextando ordens da Divindade; nem cortejar os poderosos, lisonjeando-os com falsos oráculos; suas superstições não foram nem absurdas nem bárbaras.

Não se fala deles em nossas histórias universais forjadas em nosso Ocidente. Não me espanto: eles não têm nenhuma relação com a pequena nação judia, que se tornou o objeto e o fundamento das nossas histórias pretensamente universais, em que certo gênero de autores, copiando-se uns aos outros, esquece três quartos da Terra.

XVI. De Bram, Abram, Abraão*

Parece que o nome *Bram, Brama, Abram, Ibraim* é um dos mais comuns nos antigos povos da Ásia. Os indianos, que cremos ser uma das primeiras nações, fazem do seu Brama um filho de Deus, que ensinou aos brâmanes a maneira de adorá-lo. A veneração a esse nome foi se espalhando pouco a pouco. Os árabes, os caldeus, os persas se apropriaram dele, e os judeus o consideraram um dos seus patriarcas. Os árabes, que comerciavam com os indianos, foram provavelmente os primeiros a ter algumas idéias confusas de Brama, que chamaram de Abrama e de quem, mais tarde, disseram descender. Os caldeus adotaram-no como um legislador. Os persas chamavam sua antiga religião de *Millat Ibrahim*; os medas, *Kish Ibrahim*. Eles pretendiam que esse Ibrahim ou Abraão era da Bactriana e tinha vivido nas proximidades da cidade de Balk: reverenciavam-no como profeta da religião do antigo Zoroastro. Ele pertence sem dúvida aos hebreus, já que estes o reconhecem como seu pai em seus livros sagrados.

....
* Abraão, recorde-se, é o aportuguesamento da Abraham; a seqüência fica, assim, mais evidente: Bram, Abram, Abraham. (N. do T.)

Alguns estudiosos acreditaram que esse nome era indiano, porque os sacerdotes indianos se chamavam brâmanes ou bracmanes, e porque várias das suas instituições têm uma relação direta com esse nome; ao passo que entre os asiáticos ocidentais, não se vê nenhum estabelecimento que derive seu nome de Abram ou de Abraão. Nenhuma sociedade nunca se denominou abrâmica; nenhum rito, nenhuma cerimônia tem esse nome. Mas, como os livros judaicos dizem que Abraão é a cepa dos hebreus, temos de acreditar nesses judeus, que, embora detestados por nós, são tidos como nossos precursores e nossos mestres.

O Alcorão cita, com respeito a Abraão, as antigas histórias árabes; mas diz pouca coisa: elas pretendem que esse Abraão tenha fundado Meca.

Os judeus o fazem vir da Caldéia, e não da Índia ou da Bactriana: eles eram vizinhos da Caldéia, não conheciam a Índia e a Bactriana. Abraão era um estrangeiro para todos esses povos; e, sendo a Caldéia um país renomado havia muito pelas ciências e pelas artes, era uma honra, humanamente falando, para uma frágil e bárbara nação encerrada na Palestina, contar com um antigo sábio, tido como caldeu, entre seus ancestrais.

Se nos é permitido examinar a parte histórica dos livros judaicos, pelas mesmas regras que nos conduzem na crítica das outras histórias, há que convir, com todos os comentadores, que o relato das aventuras de Abraão, tal como se encontra no Pentateuco, estaria sujeito a algumas dificuldades, se estivesse em outra história.

O Gênesis, depois de ter contado a morte de Terá, diz que Abraão, seu filho, saiu de Harã aos setenta e cinco anos; e é natural concluir daí que saiu da sua terra depois da morte de seu pai.

Mas o mesmo Gênesis diz que Terá, tendo gerado aos setenta anos, viveu até os duzentos e cinco; assim Abraão teria cento e trinta e cinco anos quando partiu da Caldéia. Parece estranho que nessa idade ele tenha abandonado a fértil região da Mesopotâmia e ido, a trezentas milhas dali, para a terra estéril e pedregosa de Siquém, que não era um lugar de comércio. De Siquém, fazem-no ir comprar trigo em Mênfis, que fica a cerca de seiscentas milhas; quando lá chega, o rei se apaixona por sua mulher, de setenta e cinco anos.

Não toco no que há de divino nessa história, atenho-me sempre às investigações da Antiguidade. Conta-se que Abraão recebeu grandes presentes do rei do Egito. Esse país já era pois um Estado poderoso; a monarquia estava estabelecida, as artes eram cultivadas; o rio havia sido domado; em toda parte, haviam aberto canais para receber suas inundações, sem os quais a região não seria habitável.

Ora, pergunto a qualquer homem sensato se não foram necessários séculos para estabelecer um império assim numa região por tanto tempo inacessível e devastada pelas próprias águas que a fertilizaram. Abraão, segundo o Gênesis, chegou ao Egito dois mil anos antes da nossa era vulgar. Temos portanto de perdoar a Maneton, Heródoto, Diodoro, Erastótenes e tantos outros a prodigiosa antiguidade que todos eles atribuem ao reino do Egito; e essa antiguidade devia ser moderníssima, em comparação com a dos caldeus e dos sírios.

Permitam-me observar um traço da história de Abraão. Ele é representado, ao sair do Egito, como um pastor nômade, errando entre o monte Carmelo e o lago Asfaltite; é o deserto mais árido da Arábia Pétrea; todo o território é betuminoso; a água, raríssima: o pouco que se encontra é menos potável que a água do mar. Ele leva para lá suas tendas com trezentos e dezoito serviçais; e seu sobrinho Ló está estabelecido na cidade ou burgo de Sodoma. Um rei da Babilônia, um rei da Pérsia, um rei do Ponto e um rei de várias outras nações se coligam para mover guerra contra Sodoma e quatro burgos vizinhos. Tomam esses burgos e Sodoma. Ló é feito prisioneiro. Não é fácil compreender como quatro grandes reis, tão poderosos, se coligam para atacar uma horda de árabes num canto de terra tão selvagem, nem como Abraão desafia tão poderosos monarcas com trezentos criados, nem como os persegue até além de Damasco. Alguns tradutores puseram Dan em lugar de Damasco; mas Dan não existia no tempo de Moisés, menos ainda no tempo de Abraão. Há, da extremidade do lago Asfaltite, onde estava situada Sodoma, a Damasco mais de trezentas milhas de estrada. Tudo isso está acima das nossas concepções. Tudo é milagroso na história dos hebreus. Já dissemos, e tornamos a dizer, que acreditamos nesses prodígios e em todos os outros sem nenhum exame.

XVII. Da Índia

Se nos é permitido fazer conjecturas, os indianos, às margens do Ganges, talvez sejam os homens mais antigamente reunidos em corpo de povo. É certo que o terreno em que os animais encontram pasto mais fácil é logo coberto pela espécie que este pode nutrir. Ora, não há lugar no mundo em que a espécie humana tenha à mão alimentos mais saudáveis, mais agradáveis e em maior abundância que às margens do Ganges. O arroz cresce sem cultivo; o coco, a tâmara, o figo propiciam em toda parte pratos deliciosos; a laranjeira, o limoeiro fornecem ao mesmo tempo bebidas refrescantes e um pouco de nutrição; a cana-de-açúcar está à mão; as palmeiras e as figueiras de folhas largas proporcionam a mais densa sombra. Nesse clima, não é preciso esfolar o rebanho para proteger as crianças dos rigores das estações; ainda hoje elas são criadas nuas até a puberdade. Nunca ninguém foi obrigado, nesse país, a arriscar a vida atacando animais, para mantê-la alimentando-se com os membros dilacerados destes, como se faz em quase todo lugar.

Os homens ter-se-iam reunido por conta própria nesse clima feliz; não teriam disputado um terreno árido para estabelecer nele uns magros rebanhos; não teriam guerreado por um poço, uma fonte, como fizeram os bárbaros na Arábia Pétrea.

Os brâmanes se gabam de possuir os monumentos mais antigos que há na terra. As raridades mais antigas que o imperador chinês Kang-Hsi tinha em seu palácio eram indianas: ele mostrava a nossos missionários matemáticos antigas moedas indianas cunhadas, muito anteriores às moedas de cobre dos imperadores chineses, e foi provavelmente com os indianos que os reis da Pérsia aprenderam a arte monetária.

Os gregos, antes de Pitágoras, viajavam à Índia para se instruir. Os símbolos dos sete planetas e dos sete metais ainda são, em quase toda a terra, os que os indianos inventaram; os árabes foram obrigados a usar os algarismos indianos. O jogo que mais honra o espírito humano nos vem incontestavelmente da Índia; os elefantes, que substituímos pelas torres, são prova disso: era natural que os indianos movessem elefantes, mas não é nada natural as torres se moverem.

Enfim, os povos conhecidos há mais tempo, persas, fenícios, árabes, egípcios, foram desde há tempos imemoriais comerciar na Índia, para de lá trazer as especiarias que a natureza só deu àqueles climas, sem que nunca os indianos tivessem ido pedir o que quer que fosse a essas nações.

Falam-nos de um Baco que partiu, dizem, do Egito ou de uma região da Ásia Ocidental, para conquistar a Índia. Esse Baco, quem quer que seja, sabia portanto que havia no extremo do nosso continente uma nação que valia mais que a dele. A necessidade fez os primeiros bandidos, eles invadiram a Índia somente porque ela era rica; e seguramente o povo rico é reunido, civilizado, educado, muito tempo antes do povo ladrão.

O que mais me chama a atenção na Índia é essa antiga opinião da transmigração das almas, que se estendeu com o tempo à China e à Europa. Não que os indianos soubessem o que é uma alma, mas eles imaginavam que esse princípio, seja aéreo, seja ígneo, animava sucessivamente outros corpos. Notemos atentamente esse sistema de filosofia que se prende aos costumes. Era um grande freio para os perversos o temor de serem condenados por Vishnu e por Brama a se tornar os mais vis e desgraçados dos animais. Já veremos que todos os grandes povos tinham uma idéia de outra vida, embora com noções diferentes. Dentre os antigos impérios, parece-me que somente os chineses não estabeleceram a doutrina da imortalidade da alma. Seus primeiros legisladores promulgaram unicamente leis morais: eles acreditavam que bastava exortar os homens à virtude e forçá-los a praticá-la por um controle severo.

Os indianos tiveram um freio a mais, ao abraçar a doutrina da metempsicose. O medo de matar o pai ou a mãe, matando homens e animais, lhes inspirou um horror ao ato de matar e a toda violência, que se tornou uma segunda natureza neles. Assim, todos os indianos cujas famílias não são aliadas nem dos árabes nem dos tártaros são, ainda hoje, os mais doces de todos os homens. Sua religião e a temperatura de seu clima tornaram esses povos inteiramente semelhantes a esses animais pacíficos que criamos em nossos redis e em nossos pombais, para degolá-los a nosso bel-prazer. Todas as nações ferozes que desceram do Cáucaso, dos montes Taurus e dos Imaus* para subjugar os ha-

---

* Nome dado antigamente a uma cadeia de montanhas situada na "rota da seda", no Extremo Oriente, que coincidia em parte com o Himalaia. (N. do T.)

bitantes das margens do Indo, do Idaspe, do Ganges, submeteram-nos apenas se mostrando.

É o que aconteceria hoje com esses cristãos primitivos, chamados *quakers*, tão pacíficos quanto os indianos; eles seriam devorados pelas outras nações, se não estivessem protegidos por seus belicosos compatriotas. A religião cristã, que somente esses primitivos seguem ao pé da letra, é tão inimiga do sangue quanto a pitagórica; mas os povos cristãos nunca observaram sua religião, e as antigas castas indianas sempre praticaram a delas: eis que o pitagorismo é a única religião do mundo que soube fazer do horror ao ato de matar uma piedade filial e um sentimento religioso. A transmigração das almas é um sistema tão simples e, mesmo, tão verossímil aos olhos dos povos ignorantes, é tão fácil crer que o que anima um homem pode em seguida animar outro, que todos os que adotaram essa religião acreditaram ver as almas dos seus parentes em todos os homens que os rodeavam. Todos eles se acreditaram irmãos, pais, mães, filhos uns dos outros. Essa idéia inspirava necessariamente uma caridade universal: causava pavor ferir um ser que fosse da família. Numa palavra, a antiga religião da Índia e a dos letrados na China são as únicas nas quais os homens não foram bárbaros. Como pôde acontecer que, mais tarde, esses mesmos homens, que achavam um crime matar um animal, permitiram que as mulheres se queimassem sobre o corpo do marido, na vã esperança de renascer em corpos mais belos e mais felizes? É que o fanatismo e as contradições são o apanágio da natureza humana.

Cumpre considerar sobretudo que a abstinência da carne dos animais é uma conseqüência da natureza do clima. O calor extremo e a umidade logo fazem a carne apodrecer; aí, a carne torna-se um péssimo alimento. Os licores fortes são igualmente proibidos pela natureza, que exige na Índia bebidas refrescantes. A metempsicose passou, na verdade, para as nossas nações setentrionais: os celtas acreditavam que renasceriam em outros corpos; mas, se os druidas tivessem acrescentado a essa doutrina a proibição de comer carne, não teriam sido obedecidos.

Não conhecemos quase nada dos antigos ritos dos brâmanes, conservados até os nossos dias: eles comunicam pouco os livros do *Sânscrito**, que ainda possuem nessa antiga língua sagrada: o *Veidam*, o *Shasta* também foram por muito tempo tão desconhecidos quanto o *Zend* dos persas e os cinco *Kings* dos chineses. Faz somente cento e vinte anos que os europeus tiveram as primeiras noções dos cinco *Kings*; e o *Zend* só foi visto pelo célebre doutor Hyde, que não teve dinheiro para comprá-lo e pagar o intérprete; e pelo comerciante Chardin, que não quis pagar o preço que lhe pediam. Só tivemos aquele extrato do *Zend* ou aquele *Sadder* de que já falei.

Um acaso mais feliz proporcionou à biblioteca de Paris um antigo livro dos brâmanes: o *Ezur-Veidam*, escrito antes da expedição de Alexandre à Índia, com um ritual de todos os antigos ritos dos brâmanes, intitulado *Cormo-Veidam*. Esse manuscrito, traduzido por um brâmane, não é na verdade o próprio *Veidam*, mas um resumo das opiniões e dos ritos contidos nessa lei. Faz poucos anos que possuímos o *Shasta*; devemo-lo aos cuidados e à erudição do senhor Holwell, que viveu muito tempo entre os brâmanes. O *Shasta* é mil e quinhentos anos anterior ao *Veidam*, de acordo com os cálculos desse erudito inglês[7]. Podemos portanto nos gabar de ter hoje algum conhecimento dos mais antigos escritos que há no mundo.

....

* Voltaire escreve *hanscrit*, que era uma das variantes usadas para denominar a "língua dos brâmanes". (N. do T.)

7. Ver o *Dicionário filosófico*, verbetes BRÂMANES, EZURVEDA, etc., e os capítulos III e IV do *Ensaio sobre os costumes*, etc.

Podemos perder a esperança de ter um dia algo dos egípcios; seus livros estão perdidos, sua religião desapareceu: eles não entendem mais sua antiga língua vulgar, menos ainda a sagrada. Assim, o que estava mais próximo de nós, que era mais fácil de conservar, depositado em bibliotecas imensas, pereceu para sempre; e encontramos, no fim do mundo, monumentos não menos autênticos que não devíamos esperar descobrir.

Não se pode duvidar da verdade, da autenticidade desse ritual dos brâmanes de que falo. O autor seguramente não lisonjeia sua seita; não procura disfarçar as superstições, dar a elas alguma verossimilhança por meio de explicações forçadas, desculpá-las com alegorias. Ele relata as leis mais extravagantes com a simplicidade da candura. O espírito humano aparece aí em toda a sua miséria. Se os brâmanes observassem todas as leis do seu *Veidam*, não haveria monge que aceitasse submeter-se a essa condição. O filho de um brâmane, mal nasce, já é escravo da cerimônia. Esfregam sua língua com pez dissolvido em farinha; pronunciam a palavra *um*; invocam vinte divindades subalternas antes de lhe cortarem o umbigo; mas dizem-lhe também: *viva para comandar os homens*; e, assim que ele fala, fazem-lhe sentir a dignidade do seu ser. De fato, os brâmanes foram por muito tempo soberanos na Índia; e a teocracia foi estabelecida nessa vasta região mais do que em qualquer outro país do mundo.

Logo a criança é exposta à Lua; pedem ao Ser supremo que apague os pecados que a criança pode ter cometido, embora tenha nascido há apenas oito dias; dirigem antífonas ao fogo; dão à criança, com inúmeras cerimônias, o nome de *Chormo*, que é o título de honra dos brâmanes.

Assim que a criança anda, passa a vida banhando-se e recitando preces; faz o sacrifício dos mortos; e esse sacrifício é instituído para que Brama dê à lama dos ancestrais da criança uma morada agradável em outros corpos.

Fazem-se preces aos cinco ventos que podem sair pelas cinco aberturas do corpo humano. Isso não é mais estranho que as preces recitadas ao deus Pet pelas pias velhinhas de Roma.

Não há nenhuma função da natureza, nenhuma ação entre os brâmanes sem preces. A primeira vez que raspam a cabeça da criança, o pai diz devotamente à navalha: "Navalha, raspe meu filho como raspaste o Sol e o deus Indra." É possível, afinal de contas, que o deus Indra tenha sido rapado outrora; mas, no caso do Sol, não é fácil de entender, a não ser que os brâmanes tenham tido nosso Apolo, que ainda representamos sem barba.

O relato de todas essas cerimônias seria tão entediante quanto elas nos parecem ridículas; e, em sua cegueira, eles falam também das nossas. Mas há neles um mistério que não deve ser omitido, é o *Matricha Machom*. Por esse mistério, os indianos se dão um novo ser, uma nova vida.

Supõe-se que a alma fique no peito; e é de fato esse o sentimento de quase toda a Antiguidade. Passa-se a mão, do peito à cabeça, apoiando no nervo que se imagina ir de um desses órgãos ao outro, conduzindo assim a alma até o cérebro. Quando se tem certeza de que a alma subiu, então o rapaz exclama que sua alma e seu corpo se reuniram ao Ser supremo, e diz: *Eu mesmo sou parte da Divindade*.

Essa opinião foi a dos mais respeitáveis filósofos da Grécia, dos estóicos que elevaram a natureza humana acima dela própria, a dos divinos Antoninos; e cumpre confessar que nada era mais capaz de inspirar grandes virtudes. Crer-se parte da Divindade é impor-se a lei de não fazer nada que não seja digno de Deus.

Encontramos nessa lei dos brâmanes dez mandamentos, que são dez pecados a evitar. Estão divididos em três espécies: os pecados do corpo, os da palavra, os da vontade.

Bater, matar o próximo, roubá-lo, violentar mulheres são os pecados do corpo; dissimular, mentir, injuriar são os pecados da palavra; os pecados da vontade consistem em desejar o mal, ver o bem dos outros com inveja, não se comover com as misérias alheias. Esses dez mandamentos fazem-nos perdoar todos os ritos ridículos. Vê-se evidentemente que a moral é a mesma em todas as nações civilizadas, enquanto os usos mais consagrados num povo parecem aos outros ou extravagantes ou odiosos. Os ritos estabelecidos dividem hoje o gênero humano, e a moral o reúne.

A superstição nunca impediu que os brâmanes reconhecessem um deus único. Estrabão, em seu décimo quinto livro, diz que eles adoram um deus supremo; que guardam silêncio por vários anos antes de ousarem falar; que são sóbrios, castos, temperantes; que vivem na justiça e morrem sem se lamentar. É o testemunho que também prestam são Clemente de Alexandria, Apuleio, Porfírio, santo Ambrósio. Não esqueçamos, sobretudo, que eles tiveram um *paraíso terrestre* e que os homens que abusaram dos favores de Deus foram expulsos desse paraíso.

A queda do homem degenerado é o fundamento da teologia de quase todas as antigas nações. O pendor natural do homem a se queixar do presente e a exaltar o passado fez que se imaginasse em toda parte uma espécie de idade de ouro a que os séculos de ferro sucederam. O que é mais singular ainda é que o *Veidam* dos antigos brâmanes ensina que o primeiro homem foi *Adimo* e a primeira mulher, *Procriti*. Na língua deles, *Adimo* significava *Senhor*, e *Procriti* queria dizer *Vida*; como *Eva* para os fenícios e para os hebreus, seus imitadores, também significava *Vida* ou *Serpente*. Essa conformidade merece grande atenção.

XVIII. Da China

Ousaremos falar dos chineses sem nos reportar aos seus anais? Eles foram confirmados pelo testemunho unânime dos nossos viajantes de diferentes seitas – jacobinos, jesuítas, luteranos, calvinistas, anglicanos –, todos interessados em se contradizer. É evidente que o império da China estava formado havia mais de quatro mil anos. Esse povo antigo nunca ouviu falar de nenhuma dessas revoluções físicas, dessas inundações, desses incêndios, cuja débil memória se havia conservado e alterado nas fábulas do dilúvio de Deucalião e da queda de Faetonte. O clima da China havia sido preservado desses flagelos, como sempre o fora da peste propriamente dita, que tantas vezes assolou a África, a Ásia e a Europa.

Se alguns anais trazem um caráter de certeza, são os dos chineses, que, como já foi dito em outra parte, uniram a história do céu à da terra. Únicos dentre todos os povos, eles marcaram constantemente suas épocas por eclipses, pelas conjunções dos planetas; e nossos astrônomos, que examinaram seus cálculos, ficaram surpresos ao constatar que eram quase todos verdadeiros. As outras nações inventaram fábulas alegóricas; os chineses escreveram sua história, pena e astrolábio na mão, com uma simplicidade de que não se encontra exemplo no resto da Ásia.

Cada reinado dos seus imperadores foi escrito por contemporâneos; não existem maneiras diferentes de contar; não há cronologias que se contradizem. Nossos viajantes missionários relatam, com candura, que quando falaram ao sábio imperador Kang-Hsi das consideráveis variações da cronologia da Vulgata, dos Setenta e dos Samaritanos Kang-Hsi lhes respondeu: "É possível que os livros em que os senhores acreditam se combatam?"

Os chineses escreviam em leves tabuletas de bambu, enquanto os caldeus escreviam em tijolos grosseiros; eles ainda possuem essas antigas tabuletas que o verniz preservou da podridão: são talvez os mais antigos monumentos do mundo. Os chineses não têm história anterior à de seus imperadores; quase não têm ficções, nenhum prodígio, nenhum homem inspirado que se diga semideus, como entre os egípcios e entre os gregos; desde que escreve, esse povo escreve razoavelmente.

Ele difere das outras nações principalmente pelo fato de que sua história não faz nenhuma menção a um colégio de sacerdotes que tenha influído sobre as leis. Os chineses não remontam aos tempos selvagens em que os homens necessitavam que os enganassem para conduzi-los. Outros povos começaram sua história pela origem do mundo: o *Zend* dos persas, o *Shasta* e o *Veidam* dos indianos, Sanconiaton, Maneton, enfim até Hesíodo, todos remontam à origem das coisas, à formação do universo. Os chineses não cometeram essa loucura; sua história é somente a história dos tempos clássicos.

É aqui sobretudo que devemos aplicar nosso grande princípio de que uma nação cujas primeiras crônicas atestam a existência de um vasto império, poderoso e sábio, deve ter se reunido em corpo de povo ao longo dos séculos anteriores. Eis um povo que, desde há mais de quatro mil anos, escreve cotidianamente seus anais. Mais uma vez, não seria demência não ver que, para estar exercitado em todas as artes que a sociedade dos homens exige e para chegar não somente a escrever mas a escrever bem, foi necessário mais tempo do que o império chinês durou, se contarmos apenas do imperador Fo-hi até nossos dias? Não há letrado na China que duvide de que os cinco *Kings* foram escritos dois mil e trezentos anos antes da nossa era vulgar. Esse monumento precede portanto em quatrocentos anos as primeiras observações babilônicas, enviadas à Grécia por Calístenes. Francamente, fica bem para um letrado de Paris contestar a antiguidade de um livro chinês, tido como autêntico pelos tribunais da China?[8]

Os primeiros rudimentos de qualquer gênero são mais lentos nos homens que os grandes progressos. Lembremo-nos sempre de que quase ninguém sabia escrever há quinhentos anos, nem no Norte, nem na Alemanha, nem entre nós. As talhas*, que ainda hoje nossos padeiros utilizam, eram nossos hieróglifos e nossos livros de conta. Não havia outra aritmética para cobrar impostos, como o nome talha ainda atesta em nossos campos. Nossos costumes caprichosos, que só começamos a registrar por escrito há quatrocentos e cinqüenta anos, nos mostram como era rara então a arte de escrever. Não há, definitivamente, povo na Europa que não tenha feito mais progresso em meio século, em todas as artes, do que fez desde as invasões dos bárbaros até o século XIV.

Não examinarei aqui por que os chineses, que chegaram a conhecer e a praticar tudo o que é útil à sociedade, não foram tão longe quanto vamos nós hoje em dia nas ciências. Eles são tão maus físicos, confesso, quanto éramos duzentos anos atrás e quanto os gregos e os romanos foram; mas aperfeiçoaram a moral, que é a primeira das ciências.

Seu vasto e populoso império já era governado como uma família em que o monarca era o pai e em que quarenta tribunais de legislação eram vistos como irmãos mais velhos, quando éramos errantes em pequeno número na floresta das Ardenas.

---

8. Ver as cartas do sábio jesuíta Parennin.

* Pedaço de madeira dividido em duas partes, em que o comerciante fazia marcas para registrar, de um lado, a mercadoria fornecida, do outro, a paga. É também o nome de um tributo medieval. (N. do T.)

Sua religião era simples, sábia, augusta, livre de toda superstição e de toda barbárie, quando nós nem sequer tínhamos Teutates, a quem os druidas sacrificavam os filhos dos nossos ancestrais em grandes cestos de vime.

Os próprios imperadores chineses ofereciam ao Deus do universo, a Chang-ti, a Tien, ao princípio de todas as coisas, as primícias das colheitas, duas vezes por ano. E que colheitas! As do que eles haviam semeado com as próprias mãos! Esse costume manteve-se por quarenta séculos, inclusive no meio das revoluções e das mais horríveis calamidades.

Nunca a religião dos imperadores e dos tribunais foi desonrada por imposturas, nunca foi perturbada pelas querelas do sacerdócio e do império, nunca foi carregada de inovações absurdas, que se combatem umas às outras com argumentos tão absurdos quanto elas e cuja demência acabou pondo o punhal na mão dos fanáticos, conduzidos por facciosos. É nisso principalmente que os chineses superam todas as nações do universo.

Seu Kung Fu-tzu, a quem chamamos Confúcio, não imaginou nem novas opiniões nem novos ritos; não se fez nem de inspirado nem de profeta: era um sábio magistrado que ensinava as antigas leis. Dizemos às vezes, e muito inadequadamente, a religião de Confúcio: ele não tinha nenhuma diferente da de todos os imperadores e de todos os tribunais, nenhuma diferente da dos primeiros sábios. Ele só recomenda a virtude; não prega nenhum mistério. Diz em seu primeiro livro que, para aprender a governar, é preciso passar seus dias se corrigindo. No segundo, prova que Deus gravou a virtude no coração do homem; ele diz que o homem não nasceu mau e que fica mau por própria culpa. O terceiro é uma coletânea de máximas puras, em que não encontramos nada de baixo e nada de uma alegoria ridícula. Teve cinco mil discípulos; podia ter-se posto à frente de um partido poderoso, mas preferiu instruir os homens, em lugar de governá-los.

Elevamo-nos com vigor, no *Ensaio sobre os costumes e o espírito das nações* (capítulo II), contra a temeridade que tivemos, aqui no Ocidente, em querer julgar essa corte oriental e em lhe atribuir o ateísmo. De fato, por que furor alguns de nós puderam chamar de ateu um império em que quase todas as leis são baseadas no conhecimento de um ser supremo, remunerador e vingador? As inscrições de seus templos, de que temos cópias autênticas[9], são: "Ao primeiro princípio, sem começo nem fim. Ele fez tudo, ele governa tudo. Ele é infinitamente bom, infinitamente justo; ele ilumina, ele ampara, ele rege toda a natureza."

Fez-se, na Europa, aos jesuítas malquistos, a crítica de adularem os ateus da China. Um francês chamado Maigrot, nomeado por um papa bispo *in partibus* de Conon, na China, foi incumbido por esse mesmo papa de avaliar o processo *in loco*. Esse Maigrot não sabia uma palavra de chinês; no entanto tratou Confúcio de ateu, com base nestas palavras desse grande homem: *O céu deu-me a virtude, o homem não me pode prejudicar.* O maior de nossos santos não proferiu máxima mais celestial. Se Confúcio era ateu, Catão e o chanceler de l'Hospital* também o eram.

Repitamos. aqui, para fazer a calúnia enrubescer-se, que os mesmos homens que sustentavam contra Bayle que

---

9. Ver as estampas gravadas da coleção do jesuíta du Halde. [Jean-Baptiste du Halde (?-1743), autor da *Description géographique, historique, chronologique, politique et physique de l'empire de la Chine* 1735, Paris, Lemercier, monumental obra em dezoito volumes, a mais importante enciclopédia da época sobre a China. (N. do T.)]

* Dionísio Catão, poeta e moralista latino, muito apreciado na França, na baixa Idade Média.

Michel de L'Hospital (1506-1573), magistrado, estadista e poeta francês, marcado por um forte moralismo cristão. (N. do T.)

uma sociedade de ateus era impossível, sustentavam ao mesmo tempo que o mais antigo governo da Terra era uma sociedade de ateus. Maior vergonha de nossas contradições não poderíamos ter.

Repitamos também que os letrados chineses, adoradores de um só Deus, abandonaram o povo às superstições dos bonzos. Eles receberam a seita de Lao Kium, a de Fo-hi e várias outras. Os magistrados sentiram que o povo podia ter religiões diferentes da do Estado, como tem um alimento mais grosseiro; eles aceitaram os bonzos e os contiveram. Em quase todos os outros lugares, os que exerciam o ofício de bonzo detinham a autoridade principal.

É verdade que as leis da China não falam de penas e recompensas após a morte: eles não quiseram afirmar o que não sabiam. Essa diferença entre nós e todos os grandes povos civilizados é surpreendente. A doutrina do inferno era útil, mas o governo chinês nunca a admitiu. Eles se contentaram em exortar os homens a reverenciarem o céu e a serem justos. Acreditaram que uma disciplina exata, sempre exercida, faria mais efeito do que opiniões que podem ser combatidas e que se temeria mais a lei sempre presente do que uma lei por vir. Falaremos em seu tempo de outro povo, infinitamente menos considerável, que teve mais ou menos a mesma idéia, ou antes, que não teve nenhuma idéia, mas que foi conduzido por caminhos desconhecidos aos outros homens.

Resumamos aqui somente que o império chinês subsistia com esplendor quando os caldeus começavam o decurso desses mil e novecentos anos de observações astronômicas, enviadas à Grécia por Calístenes. Os brâmanes reinavam então numa parte da Índia; os persas tinham suas leis; os árabes, no meridião; os citas, no setentrião, moravam em tendas; o Egito, de que vamos falar, era um reino poderoso.

XIX. Do Egito

Parece-me evidente que os egípcios, por antigos que sejam, só puderam ser reunidos em corpo, civilizados, instruídos, industriosos, poderosos, muito tempo depois de todos os povos que acabo de passar em revista. O motivo disso é evidente. O Egito, até o Delta, é comprimido entre duas cadeias de rochedos, entre os quais o Nilo se precipita, descendo da Etiópia, do meridião para o setentrião. Não há, das cataratas do Nilo à sua foz, em linha reta, mais que cento e sessenta léguas de três mil passos geométricos; e a largura não é de mais de dez a quinze ou vinte léguas até o Delta, parte baixa do Egito, que abraça uma extensão de cinqüenta léguas, de oriente a ocidente. À direita do Nilo estão os desertos da Tebaida; e à esquerda, as areias inabitáveis da Líbia, até a pequena região em que foi construído o templo de Amon.

As inundações do Nilo, ao longo dos séculos, devem ter afastado todos os colonos de uma terra submersa quatro meses por ano; essas águas estagnantes, que se acumulavam continuamente, devem ter tornado o Egito inteiro, por muito tempo, um pântano. Não é assim no caso das margens do Eufrates, do Tigre, do Indo, do Ganges e de outros rios que transbordam quase todo ano, no verão, com o derretimento das neves. Suas cheias não são tão grandes, e as vastas planícies que os rodeiam dão aos lavradores plena liberdade para aproveitar a fertilidade da terra.

Observemos principalmente que a peste, esse flagelo ligado ao gênero animal, reina pelo menos uma vez cada dez anos no Egito; ela devia ser muito mais destrutiva quando as águas do Nilo, estagnando na terra, acrescentavam sua infecção a esse contágio horrível; e, assim, a população do Egito deve ter sido bastante fraca por muitos séculos.

Portanto, a ordem natural das coisas parece demonstrar inequivocamente que o Egito foi uma das derradeiras terras habitadas. Os trogloditas, nascidos nesses rochedos que margeiam o Nilo, foram obrigados a trabalhos tão longos quanto penosos, para abrir canais que recebessem o rio, para erguer cabanas e levantá-las vinte e cinco pés acima do chão. Foi isso, no entanto, que se teve de fazer antes de construir Tebas com suas pretensas cem portas, antes de erguer Mênfis e sonhar em construir pirâmides. É estranho que nenhum historiador antigo tenha feito uma reflexão tão natural como é essa.

Já observamos que, na época em que são situadas as viagens de Abraão, o Egito era um reino poderoso. Seus reis já haviam construído algumas dessas pirâmides que ainda assombram os olhos e a imaginação. Os árabes escreveram que a maior foi erguida por Saurid, vários séculos antes de Abraão. Não se sabe quando foi construída a famosa Tebas de cem portas, a cidade de Deus, Diópolis. Parece que nesses tempos remotos as grandes cidades tinham o nome de cidade de Deus, como Babilônia. Mas quem irá acreditar que, de cada uma das cem portas da cidade saíam duzentos carros armados para a guerra e dez mil combatentes? Daria vinte mil carros e um milhão de soldados; e, a um soldado para cada cinco pessoas, esse número supõe pelo menos cinco milhões de cabeças numa só cidade, e isso num país que não é tão grande quanto a Espanha ou a França e que não tinha, segundo Diodoro de Sicília, mais de três milhões de habitantes e mais de cento e sessenta mil soldados para a defesa. Diodoro, no livro primeiro, diz que o Egito era tão povoado que, outrora, chegara a ter sete milhões de habitantes e que, em seu tempo, ainda tinha três milhões.

Você há de achar tão pouco críveis quanto as conquistas de Sesóstris esse milhão de soldados saindo pelas cem portas de Tebas. Não lhe parece estar lendo a história de

Picrochole*, quando os que copiam Diodoro dizem que o pai de Sesóstris, baseando suas esperanças num sonho e num oráculo, destinou seu filho a subjugar o mundo? que ele mandou criar na sua corte, no mister das armas, todos os meninos nascidos no mesmo dia que seu filho? que só se dava de comer a estes depois de terem corrido oito das nossas grandes léguas?[10] enfim, que Sesóstris partiu com seiscentos mil homens e vinte e sete mil carros de guerra para conquistar toda a terra, do Indo às extremidades do Ponto Euxino, e que subjugou a Mingrélia e a Geórgia, chamadas então de Cólquida? Heródoto não duvida que Sesóstris tenha deixado colônias na Cólquida, porque viu por lá homens morenos, com cabelos crespos, parecidos com os egípcios. Eu acreditaria, antes, que essas espécies de citas das beiras do mar Negro e do mar Cáspio vieram extorquir os egípcios quando assolaram por tanto tempo a Ásia, antes do reinado de Ciro. Acreditaria que eles levaram escravos do Egito, esse verdadeiro país de escravos, cujos descendentes Heródoto pode ter visto, ou imaginado ver, na Cólquida. Se os colcos tinham de fato a superstição de se fazer circuncidar, provavelmente trouxeram esse costume do Egito; como aconteceu quase sempre com os povos do Norte, que faziam seus os ritos das nações civilizadas que eles haviam vencido.

Nunca, nos tempos conhecidos, os egípcios foram temíveis; nunca nenhum inimigo entrou em seu país, que não os subjugasse. Os citas começaram. Depois dos citas, veio Nabucodonosor, que conquistou o Egito sem resistência; Ciro só precisou mandar um dos seus lugares-tenentes; revoltado sob Cambises, bastou uma campanha para submetê-lo,

---

* Personagem de *Gargântua*, de Rabelais, Picrochole, rei de Lerné, personifica e ridiculariza a mania de conquista de certos soberanos. (N. do T.)

10. Se reduzíssemos essas oito léguas a seis, apenas diminuiríamos um quarto do ridículo.

e esse Cambises teve tanto desprezo pelos egípcios que matou o deus Ápis, diante deles. Ochus reduziu o Egito a província do seu reino. Alexandre, César, Augusto, o califa Omar conquistaram o Egito com igual facilidade. Esses mesmos povos da Cólquida, com o nome de mamelucos, voltaram para se apossar novamente do Egito na época das cruzadas. Enfim, Selim I conquistou o Egito numa só campanha, como todos os que lá se haviam apresentado. Só os nossos cruzados é que foram derrotados por esses egípcios, o mais covarde de todos os povos, como já observamos em outra oportunidade; mas é que, então, os egípcios eram governados pela milícia dos mamelucos da Cólquida.

É verdade que um povo humilhado pode ter sido outrora conquistador, como atestam os gregos e os romanos. Mas temos mais certeza da antiga grandeza dos romanos e dos gregos do que da de Sesóstris.

Não nego que aquele a quem chamamos Sesóstris tenha feito uma guerra bem-sucedida contra alguns etíopes, alguns árabes, alguns povos da Fenícia. Então, na linguagem dos exagerados, ele teria conquistado toda a terra. Não há nação subjugada que não pretenda ter outrora subjugado outras: a vanglória de uma antiga superioridade consola da humilhação presente.

Heródoto contava ingenuamente aos gregos o que os egípcios lhe disseram; mas como, só lhe falando de prodígios, não lhe disseram nada das tais pragas do Egito, do combate mágico entre os feiticeiros de Faraó e o ministro do deus dos judeus, e de um exército inteiro descido ao fundo do mar Vermelho, sob as águas que se ergueram como montanhas à direita e à esquerda para deixar passar os hebreus, as quais, voltando a cair, submergiram os egípcios? Era seguramente o maior acontecimento da história do mundo: como então nem Heródoto, nem Maneton, nem Eratóstenes, nem nenhum dos gregos, tão grandes amantes do maravilhoso e sempre em correspondência com o Egito, falaram desses milagres que deviam ocupar a memória de todas as gerações? Está claro que não faço essa reflexão para infirmar o testemunho dos livros hebraicos, que reverencio como devo: limito-me apenas a me espantar com o silêncio de todos os egípcios e de todos os gregos. Sem dúvida, Deus não quis que uma história tão divina nos fosse transmitida por alguma mão profana.

XX. Da língua dos egípcios e de seus símbolos

A linguagem dos egípcios não tinha nenhuma relação com a das nações da Ásia. Você não encontra nesse povo nem a palavra Adoni ou Adonai, nem Bal ou Baal, termos que significam o Senhor; nem Mitra, que era o sol para os persas; nem Melqui, que significa rei na Síria; nem Shak, que significa a mesma coisa para os indianos e os persas. Você vê, ao contrário, que faraó era o nome egípcio que correspondia a rei. Oshiret (Osíris) correspondia ao Mitra dos persas; e a palavra vulgar *On* significava o sol. Os sacerdotes persas se chamavam *mogh*; os egípcios, *choen*, segundo o Gênesis, capítulo 46. Os hieróglifos, os caracteres alfabéticos do Egito, que o tempo poupou e que ainda vemos gravados nos obeliscos, não têm nenhuma relação com os dos outros povos.

Antes que os homens inventassem os hieróglifos, tinham indubitavelmente sinais representativos; porque, de fato, o que puderam fazer os primeiros homens, senão o que fazemos quando estamos no lugar deles? Se uma criança se encontra num país cuja língua ignora, ela fala por sinais; se não a ouvimos, por pouco que tenha alguma sagacidade, ela desenha numa parede, com um carvão, aquilo de que necessita.

Assim, primeiro pintou-se grosseiramente o que se pretendia dar a entender; e a arte de desenhar precedeu sem dúvida a arte de escrever. Era assim que os mexicanos escreviam; eles não haviam levado a arte mais longe. Era esse o método de todos os primeiros povos civilizados. Com o tempo, inventaram-se figuras simbólicas: duas mãos entrelaçadas significavam a paz, flechas representavam guerra, um olho significava a Divindade, um cetro assinalava a realeza – e algumas linhas juntando essas figuras exprimiam frases curtas.

Os chineses inventaram enfim os caracteres para exprimir cada palavra da sua língua. Mas que povo inventou o alfabeto, que, pondo diante dos olhos os diferentes sons que podem ser articulados, proporciona a facilidade de combinar por escrito todas as palavras possíveis? Quem pôde ensinar assim os homens a gravar tão facilmente seus pensamentos? Não repetirei aqui todos os contos dos antigos sobre essa arte que eterniza todas as artes; direi apenas que foram necessários muitos séculos para alcançá-la.

Os *choens*, sacerdotes do Egito, continuaram por muito tempo a escrever em hieróglifos, o que é vedado pelo segundo artigo da lei dos hebreus; e, quando os povos do Egito tiveram caracteres alfabéticos, os *choens* passaram a usar caracteres diferentes, que chamaram de sagrados, a fim de pôr sempre uma barreira entre eles e o povo. Os magos e os brâmanes tinham o mesmo costume, a tal ponto a arte de se esconder aos homens pareceu necessária para governá-los. Não somente esses *choens* usavam caracteres que só pertenciam a eles, mas tinham conservado também a antiga língua do Egito, quando o tempo havia mudado a língua do vulgo.

Maneton, citado em Eusébio, fala de duas colunas gravadas por Tot, o primeiro Hermes, em caracteres da língua sagrada; mas quem sabe em que época vivia esse antigo Hermes? É bem verossímil que ele viveu mais de oitocentos anos antes do tempo em que Moisés é situado; porque Sanconiaton diz ter lido os escritos de Tot, feitos, diz ele, havia oitocentos anos. Ora, Sanconiaton escrevia na Fenícia, país vizinho do pequeno território cananeu posto a ferro e sangue por Josué, segundo os livros judeus. Se tivesse sido contemporâneo de Moisés ou se tivesse vindo depois dele, teria sem dúvida falado de um homem tão extraordinário e de seus prodígios pavorosos; teria dado testemunho desse famoso legislador judeu, e Eusébio não teria deixado de se prevalecer das revelações de Sanconiaton.

Como quer que seja, os egípcios guardaram escrupulosamente sobretudo seus primeiros símbolos. É curioso ver em seus monumentos uma cobra que morde o próprio rabo, figurando os doze meses do ano; e esses doze meses expressos cada um por um animal, que não são em absoluto os do zodíaco que conhecemos. Vêem-se também os cinco dias acrescentados aos doze meses, na forma de uma cobrinha em que cinco figuras estão sentadas: um gavião, um homem, um cachorro, um leão e um íbis. Vemo-los desenhados em Kircher, tirados de monumentos conservados em Roma. Assim, quase tudo é símbolo e alegoria na Antiguidade.

XXI. Dos monumentos dos egípcios

É certo que, depois dos séculos em que os egípcios fertilizaram o solo com as sangrias do rio, depois do tempo em que as aldeias começaram a se tornar cidades opulentas, já estando as artes necessárias aperfeiçoadas, as artes de ostentação começaram a ser cultivadas. Houve então soberanos que puseram seus súditos e alguns árabes vizinhos do lago de Sirbon para construir seus palácios e seus túmulos em forma de pirâmide, talhar pedras enormes nas pedreiras do alto Egito, embarcá-las em jangadas até Mênfis, erguer em colunas maciças grandes pedras chatas, sem gosto e sem proporções. Conheceram o grande, mas nunca o belo. Instruíram os primeiros gregos; mas depois os gregos foram seus mestres em tudo, quando construíram Alexandria.

É triste que, na guerra de César, a metade da famosa biblioteca dos Ptolomeus tenha sido queimada e que a outra metade tenha aquecido os banhos dos muçulmanos, quando Omar subjugou o Egito: teríamos pelo menos conhecido a origem das superstições que infestaram esse povo, o caos da sua filosofia, algumas das suas antiguidades e das suas ciências.

É absolutamente necessário que eles tenham estado em paz por vários séculos para que seus príncipes tenham tido o tempo e o vagar de erguer todas essas prodigiosas construções, a maioria das quais ainda subsiste.

Suas pirâmides custaram muitos anos e muita despesa; foi preciso que uma grande parte da nação e grande número de escravos estrangeiros fossem empregados por muito tempo nessas obras imensas. Elas foram erguidas pelo despotismo, a vaidade, a servidão e a superstição. De fato, só mesmo um rei déspota para forçar assim a natureza. A Inglaterra, por exemplo, é hoje mais poderosa que era o Egito: um rei da Inglaterra poderia acaso pôr sua nação para erguer tais monumentos?

A vaidade tinha sua parte nisso, sem dúvida; os antigos reis do Egito disputavam qual ergueria a mais bela pirâmide a seu pai ou a si mesmo; a servidão proporcionou a mão-de-obra. Quanto à superstição, sabe-se que essas pirâmides eram túmulos; sabe-se que os *chochamatins* ou *choens* do Egito, isto é, os sacerdotes, haviam persuadido a nação de que a alma voltaria ao corpo deles ao fim de mil anos. Queria-se que esse corpo ficasse mil anos inteiros ao abrigo de qualquer forma de corrupção: é por isso que os egípcios embalsamavam seu corpo com um cuidado tão meticuloso; e, para pô-lo a salvo dos acidentes, este era encerrado numa massa de pedra sem saída. Os reis, os grandes davam a seus túmulos a forma que desse menos ensejo às injúrias do tempo. O corpo deles se conservara além das esperanças humanas. Temos hoje múmias egípcias de mais de quatro mil anos. Cadáveres duraram tanto quanto pirâmides.

Essa opinião de uma ressurreição após dez séculos passou depois para os gregos, discípulos dos egípcios, e para os romanos, discípulos dos gregos. Encontramo-la no sexto livro da *Eneida*, que nada mais é que a descrição dos mistérios de Ísis e de Ceres Eleusina[11].

> Has omnes, ubi mille rotam volvere per annos,
> Lethaeum ad fluvium Deus evocat, agmine magno;
> Scilicet immemores supera ut convexa revisant,
> Rursus et incipiant in corpora velle reverti.
> VIRG., *Eneida*, liv. VI, v. 748.

Ela se introduziu depois entre os cristãos, que estabeleceram o reinado de mil anos; a seita dos milenaristas a fez reviver até nossos dias. Foi assim que várias opiniões deram a volta ao mundo. Isso já basta para mostrar em que espírito essas pirâmides foram construídas. Não repetimos o que foi dito sobre sua arquitetura e suas dimensões; só examino a história do espírito humano.

XXII. Dos ritos egípcios e da circuncisão

Primeiramente, os egípcios reconheceram um Deus supremo? Se fizéssemos essa pergunta às pessoas do povo, elas não saberiam o que responder; se a jovens alunos de teologia egípcia, eles falariam um bom tempo sem se entender; se a um dos sábios consultados por Pitágoras, Platão, Plutarco, diria claramente que só adorava um Deus. Ele

---
11. Ver o *Dicionário filosófico*, verbete INICIAÇÃO.

teria se baseado na antiga inscrição da estátua de Ísis: "Sou o que é"; e nesta outra: "Sou tudo o que foi e será; nenhum mortal poderá levantar meu véu." Ele chamaria a atenção para o globo posto na porta do templo de Mênfis, que representava a unidade da natureza divina sob o nome de *Knef*. O próprio nome do mais sagrado entre os egípcios era aquele que os hebreus adotaram, *I ha ho*. É pronunciado de diversas maneiras, mas Clemente de Alexandria garante, em sua *Stromata*, que os que entravam no templo de Seráfis eram obrigados a usar o nome de *Ia ha ho* ou *Ia ha hu*, que significa o Deus eterno. Os árabes só retiveram a sílaba *Hu*, adotada enfim pelos turcos, que a pronunciam com mais respeito do que a palavra *Alá*; porque eles usam *Alá* na conversa e só empregam *Hu* em suas preces.

Recordemos aqui de passagem que o embaixador turco Seid Efêndi foi assistir em Paris a uma encenação do *Burguês fidalgo* e viu aquela cerimônia ridícula em que o fazem turco; quando ouviu pronunciar a palavra sagrada *Hu* com mofa e posturas extravagantes, considerou aquela diversão como a mais abominável profanação.

Voltemos ao nosso tema. Os sacerdotes do Egito alimentavam um boi sagrado, um cachorro sagrado, um crocodilo sagrado? Sim. Mas os romanos também tiveram gansos sagrados; tiveram deuses de toda espécie; e os devotos tinham, entre seus penates, o deus da latrina, *deum stercutium*; e o deus Peido, *deum crepitum*; mas acaso deixavam com isso de reconhecer o *Deum optimum maximum*, o senhor dos deuses e dos homens? Qual é o país que não teve uma multidão de supersticiosos e um pequeno número de sábios?

O que se deve notar no Egito e em todas as nações é principalmente que nunca tiveram opiniões constantes, assim como nunca tiveram leis sempre uniformes, apesar do apego que os homens têm a seus antigos usos. A única coisa imutável é a geometria; todo o resto é uma variação contínua.

Os sábios discutem e discutirão. Um garante que os antigos povos foram todos idólatras, o outro nega. Um diz que eles adoraram somente um deus, sem simulacro; o outro, que reverenciaram vários deuses em vários simulacros; todos têm razão, basta apenas distinguir o tempo e os homens, que mudaram: nada nunca foi concorde. Quando os Ptolomeus e os principais sacerdotes faziam troça do boi Ápis, o povo caía de joelhos diante dele.

Juvenal disse que os egípcios adoravam cebolas; mas nenhum historiador tinha dito isso. E há muita diferença entre uma cebola sagrada e uma cebola deus; não se adora tudo o que se põe, tudo o que se consagra num altar. Lemos em Cícero que os homens, que esgotaram todas as superstições, ainda não chegaram à de comer seus deuses, que é o único absurdo que lhes falta.

A circuncisão vem dos egípcios, dos árabes ou dos etíopes? Não sei. Os que souberem que respondam. Tudo o que sei é que os sacerdotes da Antiguidade imprimiam no corpo marcas da sua consagração; como mais tarde marcou-se com ferro ardente a mão dos soldados romanos. Lá, sacrificadores lanhavam o corpo, como depois fizeram os sacerdotes de Belona; aqui, tornavam-se eunucos, como os sacerdotes de Cibele.

Não era por um princípio de saúde que etíopes, árabes e egípcios se circuncidavam. Dizem que eles tinham o prepúcio comprido demais; mas, se é possível julgar uma nação por um indivíduo, vi um jovem etíope que, nascido fora da sua pátria, não tinha sido circuncidado, e posso garantir que seu prepúcio era precisamente como o nosso.

Não sei que nação foi a primeira a ter a idéia de levar em procissão o *kteis* e o *phallum*, isto é, a representação dos signos distintivos dos animais machos e fêmeos; cerimônia hoje indecente, outrora sagrada: os egípcios tinham esse costume. Ofereciam-se as primícias aos deuses; imolava-se a eles o que se tinha de mais precioso: parece natural e justo que os sacerdotes ofertassem uma pequena parte do órgão da geração àqueles graças a quem tudo era gerado. Os etíopes, os árabes circuncidaram também suas filhas, cortando uma pequeníssima parte das ninfas; o que prova que nem a saúde nem a limpeza podiam ser a razão dessa cerimônia, porque seguramente uma moça incircuncisa pode ser tão limpa quanto uma circuncisa.

Quando os sacerdotes do Egito consagraram essa operação, seus iniciados também passaram por ela; mas, com o tempo, abandonou-se apenas aos sacerdotes essa marca distintiva. Não se sabe de um Ptolomeu que se tenha feito circuncidar; e nunca os autores romanos estigmatizaram o povo egípcio com o nome de *Apella*, que davam aos judeus; esses judeus tinham adotado a circuncisão dos egípcios, junto com uma parte das cerimônias destes. Conservaram-na sempre, do mesmo modo que os árabes e os etíopes. Os turcos submeteram-se a ela, embora ela não seja ordenada no Alcorão. Não passa de um antigo uso, que começou com a superstição e se conservou pelo costume.

XXIII. Dos mistérios dos egípcios

Estou longe de saber que nação inventou o primeiro desses mistérios, que foram tão acreditados do Eufrates ao Tibre. Os egípcios não nomeiam o autor dos mistérios de Ísis. Zoroastro passa por tê-lo estabelecido na Pérsia; Cadmo e Inaco, na Grécia; Orfeu, na Trácia; Minos, em Creta. É certo que todos esses mistérios anunciavam uma vida futura, tanto que Celso disse aos cristãos[12]: "Vocês se gabam de

---

12. Orígenes, liv. VIII.

acreditar em penas eternas; todos os ministros dos mistérios acaso não as anunciaram aos iniciados?"

Os gregos, que tomaram tantas coisas dos egípcios – seu Tartharoth, de que fizeram o Tártaro; o lago, de que fizeram o Aqueronte; o barqueiro Caronte, de que fizeram o barqueiro dos mortos –, só tiveram seus célebres mistérios de Elêusis partindo dos de Ísis. Mas que os mistérios de Zoroastro não precederam os dos egípcios, está aí algo que ninguém pode afirmar. Ambos eram da mais alta antiguidade, e todos os autores gregos e latinos que falaram sobre eles concordam em que a unidade de Deus, a imortalidade da alma, as penas e as recompensas depois da morte eram anunciadas nessas cerimônias sagradas.

Há uma forte aparência de que os egípcios, tendo estabelecido esses mistérios, conservaram-lhes os ritos; porque, apesar de sua extrema ligeireza, eles foram constantes na superstição. A prece que encontramos em Apuleio, quando Lúcio é iniciado nos mistérios de Ísis, deve ser a antiga prece: "As forças celestes te servem, o inferno te é submetido, o universo gira sob a tua mão, teus pés pisam o Tártaro, os astros respondem à tua voz, as estações voltam conforme as tuas ordens, os elementos te obedecem, etc."

Pode haver mais forte prova da unidade de Deus reconhecida pelos egípcios, no meio de todas as suas desprezíveis superstições?

XXIV. Dos gregos, de seus antigos dilúvios, de seus alfabetos e de seus ritos

A Grécia é um pequeno país montanhoso, entrecortado pelo mar, mais ou menos da extensão da Grã-Bretanha. Tudo atesta, nessa região, as revoluções físicas por que ela deve ter passado. As ilhas que a rodeiam mostram bastante bem, pelos recifes contínuos que as margeiam, pela pouca profundidade do mar, pela vegetação e pelas raízes que crescem debaixo d'água, que elas foram destacadas do continente. Os golfos de Eubéia, de Cálcis, de Argos, de Corinto, de Ácio, de Messena ensinam aos olhos que o mar abriu passagens nas terras. As conchas encontradas em abundância nas montanhas do vale de Tempe são testemunhos visíveis de uma antiga inundação; e os dilúvios de Ogiges e de Deucalião, que deram azo a tantas fábulas, são uma verdade histórica: provavelmente é isso o que faz dos gregos um povo tão novo. Essas grandes revoluções os mergulharam de volta na barbárie, quando as nações da Ásia e do Egito floresciam.

Deixo aos mais cultos que eu o cuidado de provar que os três filhos de Noé, que eram os únicos habitantes do globo, dividiram-no por inteiro entre si; que foram cada um para duas ou três mil léguas um do outro, a fim de fundar em toda parte poderosos impérios, e que Javã, seu neto, povoou a Grécia indo para a Itália; que é por isso que os gregos se chamaram iônios, porque Ion fundou colônias no litoral da Ásia Menor; que esse Ion é visivelmente Javã, mudando o *I* para *Ja* e o *on* para *vã*. Contam-se esses contos às crianças, mas as crianças não acreditam:

> Nec pueri credunt, nisi qui nondum aere lavantur.
> JUVENAL, sat. II, v. 158

O dilúvio de Ogiges costuma ser situado mil e vinte anos antes da primeira Olimpíada. O primeiro a falar dele é Acusilau, citado por Júlio Africano. Ver Eusébio em sua *Preparação evangélica*. A Grécia, dizem, ficou quase deserta duzentos anos depois dessa irrupção do mar em suas terras. Mas pretende-se que, ao mesmo tempo, havia um governo estabelecido em Sicião e em Argos; chega-se até a citar o nome dos primeiros magistrados dessas pequenas províncias, aos quais foi dado o título de basileus*, que corresponde ao de príncipes. Mas não percamos tempo penetrando essas inúteis obscuridades.

Houve, ainda, outra inundação na época de Deucalião, filho de Prometeu. A fábula acrescenta que, dos habitantes desses climas, só restaram Deucalião e Pirra, que refizeram homens atirando pedras para trás por entre as pernas. Assim o gênero humano se renovou mais depressa que uma coelheira.

Se dermos crédito a homens judiciosos, como o jesuíta Pétau, um só filho de Noé produziu uma estirpe que ao fim de duzentos e vinte e cinco anos somava seiscentos e doze milhões de homens: o cálculo é um tanto exagerado. Hoje em dia somos tão desditados que, de vinte e seis casamentos, em geral só quatro dão filhos que se tornam pais: foi o que se calculou a partir de levantamentos feitos nos registros de nossas maiores cidades. De mil crianças nascidas num mesmo ano, restam apenas seiscentas ao fim de vinte anos. Desconfiemos de Pétau e de seus semelhantes, que fazem crianças a penadas, assim como dos que escreveram que Deucalião e Pirra povoaram a Grécia a pedradas.

A Grécia foi, como se sabe, o país das fábulas; e quase toda fábula deu origem a um culto, um templo, uma festa pública. Por que excesso de demência, por que obstinação absurda tantos compiladores quiseram provar, em tantos volumes enormes, que uma festa pública estabelecida em memória de um acontecimento era uma demonstração da verdade desse acontecimento? O quê! Porque se celebrava num templo o jovem Baco saindo da coxa de Júpiter, esse Júpiter havia efetivamente guardado esse Baco em sua coxa! O quê! Cadmo e sua mulher tinham sido transformados em serpentes na Beócia, porque os beócios comemoravam isso em suas cerimônias! O templo de Castor e Pólux

....
* No original: *Basiléis*. (N. do T.)

em Roma demonstrava que esses deuses tinham vindo combater em defesa dos romanos?

Ao ver uma antiga festa, um templo antigo, tenha certeza, ao contrário, de que eles são obras do erro: esse erro é acreditado ao cabo de dois ou três séculos; ele se torna enfim sagrado, e erigem-se templos a quimeras.

Nos tempos históricos, ao contrário, as mais nobres verdades encontram poucos seguidores; os maiores homens morrem sem honra. Temístocles, Címon, Milcíades, Aristides, Fócion são perseguidos; enquanto Perseu, Baco e outros personagens fantásticos têm templos.

Pode-se crer num povo pelo que ele diz de si mesmo em seu detrimento, quando seus relatos são acompanhados de verossimilhança e não contradizem em nada a ordem costumeira da natureza.

Os atenienses, que estavam espalhados num território estéril, nos fazem saber que um egípcio chamado Cécrops, expulso de seu país, deu a eles as primeiras instituições. Isso parece surpreendente, pois os egípcios não eram navegadores; mas pode ser que os fenícios, que viajavam por todas as nações, tenham levado esse Cécrops para a Ática. É certo que os gregos não adotaram as letras egípcias, às quais as suas não se parecem nem um pouco. Os fenícios levaram a eles o primeiro alfabeto; ele consistia então em apenas dezesseis caracteres, que são evidentemente os mesmos: os fenícios acrescentaram outras oito letras, que os gregos também adotaram.

Considero um alfabeto como um monumento incontestável do país de que uma nação tirou seus primeiros conhecimentos. Parece muito provável também que esses fenícios exploraram as minas de prata que havia na Ática, assim como trabalharam nas da Espanha. Alguns mercadores foram os primeiros preceptores desses mesmos gregos, que mais tarde instruíram tantas outras nações.

Esse povo, por bárbaro que fosse no tempo de Ogiges, parece ter nascido com órgãos mais favoráveis às belas-artes que todos os outros povos. Eles tinham em sua natureza um não-sei-quê de mais fino e mais sutil; sua linguagem é um testemunho disso, porque, antes que soubessem escrever, vemos que tiveram em sua língua uma mistura harmoniosa de consoantes suaves e de vogais que nenhum povo da Ásia jamais conheceu.

Certamente o nome de Knath, que designa os fenícios segundo Sanconiaton, não é tão harmonioso quanto o de helenos ou graios*. Argos, Atenas, Lacedemônia, Olímpia soam melhor ao ouvido do que a cidade de Reheboth. *Sophia*, a sabedoria, é mais suave que *schochemath*, em siríaco e em hebraico. *Basileus*, rei, soa melhor que *melk* ou *shalk*. Compare os nomes de Agamêmnon, Diomedes, Idomeneu aos de Mardokempad, Simordak, Sohasduck, Niricassolahssar. O próprio Josefo, em seu livro contra Apião, confessa que os gregos não conseguiam pronunciar o nome bárbaro de Jerusalém; é que os judeus pronunciavam Hershalaim: essa palavra arranhava a garganta de um ateniense, e foram os gregos que mudaram Hershalaim para Jerusalém.

Os gregos transformaram todos os nomes rudes siríacos, persas, egípcios. De Coresh fizeram Ciro; de Isheth e Oshireth fizeram Ísis e Osíris; de Moph fizeram Mênfis, e acostumaram enfim os bárbaros a pronunciar como eles; de sorte que, na época dos Ptolomeus, as cidades e os deuses do Egito só tinham nomes à grega.

Foram os gregos que deram o nome à Índia e ao Ganges. O Ganges chamava-se Sannubi na língua dos brâmanes; o Indo, Sombadipo. São esses os nomes antigos que encontramos no *Veidam*.

....

* No original: *Hellen* ou *Gaïos*. (N. do T.)

Os gregos, espalhando-se pelo litoral da Ásia Menor, levaram para lá a harmonia. Seu Homero provavelmente nasceu em Esmirna.

A bela arquitetura, a escultura aperfeiçoada, a pintura, a boa música, a verdadeira poesia, a verdadeira eloqüência, a maneira de bem escrever a história, enfim a própria filosofia, embora informe e obscura, tudo isso só chegou às nações por intermédio dos gregos. Os últimos a chegar prevaleceram em tudo sobre seus mestres.

O Egito nunca teve belas estátuas que não fossem da mão dos gregos. A antiga Balbek, na Síria, a antiga Palmira, na Arábia, só tiveram aqueles palácios, aqueles templos regulares e magníficos, quando os soberanos desses países chamaram artistas da Grécia.

Só se vêem restos de barbárie, conforme já dissemos em outra parte, nas ruínas de Persépolis, construída pelos persas; e os monumentos de Balbek e de Palmira ainda são, em seus escombros, obras-primas de arquitetura.

XXV. Dos legisladores gregos, de Minos, de Orfeu, da imortalidade da alma

Que os compiladores repitam as batalhas de Maratona e de Salamina, são façanhas bem conhecidas; que outros repitam que um neto de Noé, chamado Quitim, foi rei da Macedônia, porque no primeiro livro dos Macabeus está dito que Alexandre saiu do país de Cetim, já eu me prenderei a outros objetos.

Minos viveu mais ou menos no tempo em que situamos Moisés; foi isso aliás que deu ao erudito Huet, bispo de Abranches, um falso pretexto para sustentar que Minos, nascido em Creta, e Moisés, nascido nos confins do Egito, eram a mesma pessoa; sistema que não encontrou nenhum partidário, tão absurdo que é.

Esta não é uma fábula grega: é indubitável que Minos foi um rei legislador. Os célebres mármores de Paros, o monumento mais precioso da Antiguidade, que devemos aos ingleses, fixam seu nascimento mil quatrocentos e oitenta e dois anos antes da nossa era vulgar. Na *Odisséia*, Homero chama-o de sábio, confidente de Deus. Flávio Josefo procura justificar Moisés com o exemplo de Minos e outros legisladores que se acreditaram ou que se disseram inspirados de Deus. Isso é um tanto estranho no caso de um judeu, que não parecia dever admitir outro deus além do seu, a não ser que não pensasse como os romanos, seus mestres, nem como cada primeiro povo da Antiguidade, que admitia a existência de todos os deuses das outras nações.

É certo que Minos era um legislador severíssimo, tanto que se supôs que, depois de morto, ele julgava as almas dos defuntos no inferno; é evidente que, na época, a crença em outra vida era geralmente difundida em grande parte da Ásia e da Europa.

Orfeu é um personagem tão real quanto Minos. É verdade que os mármores de Paros não o mencionam; isso provavelmente porque ele não havia nascido na Grécia propriamente dita, mas na Trácia. Alguns chegaram a duvidar da existência do primeiro Orfeu, numa passagem de Cícero em seu excelente livro *Da natureza dos deuses*. Cota, um dos interlocutores, pretende que Aristóteles não fala dele nas obras que chegaram a nós. Aliás, a opinião de Cota não é a de Cícero. Grande número de autores antigos falam de Orfeu: os mistérios que levam seu nome servem-lhe de testemunho. Pausânias, o autor mais exato que os gregos tiveram, diz que seus versos eram cantados nas cerimônias religiosas, de preferência aos de Homero, que só veio muito depois dele. Sabe-se perfeitamente que ele não desceu ao inferno; mas essa mesma fábula prova que o inferno era um ponto da teologia desses tempos remotos.

A vaga opinião da permanência da alma após a morte, alma aérea, sombra do corpo, manes, sopro leve, alma desconhecida, alma incompreensível mas existente, e a crença dos castigos e das recompensas em outra vida eram admitidas em toda a Grécia, nas Ilhas, na Ásia, no Egito.

Somente os judeus pareceram ignorar absolutamente esse mistério; o livro das suas leis não diz uma palavra a esse respeito: nele só temos castigos e recompensas temporais. Está dito no Êxodo: "honra teu pai e tua mãe, para que Adonai prolongue teus dias na terra"; e o livro do *Zend* (porta 11) diz: "honra teu pai e tua mãe, para merecer o céu".

Warburton, comentador de Shakespeare e, também, autor de *O legado de Moisés*, não deixou de demonstrar nesse *Legado* que Moisés nunca fez menção à imortalidade da alma: ele até pretendeu que esse dogma não é de forma alguma necessário numa teocracia. Todo o clero anglicano revoltou-se contra a maior parte das suas opiniões, principalmente contra a absurda arrogância com a qual ele as despeja em sua compilação demasiado pedante. Mas todos os teólogos dessa sábia Igreja concordam com que o dogma da imortalidade não está prescrito no Pentateuco. Isso, de fato, é mais claro que o dia.

Arnauld, o grande Arnauld, espírito em tudo superior a Warburton, havia pronunciado muito tempo antes dele, em sua bela apologia de Port-Royal, estas oportunas palavras: "É o cúmulo da ignorância pôr em dúvida esta verdade, que é das mais comuns e que é atestada por todos os padres, de que as promessas do Antigo Testamento eram apenas temporais e terrestres e de que os judeus só adoravam a Deus por bens carnais."

Objetou-se que, se os persas, os árabes, os sírios, os indianos, os egípcios, os gregos acreditavam na imortalidade da alma, numa vida vindoura, em punições e recompensas eternas, os hebreus podiam perfeitamente crer também;

que, se todos os legisladores da Antiguidade erigiram sábias leis sobre esse fundamento, Moisés podia perfeitamente fazer o mesmo; que, se ele ignorava esses dogmas úteis, não era digno de conduzir uma nação; que, se ele os conhecia e os ocultava, era menos digno ainda.

Responde-se a esses argumentos dizendo que Deus, de quem Moisés era o órgão, dignava-se pôr-se à altura da grosseria dos judeus. Não entro nessa questão espinhosa e, sempre respeitando o que é divino, continuo o exame da história dos homens.

XXVI. Das seitas dos gregos

Parece que, entre os egípcios, entre os persas, entre os caldeus, entre os indianos, só havia uma seita filosófica. Como os sacerdotes de todas essas nações eram de uma raça particular, o que se chamava *sabedoria* pertencia unicamente a essa raça. A língua sagrada deles, desconhecida do povo, depositava a ciência em suas mãos. Mas na Grécia, mais livre e mais feliz, o acesso à razão foi aberto a todo o mundo; cada um deu impulso às suas idéias, e foi isso que tornou os gregos o povo mais engenhoso da Terra. É assim que, em nossos dias, a nação inglesa tornou-se a mais esclarecida, porque nela se pode pensar impunemente.

Os estóicos admitiram uma alma universal do mundo, na qual as almas de todos os seres vivos mergulhavam. Os epicuristas negaram que houvesse uma alma e só conheceram princípios físicos; eles sustentaram que os deuses não se metiam com os assuntos dos homens, e deixaram os epicuristas em paz, tal como eles deixavam os deuses.

As escolas ecoaram, desde Tales até o tempo de Platão e de Aristóteles, querelas filosóficas, todas as quais desvendam a sagacidade e a loucura do espírito humano, sua grandeza e sua fraqueza. Discutia-se, quase sempre sem se ouvir, como fizemos desde o século XIII, quando começamos a raciocinar.

A reputação que teve Platão não me surpreende: todos os filósofos eram ininteligíveis; ele era tanto quanto os outros, e se exprimia com mais eloqüência. Mas que sucesso teria Platão se aparecesse hoje num círculo de pessoas de bom senso e lhes dissesse estas belas palavras que estão em seu *Timeu*: "Com a substância indivisível e com a divisível, Deus compôs uma terceira espécie de substância entre as duas, feita da natureza *do mesmo* e *do outro*; depois, pegando essas três naturezas, misturou-as em uma só forma e forçou a natureza da alma a se misturar com a natureza *do mesmo*; e, tendo-as misturado com a substância e dessas três tendo feito uma hipóstase, dividiu-a em porções convenientes: cada uma dessas porções era um misto *do mesmo* e *do outro*; e da substância fez sua divisão."

Depois ele explica, com a mesma clareza, o quaternário de Pitágoras. Há que convir que homens sensatos que viessem de ler *O entendimento humano* de Locke pediriam a Platão que fosse à escola dele.

Esse galimatias do bom Platão não impede que não haja de vez em quando belíssimas idéias em suas obras. Os gregos tinham tanto espírito, que dele abusaram; mas o que lhes faz muita honra é que nenhum dos seus governos atrapalhou o pensamento dos homens. Sócrates é o único, ao que se sabe, cujas opiniões lhe custaram a vida; e ele foi bem menos vítima das suas opiniões do que de um partido violento que se mobilizou contra ele. Os atenienses, na verdade, fizeram-no tomar cicuta; mas sabe-se como se arrependeram; sabe-se que eles puniram seus acusadores e que ergueram um templo a quem haviam condenado. Atenas deu inteira liberdade não apenas à filosofia mas a todas as religiões. Recebia todos os deuses estrangeiros; tinha até um altar dedicado aos deuses desconhecidos.

É incontestável que os gregos reconheciam um Deus supremo, assim como todas as nações de que falamos. Seu Zeus, seu Júpiter era o senhor dos deuses e dos homens. Essa opinião não se alterou nunca, desde Orfeu; encontramo-la várias vezes em Homero: todos os outros deuses são inferiores. Podemos compará-los aos *peris* dos persas, aos gênios das outras nações orientais. Todos os filósofos, salvo os estratonianos e os epicurianos, reconheceram o arquiteto do mundo, o *Demiourgos*.

Não temamos insistir demasiadamente sobre essa verdade histórica, de que a razão humana iniciada adorou alguma potência, algum ser que se acreditava acima do poder ordinário, seja o Sol, seja a Lua, sejam as estrelas; que a razão humana cultivada adorou, apesar de todos os seus erros, um Deus supremo, senhor dos elementos e dos outros deuses; e que todas as nações civilizadas, do Indo ao fundo da Europa, acreditaram em geral numa vida vindoura, muito embora várias seitas de filósofos tivesse uma opinião contrária.

XXVII. De Zaleuco e de alguns outros legisladores

Ouso desafiar aqui todos os moralistas e todos os legisladores, e pergunto a eles se disseram algo mais belo e mais útil do que o exórdio das leis de Zaleuco, que viveu antes de Pitágoras e que foi o primeiro magistrado dos lócrios.

"Todo cidadão deve estar persuadido da existência da Divindade. Basta observar a ordem e a harmonia do universo, para se convencer de que o acaso não o pode ter formado. Devemos controlar nossa alma, purificá-la, dela afastar todo mal; persuadido de que Deus não pode ser bem servido pelos perversos e que ele não se parece com os miseráveis mortais que se deixam comover com cerimônias magníficas e oferendas suntuosas. Somente a virtude e a disposição constante a fazer o bem podem agradar-lhe. Tratemos portanto de ser justos em nossos princípios e na prática; é assim que nos tornaremos caros à Divindade. Cada um deve temer o que leva à ignomínia, muito mais do que o que conduz à pobreza. Deve-se considerar como o melhor cidadão aquele que abandona a fortuna pela justiça; mas aqueles cujas paixões violentas arrastam para o mal, homens, mulheres, cidadãos, simples habitantes, devem ser exortados a se lembrar dos deuses e a pensar com freqüência nos julgamentos severos que eles aplicam aos culpados. Que tenham diante dos olhos a hora da morte, a hora fatal que aguarda a nós todos, hora em que a lembrança das culpas traz os remorsos e o vão arrependimento por não ter submetido todas as nossas ações à eqüidade.

"Logo, cada um deve se comportar em todo momento como se esse momento fosse o último de sua vida; mas, se um gênio mau o leva ao crime, que este corra para o pé do altar, que rogue ao céu para levar para longe dele esse gênio malfazejo; que, sobretudo, se atire nos braços da gente de bem, cujos conselhos o trarão de volta à virtude, representando-lhe a bondade de Deus e sua vingança."

Não, não há nada em toda a Antiguidade que possamos preferir a esse trecho simples e sublime, ditado pela razão e pela virtude, despojado de entusiasmo e dessas figuras gigantescas que o bom senso desconsidera.

Charondas, que sucedeu a Zaleuco, também se explicou assim. Platão, Cícero, os divinos Antoninos não falaram de outro modo desde então. É assim que se explica, em várias passagens, aquele Juliano que teve a infelicidade de abandonar a religião cristã, mas que tanta honra fez à religião natural – Juliano, escândalo da nossa Igreja e glória do Império Romano.

"É necessário", diz ele, "instruir os ignorantes, em vez de puni-los; sentir dó deles, em vez de odiá-los. O dever de um imperador é imitar Deus: imitá-lo é ter o mínimo de necessidades e fazer o máximo bem possível." Portanto, que os que insultem a Antiguidade aprendam a conhecê-la; que não confundam os sábios legisladores com contadores de fábulas; que saibam distinguir as leis dos mais sábios magistrados e os usos ridículos dos povos; que não digam: "Inventaram-se cerimônias supersticiosas, prodigalizaram-se falsos oráculos e falsos prodígios; logo, todos os magistrados da Grécia e de Roma que os toleravam eram cegos enganados ou enganadores." É como se dissessem: "Há bonzos na China que abusam do populacho; logo, o sábio Confúcio era um impostor miserável."

Num século tão esclarecido como o nosso, devemos corar com essas declamações que a ignorância tantas vezes desfiou contra sábios que se devia imitar, em vez de caluniar. Porventura não se sabe que em todos os países o vulgo é imbecil, supersticioso, insensato? Não houve convulsionários na pátria do chanceler de L'Hospital, de Charron, de Montaigne, de La Motte le Vayer, de Descartes, de Bayle, de Fontenelle, de Montesquieu? Não há metodistas, morávios, milenaristas, fanáticos de toda espécie no país que teve a felicidade de dar nascimento ao chanceler Bacon, a estes gênios imortais que são Newton e Locke, e a uma multidão de grandes homens?

XXVIII. De Baco

Exceto as fábulas visivelmente alegóricas, como as das Musas, de Vênus, das Graças, do Amor, de Zéfiro e de Flora, e algumas desse gênero, todas as outras são um amontoado de contos que não têm outro mérito além de ter dado ensejo de belos versos a Ovídio e a Quinault, e de ter exercitado o pincel de nossos melhores pintores. Mas há uma que parece merecer a atenção dos que apreciam as fantasias da Antiguidade: é a fábula de Baco.

Esse Baco, ou Back, ou Backos, ou Dioniso, filho de Deus, terá sido um personagem real? Tantas nações falam dele, como de Hércules, foram celebrados tantos Hércules e tantos Bacos diferentes, que podemos de fato supor que houve um Baco, tal como um Hércules.

É indubitável que, no Egito, na Ásia e na Grécia, Baco assim como Hércules eram reconhecidos como semideuses; que comemoravam suas festas; que atribuíam milagres a eles; que havia mistérios instituídos em nome de Baco, antes que os livros judeus fossem conhecidos.

Sabe-se muito bem que os judeus só comunicaram seus livros aos estrangeiros na época de Ptolomeu Filadelfo, cerca de duzentos e trinta anos antes da nossa era. Ora, antes disso, o Oriente e o Ocidente faziam ressoar as orgias de Baco. Os versos atribuídos ao antigo Orfeu celebram as conquistas e os feitos desse suposto semideus. Sua história é tão antiga, que os pais da Igreja pretenderam que Baco era Noé, porque Baco e Noé são tidos, ambos, como cultivadores da vinha.

Relatando as antigas opiniões, Heródoto diz que Baco foi criado em Nisa, cidade da Etiópia, que outros situam na Arábia Feliz. Os versos órficos lhe dão o nome de Misés. Resulta das eruditas pesquisas de Huet sobre a história de Baco que ele foi salvo das águas em uma pequena arca; que o chamaram de Misem, em memória a essa aventura; que foi instruído dos segredos dos deuses; que tinha um pênis que se transformava em cobra quando ele queria; que atravessou o mar Vermelho a pé seco, como mais tarde Hércules atravessou, em seu cálice, o estreito entre Calpe e Ábila; que, quando viajou para a Índia, ele e seu exército beneficiavam-se da luz do sol durante a noite; que tocou com sua vareta mágica as águas do rio Oronte e do Hidaspe e que essas águas escoaram para lhe dar passagem. Dizem até que ele deteve o curso do Sol e da Lua. Escreveu suas leis em duas placas de pedra. Antigamente, era representado com chifres ou raios partindo da sua cabeça.

Não é de espantar, em vista disso, que vários estudiosos, entre eles Bochart e Huet, em nossos últimos tempos, tenham pretendido que Baco é uma cópia de Moisés e de Josué. Tudo contribui para favorecer essa semelhança, porque Baco se chamava, entre os egípcios, Arsaph e, dentre os nomes que os sacerdotes deram a Moisés, encontramos o de Osasirph.

Entre essas duas histórias, que parecem semelhantes em tantos pontos, não é duvidoso que a de Moisés seja a verdadeira e que a de Baco seja a fábula; mas parece que essa fábula era conhecida das nações muito tempo antes de a história de Moisés ter chegado a elas. Nenhum autor grego citou Moisés antes de Longino, que viveu sob o imperador Aureliano, e todos haviam celebrado Baco.

Parece inconteste que os gregos não puderam tirar a idéia de Baco do livro da lei judaica, que eles não entendiam e de que não tinham o menor conhecimento; livro, por sinal, tão raro entre os próprios judeus que, sob o rei Josias, não foi encontrado um só exemplar; livro quase inteiramente perdido durante a escravidão dos judeus levados para a Caldéia e para o resto da Ásia; livro restaurado em seguida por Esdras nos tempos florescentes de Atenas e das outras repúblicas da Grécia – tempo em que os mistérios de Baco já estavam instituídos.

Deus permitiu portanto que o espírito de mentira difundisse os absurdos da vida de Baco em cem nações, antes que o espírito de verdade desse a conhecer a vida de Moisés a um povo, salvo os judeus.

O douto bispo de Abranches, intrigado com essa surpreendente semelhança, não hesitou em pronunciar que Moisés era não apenas Baco, mas o Tot, o Osíris dos egípcios. Chega até a acrescentar[13], para aliar os contrários, que Moisés também era o Tífon deles; ou seja, era ao mesmo tempo o bom e o mau princípio, o protetor e o inimigo, o deus e o diabo reconhecidos no Egito.

Segundo esse douto homem, Moisés é o mesmo que Zoroastro. Ele é Esculápio, Anfíon, Apolo, Fauno, Jano, Perseu, Rômulo, Vertumno e, enfim, Adônis e Príapo. A prova de que ele era Adônis é que Virgílio disse (égloga X, v. 18):

> Et formosus oves ad flumina pavit Adonis.
> [E o belo Adônis guardou as ovelhas.]

Ora, Moisés guardou os carneiros indo para a Arábia. A prova de que ele era Príapo é melhor ainda: às vezes Príapo era representado com um burrico e se pretendia que os judeus adoravam um burrico. Huet acrescenta, como derradeira confirmação, que o pênis de Moisés podia perfeitamente ser comparado com o cetro de Príapo[14].

> Sceptrum Priapo tribuitur, virga Mosi.

Eis o que Huet chama de sua Demonstração. Ela não é geométrica, na verdade. É de se crer que se envergonhou dela nos últimos anos de vida e que se lembrava da sua Demonstração quando escreveu seu tratado da fraqueza do espírito humano e da incerteza dos seus conhecimentos.

---

13. Proposição IV, pp. 79 e 87.
14. Huet, p. 110.

XXIX. Das metamorfoses entre os gregos, recolhidas por Ovídio

A opinião da migração das almas conduz naturalmente para as metamorfoses, como já vimos. Toda idéia que estimula a imaginação e que a distrai logo se estende pelo mundo inteiro. Se você me persuade de que minha alma pode entrar no corpo de um cavalo, não terá dificuldade para me fazer crer que meu corpo também pode ser transformado em cavalo.

As metamorfoses recolhidas por Ovídio, sobre as quais já comentamos, não deviam surpreender nem um pouco um pitagórico, um brâmane, um caldeu, um egípcio. Os deuses tinham se transformado em animais no Egito antigo. Derceto tinha se tornado peixe na Síria; Semíramis tinha sido transformada em pomba na Babilônia. Os judeus, em tempos bem posteriores, escreveram que Nabucodonosor foi transformado em boi, sem contar que a mulher de Ló foi transformada em estátua de sal. Não são uma metamorfose real, embora passageira, todas as aparições dos deuses e dos gênios em forma humana?

Um deus só pode se comunicar conosco metamorfoseando-se em homem. É verdade que Júpiter assumiu o aspecto de um belo cisne para fruir Leda; mas tais casos são raros e, em todas as religiões, a Divindade sempre assume a forma humana quando vem dar ordens. Seria difícil ouvir a voz dos deuses se eles se apresentassem a nós como crocodilos e como ursos.

Enfim, os deuses se metamorfosearam em quase toda parte e, assim que fomos instruídos dos segredos da magia, nós mesmos nos metamorfoseamos. Várias pessoas dignas de fé se transformaram em lobo: a palavra lobisomem ainda atesta, entre nós, essa bela metamorfose.

O que contribui em muito para dar crédito a todas essas transmutações e a todos os prodígios dessa espécie é que não se pode provar formalmente sua impossibilidade. Não há argumento que se possa alegar a alguém que disser: "Um deus apareceu ontem em casa na forma de um belo rapaz, e minha filha dará à luz, daqui a nove meses, uma bela criança que o deus se dignou lhe fazer. Meu irmão, que ousou duvidar disso, foi transformado em lobo e atualmente corre e uiva pelos bosques." Se a filha de fato dá à luz, se o homem que se transformou em lobo afirma que de fato sofreu essa metamorfose, você não pode demonstrar que não é verdade. Você não teria outro recurso, senão levar ao tribunal o rapaz que se fez passar pelo deus e fez o filho na senhorita; mandar observar o tio-lobisomem e arrolar testemunhas da sua impostura. Mas a família não se exporá a esse exame; ela sustentará, com os sacerdotes da comarca, que você é um profano e um ignorante; argumentarão que, como uma lagarta se transforma em borboleta, um homem também pode perfeitamente transformar-se em animal. E, se você contestar, será entregue à Inquisição do país como um ímpio que não acredita nem nos lobisomens nem nos deuses que engravidam as moças.

XXX. Da idolatria

Depois de ter lido tudo o que se escreveu sobre a idolatria, não encontrei nada que dê uma noção precisa dela. Parece que Locke foi o primeiro a ensinar os homens a definirem as palavras que pronunciavam e a não falarem a esmo. O termo correspondente a idolatria não se encontra em nenhuma língua antiga; é uma expressão dos gregos dos últimos tempos, que nunca fora utilizada antes do segundo século da nossa era. É um termo de censura, uma palavra injuriosa: nunca nenhum povo assumiu a qualidade de idólatra; nunca nenhum governo ordenou que se adorasse uma imagem, como deus supremo da natureza. Os antigos caldeus, os antigos árabes, os antigos persas não tiveram imagens nem templos por muito tempo. Como os que veneravam o Sol, os astros e o fogo como emblemas da Divindade podiam ser chamados de idólatras? Eles reverenciavam o que viam. Mas, certamente, reverenciar o Sol e os astros não é adorar uma figura esculpida por um operário: é ter um culto equivocado, porém não é ser idólatra.

Suponho que os egípcios realmente adoravam o cachorro Anúbis e o boi Ápis; que eram loucos o bastante para não os considerar como animais consagrados à Divindade e como um emblema do bem que sua Isheth, a sua Ísis, fazia aos homens; para acreditar até mesmo que um raio celeste animava esse boi e esse cão consagrados. Está claro que não era adorar uma estátua: um animal não é um ídolo.

É indubitável que os homens tiveram objetos de culto antes de ter escultores, e é claro que esses homens tão antigos não podiam ser chamados de idólatras. Resta saber portanto se os que mandaram pôr as estátuas nos templos e fizeram que elas fossem reverenciadas se chamaram, e a seus povos, adoradores de estátuas. Eis algo que com toda certeza não se encontra em nenhum monumento da Antiguidade.

Mas, sem tomar o título de idólatras, não o eram de fato? Era obrigado crer que a estátua de bronze que representava a figura fantástica de Bel na Babilônia era o Senhor, o Deus, o Criador do mundo? que a figura de Júpiter era o próprio Júpiter? Acaso não é (se me é permitido comparar os usos da nossa santa religião com os usos antigos), acaso não é como dizer que adoramos a figura do Pai eterno com uma barba comprida, a figura de uma mulher e de um menino, a figura de uma pomba? São ornamentos emblemáticos em nossos templos; nós os adoramos tão pouco que, quando essas estátuas são de madeira, viram lenha mal apodrecem, fazem-se outras; elas são simples advertências que falam aos olhos e à imaginação. Os turcos e os reformados crêem que os católicos são idólatras; mas os católicos não cessam de protestar contra essa injúria.

Não é possível que se adore realmente uma estátua, nem que se creia que essa estátua seja o Deus supremo. Havia um só Júpiter, mas havia mil das suas estátuas; ora, esse Júpiter, que segundo se acreditava lançava os raios, habitaria as nuvens, ou o monte Olimpo, ou o planeta que leva seu nome; e suas figuras não lançavam o raio e não estavam nem num planeta, nem nas nuvens, nem no monte Olimpo: todas as preces eram dirigidas aos deuses imortais, e as estátuas certamente não eram imortais.

Espertalhões, é verdade, faziam crer, e supersticiosos acreditaram, que certas estátuas haviam falado. Quantas vezes nossos povos grosseiros não tiveram a mesma credulidade? Nunca, porém, em povo algum, esses absurdos foram a religião do Estado. Uma velhota imbecil não terá distinguido entre a estátua e o deus, o que não é motivo para afirmar que o governo pensava como essa velhota. Os magistrados queriam que o povo reverenciasse as representações dos deuses adorados e que a imaginação do povo fosse fixada por meio desses signos visíveis: foi precisamente o que se fez na metade da Europa. Há figuras que representam Deus pai sob a forma de um ancião, mas todos sabem muito bem que Deus não é um ancião. Há imagens de vários santos venerados, mas todos sabem muito bem que esses santos não são Deus pai.

Do mesmo modo, se ouso dizer, os antigos não confundiam os semideuses, os deuses e o senhor dos deuses. Se esses antigos eram idólatras por ter estátuas em seus templos, a metade da cristandade também é idólatra então; e, se não o é, as nações antigas tampouco o eram.

Numa palavra, não há em toda a Antiguidade um só poeta, um só filósofo, um só homem de Estado que tenha dito que adorava pedra, mármore, bronze ou madeira. Os testemunhos do contrário são inúmeros. As nações idólatras são como os feiticeiros, portanto: todo o mundo fala neles, mas nunca houve um.

Um comentador, Dacier, concluiu que os antigos de fato adoravam a estátua de Príapo, porque Horácio, dando voz a esse espantalho, lhe fazia dizer: "Eu era um tronco; o operário, sem ter certeza se faria desse tronco um deus ou um banquinho, decidiu fazer um deus, etc." O comentador cita o profeta Baruque para provar que, na época de Horácio, a figura de Príapo era vista como uma Divindade real: ele não percebe que Horácio zomba tanto do suposto deus como da sua estátua. É possível que uma das suas serviçais, ao ver aquela enorme figura, tenha acreditado que ela possuía algo de divino; mas certamente todos esses Príapos de madeira de que estavam cheios os jardins, para espantar os passarinhos, não eram tidos como os criadores do mundo.

Diz-se que Moisés, apesar da lei divina de não fazer nenhuma representação de homens ou de animais, erigiu uma serpente de bronze, que era uma imitação da serpente de prata que os sacerdotes do Egito levavam em procissão: mas, embora essa serpente tenha sido feita para curar as picadas das serpentes de verdade, nem por isso era adorada. Salomão pôs dois querubins no templo; mas esses querubins não eram tidos como deuses. Portanto, se no templo dos judeus e nos nossos respeitavam-se essas estátuas sem ser idólatra, por que tantas recriminações às outras nações? Ou devemos absolvê-las, ou elas devem nos acusar.

XXXI. Dos oráculos

É evidente que não se pode saber o futuro, porque não se pode saber o que não existe; mas também é claro que se pode conjecturar sobre um acontecimento.

Você vê um exército numeroso e disciplinado, conduzido por um chefe hábil, avançar num local vantajoso contra um capitão imprudente, seguido por poucas tropas mal armadas, mal posicionadas, metade das quais você sabe que trai o capitão; você prediz que ele será derrotado.

Você percebe que um rapaz e uma moça se amam perdidamente; você os observa saindo da casa paterna; você anuncia que em pouco tempo a moça estará grávida: e não se engana. Todas essas predições se reduzem ao cálculo das probabilidades. Não há, pois, nação na qual não se tenham feito predições que de fato se consumaram. A mais célebre, a mais confirmada é a que aquele traidor, Flávio Josefo, fez a Vespasiano e a Tito, seu filho, vencedores dos judeus. Ele via Vespasiano e Tito adorados pelos exércitos romanos no Oriente, e Nero detestado por todo o império. Para cair nas boas graças de Vespasiano, ele ousa predizer-lhe, em nome do deus dos judeus[15], que ele e seu filho serão imperadores, como de fato foram; mas é evidente que Josefo não corria riscos. Se Vespasiano sucumbir um dia pretendendo o império, não terá como punir Josefo; se se tornar imperador, irá recompensá-lo; e, enquanto não reinar, esperará reinar. Vespasiano manda dizer a Josefo que, se ele é profeta, deveria ter predito a tomada de Jotapata, que ele havia defendido em vão contra o exército romano; Josefo responde que na verdade ele a tinha predito, o que não era nem um pouco surpreendente. Que comandante,

---

15. Josefo, liv. III, cap. XXVIII.

mantendo cerco numa pequena praça contra um grande exército, não prediz que a praça será tomada?

Não era muito difícil sentir que se podia obter o respeito e o dinheiro da multidão fazendo-se de profeta e que a credulidade do povo devia ser a renda de quem soubesse enganá-lo. Em toda parte houve adivinhos; mas não bastava predizer em seu próprio nome, era preciso falar em nome da Divindade; e, dos profetas do Egito, que se chamavam *videntes*, a Ulpio, profeta favorito do imperador Adriano, que se tornou deus, houve uma quantidade prodigiosa de charlatães que fizeram os deuses falarem para escarnecer dos homens. É bem sabido como o faziam: ora dando uma resposta ambígua que eles explicavam depois como bem entendiam; ora corrompendo domésticos, informando-se secretamente com estes das aventuras dos devotos que vinham consultá-los. Um idiota ficava pasmo com que um espertalhão lhe dissesse da parte de Deus o que ele havia feito de mais oculto.

Esses profetas passavam por saber o passado, o presente e o futuro; é esse o elogio que Homero faz de Calcas. Não acrescentarei nada aqui ao que o douto Van Dale e o judicioso Fontenelle, seu redator, disseram dos oráculos. Eles desvendaram com sagacidade séculos de velhacaria; e o jesuíta Baltus mostrou bem pouco senso, ou muita malignidade, quando sustentou contra eles a verdade dos oráculos pagãos valendo-se dos princípios da religião cristã. Era realmente fazer a Deus uma injúria pretender que esse Deus de bondade e de verdade houvesse soltado os diabos do inferno para virem fazer na terra o que ele próprio não faz, proferir oráculos.

Ou esses diabos diziam a verdade, e nesse caso era impossível não acreditar neles; e Deus, apoiando todas as falsas religiões com milagres cotidianos, lançava ele próprio o universo nos braços dos seus inimigos; ou eles diziam mentira, e nesse caso Deus soltava os diabos para enganar todos os homens. Nunca houve opinião mais absurda.

O oráculo mais famoso foi o de Delfos. Escolhiam-se primeiro mocinhas inocentes como as mais propícias a serem inspiradas, isto é, a proferir de boa-fé os galimatias que os sacerdotes lhes ditavam. A jovem pítia subia num tripé posto na abertura de um buraco do qual saía uma exalação profética. O espírito divino entrava debaixo da saia da pítia por um ponto bem humano; mas, depois que uma linda pítia foi raptada por um devoto, empregaram velhotas nesse ofício. E creio que é esse o motivo pelo qual o oráculo de Delfos começou a perder muita da sua credibilidade.

As adivinhações, os augúrios eram espécies de oráculo e são, creio, de uma antiguidade mais alta; porque eram necessárias muitas cerimônias, muito tempo para constituir a clientela de um oráculo divino que não podia se privar de templos e sacerdotes; e nada era mais fácil do que dizer a sorte nas encruzilhadas. Essa arte se subdividiu de mil modos: predizia-se pelo vôo dos pássaros, pelo fígado dos carneiros, pelas dobras formadas na palma da mão, por círculos traçados no chão, pela água, pelo fogo, por seixos, por varinhas, por tudo o que se podia imaginar, muitas vezes até por um puro entusiasmo que fazia as vezes de todas as regras. Mas quem foi que inventou essa arte? Foi o primeiro velhaco que encontrou um imbecil.

A maior parte das predições era como as do *Almanaque de Liège: um grande personagem morrerá; haverá naufrágios*. Se um juiz de aldeia morria naquele ano, era, para essa aldeia, o tal grande cuja morte fora predita; um barco de pesca afundava, era um dos grandes naufrágios anunciados. O autor do *Almanaque de Liège* é um bruxo, tanto quando suas predições se verificam como quando não se verificam, porque, se algum acontecimento os favorece, sua magia está demonstrada; se os acontecimentos são contrários, aplica-se a predição a outra coisa qualquer e a alegoria o safa do embaraço.

O *Almanaque de Liège* disse que viria um povo do norte que destruiria tudo; esse povo não vem, mas um vento do norte congela algumas vinhas: é o que havia sido predito por Matthieu Laensbergh. Se alguém ousa duvidar do seu saber, logo os propagandistas o denunciam como mau cidadão e os astrólogos o tratam até de pobre de espírito e mau argumentador.

Os sunitas maometanos empregaram muito esse método na explicação do *Corão* de Maomé. A estrela Aldebarã foi bastante venerada pelos árabes; ela significa o olho do touro, o que queria dizer que o olho de Maomé iluminaria os árabes e que, como um touro, acertaria seus inimigos com os chifres.

A árvore acácia era venerada na Arábia; faziam-se com ela grandes cercas vivas que preservavam as plantações do ardor do sol: Maomé é a acácia que deve cobrir a terra com sua sombra salutar. Os turcos sensatos riem dessas bobagens sutis, as jovens mulheres nem pensam nelas; as velhas devotas, sim, acreditam; e quem dissesse publicamente a um dervixe que ele ensina tolices correria o risco de ser empalado. Houve estudiosos que encontraram a história de seu tempo na *Ilíada* e na *Odisséia*; mas esses estudiosos não tiveram a mesma sorte que os comentadores do *Alcorão*.

A mais brilhante função dos oráculos foi garantir a vitória na guerra. Cada exército, cada nação tinham seus oráculos que lhes prometiam triunfos. Um dos dois partidos havia recebido infalivelmente um oráculo verdadeiro. O vencido, que havia sido enganado, atribuía sua derrota a algum erro cometido em relação aos deuses, depois de pronunciado o oráculo; ele esperava que, numa outra vez, o oráculo se consumaria. Assim, quase toda a terra se nutriu de ilusão. Quase não houve povo que não conservasse em seus arquivos ou que não mantivesse pela tradição oral alguma predição que lhe garantia a conquista do mundo, isto é, das nações vizinhas; quase não houve conquistador que não tenha sido previsto formalmente, logo depois da sua conquista. Os próprios judeus, encerrados num canto de terra quase desconhecido, entre o Anti-Líbano, a Arábia Deserta e a Arábia Pétrea, esperaram, como os outros povos, ser os senhores do universo, baseados em mil oráculos que explicamos num sentido místico e que eles entendiam no sentido literal.

XXXII. Das sibilas entre os gregos e de sua influência sobre as outras nações

Quando quase toda a Terra estava repleta de oráculos, houve algumas solteironas que, sem estar ligadas a nenhum templo, resolveram profetizar por conta própria. Chamaram-nas *sibilas*, σιὸς βουλή, palavras gregas do dialeto da Lacônia, que significam conselho de Deus. A Antiguidade conta dez principais, em diversos países. É bem conhecida a história da mulher que levou a Roma, para Tarquínio, o Antigo, os nove livros da antiga sibila de Cumes. Como Tarquínio pechinchava demais, a velha jogou no fogo os seus primeiros livros e exigiu tanto dinheiro para os três restantes quanto havia pedido para os nove inteiros. Tarquínio pagou. Conta-se que foram conservados em Roma até o tempo de Sila e foram consumidos num incêndio do Capitólio.

Mas como prescindir das profecias das sibilas? Enviaram três senadores a Eritrés, cidade da Grécia em que eram preciosamente guardados um milhar de maus versos gregos, tidos como da lavra da sibila Eritréia. Todo o mundo queria uma cópia deles. A sibila Eritréia havia predito tudo. Ocorria com suas profecias o mesmo que com as de Nostradamus entre nós, e a cada acontecimento não deixavam de forjar alguns versos gregos que eram atribuídos à sibila.

Augusto, que temia com razão que fossem encontrados nessa rapsódia alguns versos que autorizassem conspirações, proibiu, sob pena de morte, que os romanos tivessem em casa versos sibilinos: defesa digna de um tirano desconfiado, que conservava com habilidade um poder usurpado por meio do crime.

Os versos sibilinos foram mais que nunca respeitados, quando lê-los tornou-se proibido. Eles deviam conter a verdade, tanto que eram ocultos dos cidadãos.

Virgílio, em sua égloga sobre o nascimento de Polion, ou de Marcelo, ou de Druso, não deixou de citar a autoridade da sibila de Cumes, que havia predito nitidamente que aquela criança, que morreu logo depois, traria o século de ouro. A sibila Eritréia, dizia-se então, também havia profetizado em Cumes. O recém-nascido, pertencente a Augusto ou a seu favorito, não podia deixar de ser predito pela sibila. Aliás, as predições sempre são para os grandes: os pequenos não valem a pena.

Como esses oráculos das sibilas continuavam desfrutando de grande reputação, os primeiros cristãos, deixando-se levar excessivamente por um falso zelo, acreditaram poder forjar oráculos semelhantes para derrotar os gentios com suas próprias armas. Hermas e são Justino são tidos como os primeiros a terem tido a infelicidade de sustentar essa impostura. São Justino cita oráculos da sibila de Cumes, enunciados por um cristão que havia adotado o nome de Istapo e que pretendia que a sibila tinha vivido na época do dilúvio. São Clemente de Alexandria (em sua *Stromata*, livro VI) garante que o apóstolo são Paulo recomenda em suas Epístolas *a leitura das sibilas que tenham predito manifestamente o nascimento do filho de Deus.*

Essa epístola de são Paulo deve ter sido perdida, porque não encontramos essas palavras, nem nada parecido, em nenhuma das suas Epístolas. Corria naquele tempo entre os cristãos uma infinidade de livros que não temos mais, como as Profecias de Jaldabast, as de Set, Enoque e Cham; a penitência de Adão; a história de Zacarias, pai de são João; o Evangelho dos egípcios; o Evangelho de são Pedro, de André, de Tiago; o Evangelho de Eva; o Apocalipse de Adão; as cartas de Jesus Cristo e vários outros escritos, de que mal restam alguns fragmentos enterrados em livros que ninguém lê.

A Igreja cristã estava dividida então em sociedade judaizante e sociedade não-judaizante. Essas duas sociedades dividiam-se em várias outras. Quem se sentisse com algum talento escrevia para o seu partido. Houve mais de cinqüenta evangelhos até o concílio de Nicéia; deles, restam-nos hoje apenas os da Virgem, de Tiago, da Infância e de Nicodemo. Forjavam-se principalmente versos atribuídos às antigas sibilas. Tamanho era o respeito do povo por esses oráculos sibilinos que até se acreditou ser necessário esse apoio exterior para fortalecer o cristianismo nascente. Não só compuseram versos gregos sibilinos que anunciavam Jesus Cristo, mas compuseram-nos em acrósticos, de maneira que as letras das palavras *Jesous Chreistos ios Soter* fossem, uma após a outra, o início de um verso. É nessas poesias que encontramos esta predição:

> Com cinco pães e dois peixes
> Ele alimentará cinco mil homens no deserto;
> E, recolhendo os pedaços que sobrarem,
> Encherá com eles doze cestos.

Não ficaram nisso; imaginaram que era possível alterar, a favor do cristianismo, o sentido dos versos da quarta égloga de Virgílio (versos 4 e 7):

> Ultima cumaei venit jam carminis aetas: ...
> Jam nova progenies coelo demittitur alto.

[Os tempos da sibila enfim chegaram;
Um novo rebento desce do alto dos céus.]

Essa opinião foi tão difundida nos primeiros séculos da Igreja, que o próprio imperador Constantino a sustentou. Quando um imperador falava, certamente tinha razão. Virgílio foi tido por muito tempo como profeta. Enfim, estava-se a tal ponto persuadido dos oráculos das sibilas, que temos em um dos nossos hinos, que não é muito antigo, estes dois versos notáveis:

> Solvet saeclum in favilla,
> Teste David cum sibylla.
>
> [Desfará o universo em cinzas,
> Atestam-no a sibila e David.]

Dentre as predições atribuídas às sibilas, realçava-se principalmente o reinado de mil anos, que os Padres da Igreja adotaram até a época de Teodósio II.

Esse reinado de Jesus Cristo por mil anos na Terra era baseado, primeiramente, na profecia de são Lucas, capítulo 21; profecia mal-entendida, de que Jesus Cristo "viria nas nuvens, em grande potência e majestade, antes de a presente geração ter passado". A geração passara; mas são Paulo também tinha dito em sua primeira Epístola aos tessalonicenses, capítulo 4:

"Nós vos declaramos, tendo disso sabido pelo Senhor, que, nós que vivemos e que somos reservados para seu advento, não preveniremos os que já estão no sono.

"Porque, assim que o sinal for dado pela voz do arcanjo e pelo som da trombeta de Deus, o próprio Senhor descerá do céu, e os que terão morrido em Jesus Cristo serão os primeiros a ressuscitar.

"Pois nós, que estamos vivos e que vivos estaremos até essa hora, seremos levados com eles nas nuvens, para comparecer diante do Senhor, no meio do ar; e assim viveremos para sempre com o Senhor."

É estranho que Paulo diga que foi o próprio Senhor a lhe falar; porque Paulo, longe de ser um dos discípulos de Cristo, havia sido por muito tempo um dos seus perseguidores. Seja como for, o Apocalipse também tinha dito, capítulo 20, que os justos *reinariam na terra durante mil anos com Jesus Cristo.*

Esperava-se portanto a todo instante que Jesus Cristo desceria do céu para estabelecer seu reinado e reconstruir Jerusalém, onde os cristãos deviam se rejubilar com os patriarcas.

Essa nova Jerusalém era anunciada no Apocalipse: "Eu, João, vi a nova Jerusalém descendo do céu, engalanada como uma esposa... Ela tinha uma grande e alta muralha, doze portas, e um anjo em cada porta... Doze alicerces em que estão os nomes dos apóstolos do cordeiro... Quem me falava tinha um estalão de ouro para medir a cidade, as portas e a muralha. A cidade é construída em quadrado; tem doze mil estádios; seu comprimento, sua largura e sua altura são iguais... Ele mediu também a muralha, que tem cento e quarenta e quatro côvados... Essa muralha é de jaspe, e a cidade era de ouro, etc."

Podiam ter se contentado com essa predição; mas quiseram ter como garantia uma sibila a quem fazem dizer mais ou menos as mesmas coisas. Essa persuasão imprimiu-se tão fortemente nos espíritos, que são Justino, em seu Diálogo com Trifão, diz que "está decidido que Jesus deve vir a essa Jerusalém beber e comer com seus discípulos".

São Irineu entregou-se tão plenamente a essa opinião, que atribui a são João Evangelista as seguintes palavras: "Na nova Jerusalém, cada tronco de vinha produzirá dez mil galhos; e cada galho, dez mil rebentos; cada rebento, dez mil cachos; cada cacho, dez mil uvas; cada uva, vinte e cinco ânforas de vinho; e, quando um dos santos vindimadores colher uma uva, a uva vizinha lhe dirá: pega-me, sou melhor que ela."[16]

Não bastava a sibila ter predito essas maravilhas, tiveram de ser testemunhas da consumação. Viram, no relato de Tertuliano, a nova Jerusalém descer do céu por quarenta noites consecutivas.

Tertuliano se exprime assim[17]: "Confessamos que o reino nos é prometido por mil anos na terra, após a ressurreição na cidade de Jerusalém, trazida do céu para cá."

Foi assim que o amor ao maravilhoso e a vontade de ouvir e dizer coisas extraordinárias perverteu o senso comum em todos os tempos; foi assim que se utilizou a fraude quando não se tinha a força; aliás, a religião cristã era apoiada em razões tão sólidas que todo esse amontoado de erros não pôde abalá-la. Extraiu-se ouro puro de todo esse amálgama, e a Igreja alcançou, gradativamente, o estado em que a vemos hoje em dia.

XXXIII. Dos milagres

Voltemos à natureza do homem. Ele só aprecia o extraordinário. Tanto é assim que basta o belo, o sublime serem comuns para não mais parecerem belos nem sublimes. Quer-se o extraordinário em todos os gêneros e chega-se ao impossível. A história antiga se parece com a daquele repolho maior que uma casa e com aquele pote maior que uma igreja, feito para cozinhar esse repolho.

Que idéia relacionamos à palavra *milagre*, que de início significava *coisa admirável*? Já dissemos: o que a natureza não pode realizar; o que é contrário a todas as suas

---

16. Irineu, liv. V, cap. XXXV.
17. Tertuliano contra Marciano, liv. III.

leis. Assim, o inglês que prometeu ao povo de Londres pôr-se inteirinho numa garrafa de duas pintas anunciava um milagre. E antigamente não teriam faltado legendários que afirmassem a consumação desse prodígio, se alguma renda resultasse daí para o convento.

Acreditamos sem dificuldade nos verdadeiros milagres realizados em nossa santa religião e entre os judeus, cuja religião preparou a nossa. Aqui estamos falando apenas das outras nações e raciocinamos unicamente seguindo as regras do bom senso, sempre submetidas à revelação.

Quem não é iluminado pela fé encara um milagre unicamente como uma contravenção às leis eternas da natureza. Não lhe parece possível que Deus altere sua própria obra; sabe que tudo no universo está ligado por elos que nada pode romper. Sabe que, sendo Deus imutável, suas leis também o são; e que uma roda da grande máquina não pode parar sem que a natureza inteira sofra com isso.

Se Júpiter, deitando-se com Alcmene, faz uma noite de vinte e quatro horas, quando devia ser de doze, é preciso que a Terra detenha seu curso e fique imóvel doze horas inteiras. Mas, como os mesmos fenômenos do céu reaparecem na noite seguinte, também é preciso que a Lua e todos os planetas parem. Eis uma grande revolução em todas as orbes celestes por causa de uma mulher de Tebas na Beócia.

Um morto ressuscita ao fim de alguns dias; todas as partes imperceptíveis do seu corpo que se haviam exalado no ar e que os ventos haviam levado para longe têm de voltar para o seu lugar; os vermes e os pássaros, ou os outros animais que se alimentaram da substância desse cadáver, têm de restituir cada qual o que dele tomaram. Os vermes engordados pelas entranhas desse homem terão sido comidos pelas andorinhas; essas andorinhas, por picanços; esses picanços, por falcões; esses falcões, por abutres. Cada um tem de restituir precisamente o que pertencia ao morto, senão ele já não será a mesma pessoa. Tudo isso ainda não é nada, se a alma não voltar à sua hospedagem.

Se o Ser eterno, que tudo previu, tudo arranjou, que governa tudo por leis imutáveis, torna-se contrário a si mesmo subvertendo todas as suas leis, só pode fazê-lo em benefício da natureza inteira. Mas parece contraditório supor um caso em que o criador e senhor de tudo possa mudar a ordem do mundo pelo bem do mundo. Porque, ou ele previu a suposta necessidade que teria disso, ou não previu. Se previu, pôs ordem desde o início; se não previu, já não é Deus.

Dizem que foi para agradar uma nação, uma cidade, uma família, que o Ser eterno ressuscitou Pélops, Hipólito, Heres e alguns outros personagens famosos; mas não parece verossímil que o senhor comum do universo descuide do universo em benefício desse Hipólito e desse Pélops.

Quanto mais incríveis os milagres, segundo as fábulas do nosso espírito, mais dignos são de crédito. Todo povo teve tantos prodígios, que estes se tornaram banais. Por isso ninguém pensava em negar os do vizinho. Os gregos diziam aos egípcios, às nações asiáticas: "Os deuses falaram a vocês algumas vezes; eles nos falam todos os dias; se eles combateram vinte vezes por vocês, puseram-se quarenta vezes à frente dos nossos exércitos; se vocês têm metamorfoses, temos cem vezes mais que vocês; se os animais de vocês falam, os nossos fizeram lindos discursos." Também entre os romanos os bichos tomaram a palavra para predizer o futuro. Tito Lívio relata que um boi exclamou em pleno mercado: *Roma, cuidado!* Plínio, em seu livro oitavo, diz que um cachorro falou quando Tarquínio foi destronado. Uma gralha, se acreditarmos em Suetônio, exclamou no Capitólio, quando iam assassinar Domiciano: Ἔσται πάντα χαλῶς; *muito bem feito, está tudo em ordem.* Assim também um dos cavalos de Aquiles, chamado Xante, prediz a seu dono que este morrerá diante de Tróia. Antes do cavalo de Aquiles, o carneiro de Frixo havia falado, assim como as vacas do monte Olimpo. Assim, em vez de refutarem as fábulas, multiplicavam-nas; fazia-se como aquele prático a quem apresentaram uma falsa dívida: ele não perdeu tempo defendendo-se, emitiu imediatamente um falso recibo.

É verdade que não vemos mortos ressuscitados entre os romanos: eles se atinham a curas milagrosas. Os gregos, mais apegados à metempsicose, tiveram muitas ressurreições. Aprenderam esse segredo com os orientais, de quem todas as ciências e todas as superstições tinham provindo.

De todas as curas milagrosas, as mais atestadas, as mais autênticas são as daquele cego a quem o imperador Vespasiano restituiu a vista e a daquele paralítico a quem ele restituiu o uso dos membros. É em Alexandria que esse duplo milagre se opera; é diante de uma multidão incalculável, diante dos romanos, dos gregos, dos egípcios; é em seu tribunal que Vespasiano realiza esses prodígios. Não é ele que procura se valorizar por meio de prestígios de que um monarca forte não necessita; esses dois doentes é que, prosternados a seus pés, conjuram-no a curá-los. Ele se envergonha com as súplicas dos dois, escarnece delas; diz que tal cura não está ao alcance de um mortal. Os dois infortunados insistem: Serápis lhes apareceu; Serápis lhes disse que seriam curados por Vespasiano. Enfim, ele se deixa convencer: toca-os sem se preocupar com o êxito. A Divindade, sensível à sua modéstia e à sua virtude, lhe comunica seu poder; no mesmo instante o cego enxerga e o estropiado anda. Alexandria, o Egito e todo o império aplaudem Vespasiano, favorito do céu. O milagre é registrado nos arquivos do império e em todas as histórias contemporâneas. Mas, com o tempo, ninguém mais acredita nesse milagre, porque ninguém tem o interesse de sustentá-lo.

A crer em não sei que escritor dos nossos séculos bárbaros, chamado Helgaut, o rei Roberto, filho de Hugo Capeto, também cura um cego. Esse dom dos milagres, no rei Roberto, foi evidentemente a recompensa pela caridade com a qual ele mandara queimar o confessor da sua mulher e aqueles cônegos de Orléans, acusados de não acreditarem na infalibilidade e no poder absoluto do papa e, por conseguinte, de serem maniqueístas. Ou, se não foi a paga por essas boas ações, foi pela da excomunhão que sofreu por ter se deitado com a rainha, sua mulher.

Os filósofos fizeram milagres, tal como os imperadores e os reis. São conhecidos os de Apolônio de Tiana. Ele era um filósofo pitagórico, temperante, casto e justo, que a história não recrimina por nenhuma ação equívoca, nem por nenhuma daquelas fraquezas de que Sócrates foi acusado. Ele viajou à terra dos magos e dos brâmanes, e em toda parte foi respeitado por ser modesto, sempre dando conselhos sábios e raramente altercando. A prece que ele costumava fazer aos deuses é admirável: "Deuses imortais, concedei-nos o que julgardes conveniente e do que não formos indignos." Não tinha nenhum entusiasmo, mas seus discípulos tiveram: supuseram-lhe milagres que foram recolhidos por Filostrato. Os tianenses puseram-no entre os semideuses, e os imperadores romanos aprovaram sua apoteose. Mas, com o tempo, a apoteose de Apolônio teve a mesma sorte daquela que se fazia aos imperadores romanos, e a capela de Apolônio ficou tão deserta quanto o Socratéion, erigido pelos atenienses a Sócrates.

Os reis da Inglaterra, desde são Eduardo até o rei Guilherme III, realizaram cotidianamente um grande milagre, o de curar as escrófulas, coisa que nenhum médico conseguia curar. Mas Guilherme III não quis fazer milagres, e seus sucessores também se abstiveram de fazê-los. Se a Inglaterra passar um dia por alguma grande revolução que a mergulhe de volta na ignorância, terá milagres todos os dias.

XXXIV. Dos templos

Os povos não erigiram um templo assim que reconheceram um Deus. Os árabes, os caldeus, os persas, que reverenciavam os astros, não podiam no começo ter edifícios consagrados; bastava-lhes olhar para o céu, era esse seu templo. O de Bel, na Babilônia, é tido como o mais antigo de todos; mas os de Brama, na Índia, devem ser de uma antiguidade mais remota: pelo menos é o que os brâmanes pretendem.

Está dito nos anais da China que os primeiros imperadores sacrificavam num templo. O de Hércules, em Tiro, não parece ser dos mais antigos. Hércules nunca foi, em nenhum povo, mais que uma divindade secundária; no entanto, o templo de Tiro é bem anterior ao da Judéia. Hirão tinha um, magnífico, quando Salomão, ajudado por Hirão, construiu o seu. Heródoto, que esteve em Tiro, diz que, em seu tempo, os arquivos de Tiro davam a esse templo apenas dois mil e trezentos anos de antiguidade. O Egito era repleto de templos desde havia muito. Heródoto diz também ter se informado de que o templo de Vulcano, em Mênfis, havia sido construído por Menés na época que corresponde a três mil anos antes da nossa era; e não é de se crer que os egípcios tivessem erguido um templo a Vulcano, antes de dar um a Ísis, sua principal divindade.

Não posso conciliar com os costumes ordinários de todos os homens o que Heródoto diz no livro segundo: ele pretende que, salvo os egípcios e os gregos, todos os outros povos tinham o costume de deitar com as mulheres no meio de seus templos. Desconfio que o texto grego foi corrompido. Os homens mais selvagens se abstêm dessa ação diante de testemunhas. Nunca passou pela cabeça de ninguém acariciar sua mulher ou sua amante na presença de pessoas pelas quais se tem alguma deferência.

Não é possível que em tantas nações, que eram religiosas ao maior escrúpulo, todos os templos tenham sido lugares de prostituição. Creio que Heródoto quis dizer que os sacerdotes que moravam no recinto que rodeava o templo podiam se deitar com suas mulheres nesse recinto, que tinha o nome de templo, conforme era uso dos sacerdotes judeus e outros; mas que os sacerdotes egípcios, que não moravam no recinto, se abstinham de tocar em suas mulheres quando estavam de serviço nos pórticos que rodeavam o templo.

Os pequenos povos viveram muito tempo sem templos. Levavam seus deuses em arcas, em tabernáculos. Já vimos que, quando habitaram no deserto, a oriente do lago Asfaltite, os judeus carregavam o tabernáculo do deus Renfã, do deus Moloque, do deus Quium, como diz Amós e como repete santo Estêvão.

Era assim que faziam todas as outras pequenas nações do deserto. Esse uso deve ser o mais antigo de todos, pela razão de que é bem mais cômodo ter uma arca do que construir um grande edifício.

Foi provavelmente desses deuses portáteis que veio o costume das procissões, que todos os povos realizavam; porque parece que ninguém pensaria em tirar um deus do seu lugar, em seu templo, para passeá-lo pela cidade; e essa violência poderia ter parecido um sacrilégio, se o velho uso de carregar seu deus numa charrete ou num andor já não estivesse estabelecido desde havia muito.

A maioria dos templos foram, inicialmente, cidadelas, nas quais punham-se em segurança o que era sagrado. Assim, o paládio ficava na fortaleza de Tróia; os escudos descidos do céu eram guardados no Capitólio.

Vemos que o templo dos judeus era uma casa fortificada, capaz de suportar um assalto. Está dito no terceiro livro dos Reis que o edifício tinha sessenta côvados de comprimento e vinte de largura; são cerca de noventa pés de comprimento por trinta de frente. Não há edifício público menor; mas essa casa, sendo de pedra e construída no alto de uma montanha, podia pelo menos ser defendida de uma surpresa; as janelas, que eram muito mais estreitas fora do que dentro, pareciam seteiras.

Diz-se que os sacerdotes se alojavam em alpendres de madeira encostados na muralha.

É difícil compreender as dimensões dessa arquitetura. O mesmo livro dos Reis nos informa que, em cima das muralhas desse templo, havia três andares de madeira; que o primeiro tinha cinco côvados de largura, o segundo seis, e o terceiro sete. Essas proporções não são as nossas; esses andares teriam espantado Michelangelo e Bramante. Seja como for, há que considerar que esse templo estava erguido na encosta do monte Moriá e que, por conseguinte, não podia ter grande profundidade. Era preciso subir vários degraus para chegar à pequena esplanada em que foi construído o santuário, com seus vinte côvados de comprimento; ora, um templo em que é preciso subir e descer é um edifício bárbaro. Era recomendável por sua santidade, mas não por sua arquitetura. Não era necessário para os desígnios de Deus que a cidade de Jerusalém fosse a mais magnífica das cidades, e seu povo, o mais poderoso dos povos; não era necessário tampouco que seu templo superasse o das outras nações; o mais belo dos templos é aquele em que as homenagens mais puras lhe são ofertadas.

A maior parte dos comentadores dera-se ao trabalho de desenhar esse edifício, cada qual à sua maneira. É de se crer que nenhum desses desenhistas tenha um dia construído uma casa. Concebe-se entretanto que, sendo de pedra essas muralhas que sustentavam os três andares, era possível defender-se um ou dois dias naquele pequeno recinto.

Essa espécie de fortaleza de um povo desprovido de artes não agüentou ante Nabusardan, um dos capitães do rei da Babilônia, que chamamos de Nabucodonosor.

O segundo templo, construído por Neemias, foi menor e menos suntuoso. O livro de Esdras nos informa que os muros desse novo templo tinham apenas três fileiras de pedra bruta e que o resto era de madeira: era muito mais uma tulha que um templo. Mas o que Herodes construiu posteriormente era uma verdadeira fortaleza. Como nos faz saber Josefo, ele foi obrigado a demolir o templo de Neemias, que chama de templo de Ageu. Herodes aterrou uma parte do precipício ao pé do monte Moriá, para criar uma plataforma reforçada por um muro grosso sobre o qual o templo foi erguido. Perto desse edifício ficava a torre Antônia, que ele também fortificou, de sorte que esse templo fosse uma verdadeira cidadela.

De fato, os judeus ousaram defender-se aí contra o exército de Tito, até que um soldado romano atirou no interior desse forte uma trave inflamada, e tudo pegou fogo na mesma hora: o que prova que as construções, no recinto do templo, eram somente de madeira na época de Herodes, assim como sob Neemias e sob Salomão.

Essas construções de pinho contradizem um pouco a tal grande magnificência de que fala o exagerado Josefo. Ele diz que Tito, tendo entrado no santuário, admirou-o e confessou que a riqueza deste superava a fama que tinha. Não é muito verossímil que um imperador romano, no meio da carnificina, andando sobre amontoados de mortos, se desse ao capricho de admirar um edifício de vinte côvados de comprimento, como esse santuário; e que um homem que havia visto o Capitólio se surpreendesse com a beleza de um templo judeu. Esse templo era santíssimo, sem dúvida; mas um santuário de vinte côvados de comprimento não tinha sido construído por nenhum Vitrúvio. Os belos templos eram os de Éfeso, de Alexandria, de Atenas, de Olímpia, de Roma.

Josefo, em seu Discurso contra Apião, diz que "os judeus só precisavam de um templo, pois que só há um Deus". Esse raciocínio não parece concludente; porque, se os judeus tivessem um país de setecentas ou oitocentas milhas, como tantos outros povos, teriam de passar a vida viajando para ir sacrificar nesse templo todos os anos. Do fato de só haver um Deus segue-se que todos os templos do mundo devem ser erguidos somente a ele, mas não que a terra só deva ter um templo. A superstição sempre tem uma lógica ruim.

Aliás, como Josefo pode dizer que os judeus só precisavam de um templo, se tinham, desde o reinado de Ptolomeu Filométor, o templo conhecidíssimo de Oníon, em Bubasto, no Egito?

XXXV. Da magia

O que é a magia? O segredo de fazer o que a natureza não pode fazer; é a coisa impossível. Por isso, em todos os tempos acreditou-se na magia. A palavra vem dos *mag*, *magdim* ou *magos* da Caldéia. Eles sabiam mais que os outros; buscavam a causa da chuva e do bom tempo; e logo passaram por fazer a chuva e o bom tempo. Eram astrônomos; os mais ignorantes e os mais ousados foram astrólogos. Um acontecimento se produzia sob a conjunção de dois planetas; logo esses dois planetas haviam causado esse acontecimento; e os astrólogos eram senhores dos planetas. Imaginações impressionáveis viram em sonho seus amigos moribundos ou mortos; os magos faziam os mortos aparecerem.

Conhecendo o curso da Lua, era simples fazê-la descer na Terra. Eles dispunham até da vida dos homens, seja fazendo estatuetas de cera, seja pronunciando o nome de Deus ou do Diabo. Clemente de Alexandria, em sua *Stromata*, livro primeiro, diz que, segundo um autor antigo, Moisés pronunciou o nome de Ihaho, ou Jeová, de uma maneira tão eficiente, no ouvido do rei do Egito, Phara Nekefr, que esse rei caiu inconsciente.

Enfim, desde Janes e Mambres, que eram feiticeiros autorizados de Faraó, até a marechala de Ancre, que foi queimada em Paris por ter matado um galo branco em noite de lua cheia, não houve uma só época sem sortilégios.

A pitonisa de Endor, que evocou a sombra de Samuel, é bastante conhecida; é verdade que seria muito estranho essa palavra, *Píton*, que é grega, ser conhecida dos judeus do tempo de Saul. Mas só a Vulgata fala de Píton: o texto hebraico serve-se da palavra *ob*, que os Setenta traduziram por *engastrimuthon*.

Voltemos à magia. Os judeus fizeram da magia um ofício assim que se espalharam pelo mundo. O sabá das feiticeiras é uma prova eloqüente disso, e o bode com o qual as feiticeiras supostamente se acoplavam vem desse antigo trato que os judeus tiveram com os bodes no deserto; o que lhes é recriminado no Levítico, capítulo 17.

Não há entre nós processos criminais de feiticeiros em que não esteja implicado um judeu.

Os romanos, esclarecidos como eram no tempo de Augusto, ainda se enfatuavam de sortilégios, tanto quanto nós. Vejam a égloga VIII de Virgílio, intitulada *Pharmaceutria* (versos 69, 97, 98):

Carmina vel coelo possunt deducere lunam.

[A voz do encantador faz a lua descer.]

His ego saepe lupum fieri et se condere sylvis
Moerim, saepe animas imis exire sepulcris.

[Moeris, tendo se tornado lobo, escondia-se no bosque:
Do seu túmulo vi saírem almas.]

E ainda se espantam com que, hoje, em Nápoles, Virgílio seja tido como bruxo: não há que buscar a razão disso em outra parte, senão nesta écloga.

Horácio recrimina Sagana e Canídia por seus horríveis sortilégios. As primeiras cabeças da república foram infectadas por essas imaginações funestas. Sexto, filho do grande Pompeu, imolou uma criança num desses encantamentos.

Os filtros para se fazer amar eram uma magia mais suave: os judeus tinham direito de vendê-los às damas romanas. Os membros dessa nação que não conseguiam se tornar ricos comerciantes faziam profecias ou filtros.

Todas essas extravagâncias, ou ridículas, ou pavorosas, perpetuaram-se em nosso país, e não faz um século que estão desacreditadas. Os missionários ficaram espantados por encontrar tais extravagâncias no fim do mundo; sentiram dó dos povos a que o demônio as inspirava. Eh, meus amigos, por que não ficam em sua pátria? Nela você não encontraria maior número de diabos, mas igual número de tolices.

Você veria milhares de miseráveis, insensatos o bastante para se acreditarem feiticeiros, e juízes suficientemente imbecis e suficientemente bárbaros para condená-los às chamas. Você veria uma jurisprudência estabelecida na Europa sobre a magia, tal como se tem leis sobre o roubo e sobre o homicídio: jurisprudência baseada em decisões dos concílios. O que havia de pior é que os povos, vendo que a magistratura e a Igreja acreditavam na magia, ficaram por isso mesmo irresistivelmente persuadidos da sua existência; por conseguinte, quanto mais se perseguiam os feiticeiros, mais feiticeiros apareciam. Donde vinha esse erro tão funesto e tão generalizado? Da ignorância. E isso prova que os que desenganam os homens são seus verdadeiros benfeitores.

Dizem que o consentimento de todos os homens era uma prova da verdade. Que prova! Todos os povos acreditaram na magia, na astrologia, nos oráculos, na influência da lua. Dever-se-ia dizer, pelo menos, que o consentimento de todos os sábios era, não uma prova, mas uma espécie de probabilidade. E que probabilidade! Acaso, antes de Copérnico, todos os sábios não acreditavam que a Terra era imóvel no centro do mundo?

Nenhum povo tem direito de zombar de outro. Rabelais chama Picatrix de *meu reverendo padre em diabo*, porque se ensinava magia em Toledo, Salamanca e Sevilha, mas os espanhóis podem criticar os franceses pela prodigiosa quantidade de feiticeiros que têm.

A França talvez seja, de todos os países, o que mais uniu a crueldade com o ridículo. Não há tribunal da França que não tenha mandado queimar muitos magos. Na antiga Roma, havia loucos que pensavam ser feiticeiros; mas não havia bárbaros que os queimassem.

XXXVI. Das vítimas humanas

Os homens seriam muito felizes se só fossem enganados; mas o tempo, que ora corrompe os usos, ora os retifica, tendo feito correr o sangue dos animais sobre os altares, certos sacerdotes, carniceiros acostumados ao sangue, passaram dos animais aos homens; e a superstição, filha desnaturada da religião, afastou-se da pureza de sua mãe, a ponto de forçar os homens a imolar seus próprios filhos, a pretexto de que se devia dar a Deus o que de mais caro se tinha.

O primeiro sacrifício dessa natureza, cuja memória se conservou, foi o de Jehud, entre os fenícios, que, a crer nos fragmentos de Sanconiaton, foi imolado por seu pai Hillu cerca de dois mil anos antes da nossa era. Isso se deu num tempo em que os grandes Estados já estavam estabelecidos, em que a Síria, a Caldéia, o Egito estavam florescentes; e, já no Egito, segundo Diodoro, imolavam-se a Osíris os ruivos; Plutarco pretende que eram queimados vivos. Outros acrescentam que afogavam uma menina no Nilo, para obter desse rio uma cheia que não fosse nem muito forte, nem muito fraca.

Esses abomináveis holocaustos se estabeleceram em quase toda a Terra. Pausânias pretende que Licaonte foi o primeiro a imolar vítimas humanas na Grécia. Esse uso deve ter sido herdado da época da guerra de Tróia, pois Homero faz Aquiles imolar doze troianos à sombra de Pátroclo. Homero teria ousado inventar algo tão horrível? Não teria temido revoltar seus leitores, se esses holocaustos não estivessem em uso? Todo poeta pinta os costumes de seu país.

Não falo do sacrifício de Ifigênia nem do de Idamante, filho de Idomeneu: verdadeiros ou falsos, provam a opinião reinante. Não se pode pôr em dúvida que os citas da Táurida imolassem estrangeiros.

Se descermos a tempos mais modestos, os tirenses e os cartagineses, nos grandes perigos, sacrificavam um homem a Saturno. Fez-se a mesma coisa na Itália; e os próprios romanos, que condenaram esses horrores, imolaram dois gauleses e dois gregos para expiar o crime de uma vestal. Plutarco confirma essa pavorosa verdade em suas *Questões sobre os romanos*.

Os gauleses, os germanos tiveram esse horrível costume. Os druidas queimavam vítimas humanas em grandes figuras de vime; entre os germanos, feiticeiras degolavam os homens destinados à morte e julgavam o futuro pela maior ou menor rapidez com que o sangue corria do ferimento.

Creio que esses sacrifícios eram raros: se tivessem sido freqüentes, se tivessem feito festas anuais para eles, se cada família vivesse continuamente no temor de que os sacerdotes viessem escolher a filha mais bonita ou o filho mais velho da casa para lhe arrancar o coração santamente numa pedra consagrada, logo teriam acabado por imolar os próprios sacerdotes. É bem provável que esses santos homicídios só se cometiam numa necessidade premente, no caso de grandes perigos, em que os homens são subjugados pelo medo e em que a falsa idéia do interesse público forçava o interesse particular a calar-se.

Entre os brâmanes, nem todas as viúvas eram queimadas sobre o corpo do marido. As mais devotas e as mais loucas fizeram, desde tempos imemoriais, e ainda fazem, esse espantoso sacrifício. Os citas imolaram algumas vezes aos manes dos seus cãs os oficiais mais queridos desses príncipes. Heródoto descreve em detalhe a maneira pela qual seus cadáveres eram preparados para formar um cortejo em torno do cadáver real; mas não parece, pela história, que esse uso tenha durado muito.

Se lêssemos a história dos judeus escrita por um autor de outra nação, teríamos dificuldade de crer que houve de fato um povo fugido do Egito que tenha vindo por ordem expressa de Deus imolar sete ou oito pequenas nações que não conhecia, degolar sem misericórdia todas as mulheres, os anciãos e as crianças de peito, e só preservar as meninas; que esse povo santo tenha sido punido por seu deus, porque havia cometido o crime de poupar um único homem destinado ao anátema. Não acreditaríamos que um povo tão abominável tinha existido na Terra; mas, como essa nação nos relata todos esses fatos em seus livros santos, temos de lhe dar crédito.

Não trato aqui da questão de se esses livros foram inspirados ou não. Nossa santa Igreja, que tem horror aos judeus, nos ensina que os livros judaicos foram ditados pelo Deus criador e pai de todos os homens; não posso formar nenhuma dúvida a esse respeito, nem me permitir sequer o menor raciocínio.

É verdade que nosso fraco entendimento não pode conceber em Deus outra sabedoria, outra justiça, outra bondade além daquela de que temos idéia; mas, enfim, ele fez o que quis; não cabe a nós julgá-lo; atenho-me sempre ao simplesmente histórico.

Os judeus têm uma lei segundo a qual lhes é expressamente ordenado não poupar coisa alguma, nenhum homem dedicado ao Senhor. "Não se poderá resgatá-lo, ele terá de morrer", diz a lei do Levítico, no capítulo 27. É em virtude dessa lei que vemos Jefté imolar sua própria filha e o sacerdote Samuel cortar em pedaços o rei Agag. O Pentateuco nos diz que no pequeno país de Midiã, que tem cerca de nove léguas quadradas, tendo encontrado seiscentas e setenta e cinco mil ovelhas, setenta e dois mil bois, sessenta e um mil asnos e trinta e duas mil moças virgens, Moisés mandou massacrar todos os homens, todas as mulheres e todas as crianças, mas que poupassem as moças, das quais somente trinta e duas foram imoladas. O que há de notável nessa devoção é que esse mesmo Moisés era genro do sumo sacerdote dos midianitas, Jetro, que lhe prestara os maiores serviços e que o cumulara de mercês.

O mesmo livro nos diz que Josué, filho de Num, tendo atravessado com sua horda o rio Jordão a pé seco e tendo feito as muralhas de Jericó, destinadas ao anátema, caírem ao som das trombetas, fez todos os habitantes perecerem nas chamas; que ele conservou apenas Raabe, *a prostituta*, e sua família, que havia escondido os espiões do santo povo; que o mesmo Josué destinou à morte doze mil habitantes da cidade de Ai; que ele imolou ao Senhor trinta e um reis do país, todos eles submetidos ao anátema e enforcados. Não temos nada comparável a esses assassinatos religiosos em nossos últimos tempos, a não ser os da noite de são Bartolomeu e os massacres da Irlanda.

O que há de triste é que várias pessoas duvidam que os judeus tenham encontrado seiscentas e setenta e cinco mil ovelhas e trinta e duas mil virgens numa aldeia do deserto, fincada no meio dos rochedos, e que ninguém duvida da Noite de São Bartolomeu. Mas não cessamos de repetir quanto as luzes da nossa razão são impotentes para nos esclarecer sobre os estranhos acontecimentos da Antiguidade e sobre as razões que Deus, senhor da vida e da morte, podia ter para escolher o povo judeu para exterminar o povo cananeu.

XXXVII. Dos mistérios de Ceres Eleusina

No caos das superstições populares, que teriam feito de quase todo o globo um vasto antro de animais ferozes, houve uma instituição salutar que impediu que uma parte do gênero humano caísse em pleno embrutecimento: foi a dos mistérios e das expiações. Era impossível que não houvesse espíritos doces e sábios entre tantos loucos cruéis e que não houvesse filósofos que procurassem trazer os homens à razão e à moral.

Esses sábios serviram-se da própria superstição para corrigir os enormes abusos delas mesmas, assim como se usa o coração das víboras para curar das suas picadas: misturaram-se muitas fábulas com verdades úteis, e as verdades foram sustentadas pelas fábulas.

Ninguém conhece mais os mistérios de Zoroastro. Sabe-se pouca coisa dos de Ísis; mas não podemos duvidar que não anunciassem o grande sistema de uma vida futura, porque Celso diz a Orígenes, livro VIII: "Você se gaba de crer em penas eternas; acaso todos os ministros dos mistérios não as anunciaram aos iniciados?"

A unidade de Deus era o grande dogma de todos os mistérios. Ainda temos a prece das sacerdotisas de Ísis, conservada em Apuleio, que citei ao falar dos mistérios egípcios.

As misteriosas cerimônias de Ceres foram uma imitação das de Ísis. Os que haviam cometido crimes os confessavam e expiavam: jejuavam, purificavam-se, davam esmolas. Todas as cerimônias eram mantidas em segredo, sob a religião do juramento, para torná-las mais veneráveis. Os mistérios eram celebrados de noite para inspirar um santo horror. Representavam-se então algumas espécies de tragédias, num espetáculo que exibia a felicidade dos justos e as penas dos maus. Os maiores homens da Antiguidade, os Platão, os Cícero, fizeram o elogio desses mistérios, que ainda não estavam degenerados de sua pureza primeira.

Homens sapientíssimos pretenderam que o sexto livro da *Eneida* nada mais é que a pintura do que se praticava nesses espetáculos tão secretos e tão renomados. Na verdade, Virgílio não fala aí do Demiurgo que representava o Criador; mas faz ver, no vestíbulo, no proscênio, os filhos que os pais tinham deixado perecer, e era uma advertência aos pais e às mães.

> Continuo auditae voces, vagitus et ingens, etc.
> VIRGÍLIO, *Eneida*, liv. VI, v. 426

Em seguida aparece Minos, que julgava os mortos. Os maus eram levados para o Tártaro, e os justos conduzidos para os Campos Elíseos. Esses jardins eram tudo o que se havia inventado de melhor para os homens comuns. Só aos heróis semideuses é que se concedia a honra de subir ao céu. Toda religião adotou um jardim para morada dos justos. Aliás, entre o povo judeu, quando os essênios receberam o dogma de uma outra vida, acreditaram que os bons iriam depois da morte para jardins à beira-mar; porque, segundo os fariseus, eles adotaram a metempsicose, e não a ressurreição. Se nos é permitido citar a história sagrada de Jesus Cristo entre tantas coisas profanas, observemos que ele diz ao ladrão arrependido: "Tu estarás hoje comigo no jardim."[18] Nisso, ele se conformava à linguagem de todos os homens.

Os mistérios de Eleusina tornaram-se os mais célebres. É notável que se lia aí o começo da teogonia de Sanconiaton, o fenício; é uma prova de que Sanconiaton havia anunciado um Deus supremo, criador e governador do mundo. Portanto essa doutrina é que era desvendada aos iniciados imbuídos da crença no politeísmo. Suponhamos entre nós um povo supersticioso que estivesse acostumado, desde sua mais tenra infância, a prestar à Virgem, a são José e aos outros santos o mesmo culto que a Deus pai; talvez fosse perigoso querer desenganá-lo de uma só vez; seria sensato revelar primeiro aos mais moderados, aos mais razoáveis, a distância infinita que há entre Deus e as criaturas. Foi precisamente o que fizeram os mistagogos. Os participantes dos mistérios se reuniam no templo de Ceres, e o hierofante lhes ensinava que, em vez de adorar Ceres conduzindo Triptolemo num carro puxado por dragões, deviam adorar o Deus que alimenta os homens e que permitiu que Ceres e Triptolemo valorizassem a agricultura.

Isso é tão verdade que o hierofante começava recitando os versos do antigo Orfeu: "Segui o caminho da justiça, adorai o único senhor do universo; ele é um; ele é único por si mesmo, todos os seres lhe devem sua existência; ele age neles e por eles; ele vê tudo e nunca foi visto por olhos mortais."

Confesso que não entendo como Pausânias pode dizer que esses versos não se comparam aos de Homero; temos de convir que, pelo menos quanto ao sentido, são bem melhores que a *Ilíada* e a *Odisséia* inteiras.

Há que confessar que o bispo Warburton, embora muito injusto em várias das suas audaciosas decisões, dá muita

---

18. Lc 13.

força a tudo o que acabo de dizer sobre a necessidade de esconder o dogma da unidade de Deus a um povo obstinado no politeísmo. Ele observa, seguindo Plutarco, que o jovem Alcibíades, tendo assistido a esses mistérios, não teve nenhuma dificuldade para insultar as estátuas de Mercúrio, numa orgia com vários amigos, e que o povo enfurecido pediu a condenação de Alcibíades.

Portanto era necessária a maior discrição para não chocar os preconceitos da multidão. O próprio Alexandre (se essa anedota não for apócrifa), tendo obtido no Egito, do hierofante dos mistérios, a licença de transmitir à sua mãe o segredo dos iniciados, conjurou-a ao mesmo tempo a queimar a carta depois de lê-la, para não irritar os gregos.

Os que, enganados por um falso zelo, pretenderam mais tarde que esses mistérios não passavam de infames devassidões deviam ser desenganados pela própria palavra que corresponde a *iniciados*: ela significa que se começava uma nova vida.

Mais uma prova sem réplica de que esses mistérios eram celebrados para inspirar a virtude nos homens é a fórmula pela qual se encerrava a assembléia. Entre os gregos, pronunciavam-se duas antigas palavras fenícias, *Kof tomphet*, velai e sede puros (Warburton, *Leg. de Moisés*, livro I). Enfim, como última prova, o imperador Nero, culpado da morte da mãe, não pôde ser recebido nesses mistérios quando viajou para a Grécia: o crime era imenso; e, por mais imperador que fosse, os iniciados não teriam aceitado admiti-lo. Zózimo diz também que Constantino não pôde encontrar sacerdotes pagãos que quisessem purificá-lo e absolvê-lo de seus assassinatos.

Portanto havia de fato nesses povos a que chamamos pagãos, gentios, idólatras, uma religião puríssima; ao passo que os povos e os sacerdotes tinham usos vergonhosos, cerimônias pueris, doutrinas ridículas e às vezes até derramavam o sangue humano em homenagem a alguns deuses imaginários, desprezados e detestados pelos sábios.

Essa religião pura consistia na confissão da existência de um Deus supremo, da sua providência e da sua justiça. O que desfigurava esses mistérios era, a crer em Tertuliano, a cerimônia da regeneração. Era preciso que o iniciado parecesse ressuscitar: era isso o símbolo do novo gênero de vida que ele devia abraçar. Apresentavam-lhe uma coroa, ele a pisoteava; o hierofante erguia sobre ele a faca sagrada; o iniciado, que ele fingia esfaquear, também fingia cair morto; depois do que, parecia ressuscitar. Entre os maçons ainda existe um resto dessa antiga cerimônia.

Pausânias, em suas *Arcádicas*, nos ensina que, em vários templos de Eleusina, os penitentes, os iniciados, eram chicoteados; costume odioso, introduzido muito tempo depois em várias igrejas cristãs. Não duvido que, em todos esses mistérios, cujo fundo era tão sábio e tão útil, não entrassem muitas superstições condenáveis. As superstições levaram à depravação, que trouxe o desprezo. Não restaram enfim, de todos esses antigos mistérios, mais que os bandos de maltrapilhos que vimos, com o nome de egípcios e boêmios, percorrer a Europa com castanholas, dançar a dança dos sacerdotes de Ísis, vender bálsamo, curar a sarna e viver cobertos dela, dizer a sorte e roubar galinhas. Foi esse o fim do que se teve de mais sagrado na metade da terra conhecida.

XXXVIII. Dos judeus na época em que começaram a ser conhecidos

Tocaremos o menos que pudermos no que é divino na história dos judeus; ou, se formos forçados a falar disso, só o faremos na medida em que seus milagres tiverem uma relação essencial com a seqüência dos acontecimentos. Temos pelos prodígios contínuos que assinalaram todos os passos dessa nação o respeito que lhes devemos; acreditamos neles com a fé razoável que exige a igreja que substituiu a sinagoga; não os examinamos; atemo-nos sempre ao histórico. Não falaremos dos judeus como falaríamos dos citas e dos gregos, pesando as probabilidades e discutindo os fatos. Como ninguém no mundo escreveu-lhes a história, salvo eles mesmos, antes que os romanos destruíssem seu pequeno Estado, só devemos consultar seus anais.

Essa nação é das mais modernas, se for vista, como os outros povos, desde o tempo em que ela se estabelece e possui uma capital. Os judeus parecem considerados por seus vizinhos somente na época de Salomão, que era ao mesmo tempo a época de Hesíodo, de Homero e dos primeiros arcontes de Atenas.

O nome Salomoh, ou Soleiman, é bem conhecido dos orientais; mas o nome Davi não; Saul, menos ainda. Os judeus, antes de Saul, parecem apenas uma horda de árabes do deserto, tão pouco poderosos que os fenícios os tratavam mais ou menos como os lacedemônios tratavam os hilotas. Eram escravos a que não se permitia ter armas: eles não tinham o direito de forjar o ferro, nem sequer o de afiar a relha do seu arado e o gume de seus machados; tinham de recorrer a seus amos para os mais ínfimos trabalhos dessa espécie. Os judeus declaram isso no livro de Samuel e acrescentam que não tinham nem espada nem lança na batalha que Saul e Jônatas travaram em Bete-Áven, contra os fenícios, ou filisteus, jornada em que é relatado que Saul fez a promessa de imolar ao Senhor quem tivesse comido durante o combate.

É verdade que, antes dessa batalha ganha sem armas, é dito, no capítulo precedente[19], que Saul, com um exército

---

19. 1 Rs 11, 8, 11.

de trezentos e trinta mil homens, desmantelou inteiramente os amonitas; o que não parece concordar com a confissão de que eles não tinham nem lança, nem espada, nem nenhuma arma. Aliás, os maiores reis raramente tiveram ao mesmo tempo trezentos e trinta mil combatentes efetivos. Como os judeus, que parecem errantes e oprimidos nesse pequeno país, que não têm uma cidade fortificada, uma arma, uma espada, puseram em campanha trezentos e trinta mil soldados? Eram bastantes para conquistar a Ásia e a Europa. Deixemos a autores eruditos e respeitáveis o cuidado de conciliar essas contradições aparentes que luzes superiores fazem desaparecer; respeitemos o que somos obrigados a respeitar e remontemos à história dos judeus por seus próprios escritos.

XXXIX. Dos judeus no Egito

Os anais dos judeus dizem que essa nação habitava os confins do Egito em tempos ignotos; que sua morada era no pequeno país de Gossen, ou Gessen, nas proximidades do monte Cásio e do lago de Sirbon. É lá que também estão os árabes que vêm no inverno levar seus rebanhos para pastar no baixo Egito. Essa nação era composta de uma só família, que, em duzentos e cinco anos, produziu um povo de cerca de três milhões de pessoas; porque, para fornecer os seiscentos mil combatentes que o Gênesis conta ao sair do Egito, tem de haver mulheres, moças e anciãos. Essa multiplicação, contra a ordem da natureza, é um dos milagres que Deus se dignou de fazer em benefício dos judeus.

É em vão que uma multidão de sábios se espanta com que o rei do Egito tenha ordenado a duas parteiras que fizessem perecer todos os filhos homens dos hebreus; com que a filha do rei, que vivia em Mênfis, tenha vindo se banhar longe de Mênfis, num braço do Nilo, onde ninguém se banha por causa dos crocodilos. É em vão que fazem objeções sobre a idade de oitenta anos a que Moisés já havia chegado antes de guiar todo um povo para fora da escravidão.

Eles discutem sobre as dez pragas do Egito, dizem que os magos do reino não podiam fazer os mesmos milagres que o enviado de Deus; e que, se Deus lhes dava esse poder, parecia agir contra si mesmo. Pretendem que, tendo Moisés transformado toda a água em sangue, não havia mais água para que os magos pudessem operar essa mesma metamorfose.

Perguntam como Faraó pôde perseguir os judeus com uma cavalaria numerosa, depois de todos os cavalos morrerem na quinta, na sexta, na sétima e na décima pragas. Perguntam por que seiscentos mil combatentes fugiram, tendo Deus à sua frente, e se podiam combater com vantagem os egípcios, cujos primogênitos haviam todos sido mortos. Perguntam também por que Deus não deu o fértil Egito a seu povo eleito, em vez de fazê-lo errar por quarenta anos em horríveis desertos.

Só se tem uma resposta para todas essas incontáveis objeções, e essa resposta é a seguinte: Deus assim quis, a Igreja crê e nós devemos crer. É nisso que essa história difere das outras. Cada povo tem seus prodígios; mas tudo é prodígio no caso do povo judeu; e podemos dizer que devia ser assim, pois que ele era guiado por Deus. É claro que a história de Deus não deve se parecer com a dos homens. É por isso que não relataremos nenhum desses fatos sobrenaturais, de que cabe unicamente ao Espírito Santo falar; ousaremos ainda menos tentar explicá-los. Examinemos apenas os poucos acontecimentos que podem ser submetidos à crítica.

XL. De Moisés, considerado simplesmente como chefe de uma nação

Somente o senhor da natureza dá força ao braço que ele se digna de escolher. Tudo é sobrenatural em Moisés. Mais de um estudioso considerou-o um político habilíssimo; outros vêem nele apenas uma vara frágil de que a mão divina se digna servir-se para determinar o destino dos impérios. Com efeito, o que é um ancião de oitenta anos para guiar sozinho todo um povo, sobre o qual não tem nenhum direito? Seu braço não pode combater e sua língua não pode articular: ele é pintado decrépito e gago. Conduz seus seguidores a ermos pavorosos durante quarenta anos, quer lhes dar um domicílio e não lhes dá nenhum. Acompanhando sua marcha pelos desertos de Sur, Sin, Horebe, Sinai, Parã, Cades-Barnéia e vendo-o retroceder até o lugar de que partira, seria difícil considerá-lo um grande capitão. Ele está à frente de seiscentos mil combatentes e não provê nem o vestuário nem a subsistência das suas tropas. Deus faz tudo, Deus remedia a tudo: alimenta, veste o povo por milagres. Moisés, portanto, não é nada por si mesmo, e sua impotência mostra que ele só pode ser guiado pelo braço do Todo-Poderoso; por isso consideramos nele apenas o homem, e não o ministro de Deus. Sua pessoa, nessa qualidade, é objeto de uma investigação mais sublime.

Ele quer ir ao país dos cananeus, a ocidente do Jordão, na região de Jericó, que é, dizem, uma boa terra sob certos aspectos; e, em vez de tomar esse caminho, ruma para oriente, entre Eziom-Geber e o mar Morto, região selvagem, estéril, eriçada de montanhas nas quais não cresce um só arbusto e em que não há fonte, salvo alguns pequenos poços de água salgada. Os cananeus ou fenícios, tendo notícia dessa irrupção de um povo estrangeiro, vêm combatê-lo nesses desertos, nas proximidades de Cades-Barnéia. Como é que ele consegue deixar-se derrotar, à frente de seiscentos mil soldados, numa região que hoje não contém mais que dois ou três mil habitantes? Ao fim de trinta e nove anos, ele obtém duas vitórias; mas não cumpre nenhum objetivo da sua legação: ele e seu povo morrem antes de terem posto o pé no país que ele queria subjugar.

Um legislador, segundo nossas noções comuns, deve fazer-se amar e temer; mas não deve levar sua severidade ao extremo da barbárie: ele não deve fazer uma grande parte da sua nação ser degolada a esmo pela outra, em vez de infligir por intermédio dos ministros da lei alguns suplícios aos culpados.

Será possível que, na idade de quase cento e vinte anos, Moisés, sendo levado unicamente por si mesmo, tenha sido tão desumano, tão endurecido nas carnificinas, que teria mandado os levitas massacrarem seus irmãos, sem distinção, até completar o número de vinte e três mil, por causa da prevaricação do seu próprio irmão, que devia morrer em vez de fazer um bezerro para ser adorado? Como! Após essa indigna ação, seu irmão é sumo pontífice, e vinte e três mil homens são massacrados!

Moisés tinha se casado com uma midianita, a filha de Jetro, sumo sacerdote de Midiã, na Arábia Pétrea; Jetro cumulara-o de benefícios, dera-lhe seu filho para lhe servir de guia nos desertos: por que crueldade oposta à política (a julgar por nossas débeis noções) Moisés teria imolado vinte e quatro mil homens da sua nação, a pretexto de que encontraram um judeu deitado com uma midianita? E como se pode dizer, depois dessas espantosas carnificinas, que "Moisés era o mais doce dos homens"? Confessemos que, humanamente falando, esses horrores revoltam a razão e a natureza. Mas, se considerarmos Moisés o ministro dos desígnios e das vinganças de Deus, tudo muda aos nossos olhos; não é um homem que age como homem, é o instrumento da Divindade, à qual não temos nenhuma conta a pedir: devemos tão-só adorar e calar.

Se Moisés houvesse instituído ele próprio sua religião, como Zoroastro, Tot, os primeiros brâmanes, Numa, Maomé e tantos outros, poderíamos lhe perguntar por que não se serviu, em sua religião, do meio mais eficaz e mais útil para pôr um freio na cupidez e no crime: por que não anunciou expressamente a imortalidade da alma, as penas e as recompensas depois da morte, dogmas acolhidos havia muito no Egito, na Fenícia, na Mesopotâmia, na Pérsia e na Índia? "Fostes instruído", dir-lhe-íamos, "na sabedoria dos egípcios; sois legislador e desprezais absolutamente o dogma principal dos egípcios, o dogma mais necessário aos homens, crença tão salutar e tão santa, que vossos próprios judeus, grosseiros como eram, abraçaram muito tempo depois de vós; em todo caso, ela foi parcialmente adotada pelos essênios e pelos fariseus, ao cabo de mil anos."

Essa objeção acachapante contra um legislador comum cai e perde toda a sua força, como vemos, quando se trata de uma lei dada por Deus mesmo, que, tendo se dignado de ser o rei do povo judeu, castigava-o e recompensava-o temporalmente e não queria lhe revelar o conhecimento da imortalidade da alma e os suplícios eternos do inferno, a não ser nos tempos assinalados por seus decretos. Quase todo acontecimento puramente humano, no povo judeu, é o cúmulo do horror; tudo o que é divino está acima de nossas débeis idéias; ambos nos reduzem sempre ao silêncio.

Houve homens com uma ciência profunda que levaram o pirronismo da história ao ponto de duvidar que tenha existido um Moisés; sua vida, que é toda prodigiosa, do berço ao sepulcro, pareceu-lhes uma imitação das antigas fábulas árabes, em particular a do antigo Baco[20]. Eles não

---

20. Ver, acima, o verbete BACO, n.º XXVIII.

sabem em que tempo situar Moisés; o próprio nome do faraó, ou rei do Egito, sob o qual o fazem viver é desconhecido. Nenhum monumento, nenhum vestígio nos restam do país em que o fazem viajar. Parece-lhes impossível que Moisés tenha governado dois ou três milhões de homens, durante quarenta anos, em desertos inabitáveis, onde hoje mal encontramos duas ou três hordas errantes que não somam três a quatro mil homens. Estamos longe de adotar esse sentimento temerário, que minaria todos os fundamentos da história antiga do povo judeu.

Não aderimos tampouco à opinião de Aben-Esra, de Maimônides, de Nugnès, do autor das *Cerimônias judaicas*, embora o douto Le Clerc, Middleton, os estudiosos conhecidos pelo título de *teólogos da Holanda* e até o grande Newton tenham reforçado esse sentimento. Esses ilustres sábios pretendem que nem Moisés nem Josué puderam escrever os livros que lhes são atribuídos; dizem que as histórias e as leis deles teriam sido gravadas na pedra, se elas de fato tivessem existido; que essa arte exige cuidados prodigiosos e que não era possível cultivá-la em desertos. Eles se baseiam, como se pode ler em outro texto, em antecipações, em contradições aparentes. Nós abraçamos, contra esses grandes homens, a opinião comum, que é a da Sinagoga e da Igreja, cuja infalibilidade reconhecemos.

Não é que ousemos acusar Le Clerc, Middleton, Newton de impiedade; Deus nos livre! Estamos convencidos de que, se os livros de Moisés e de Josué e o resto do Pentateuco não lhes pareciam ser da lavra desses heróis israelitas, nem por isso eles estão menos persuadidos de que esses livros são inspirados. Reconhecem o dedo de Deus em cada linha do Gênesis, de Josué, de Sansão, de Rute. O escritor judeu, por assim dizer, não foi mais que o secretário de Deus; foi Deus que ditou tudo. Newton, sem dúvida, não pode ter pensado de outro modo; sente-se isso perfeitamente. Deus nos preserve de nos parecer com esses hipócritas perversos que se valem de todos os pretextos para acusar todos os grandes homens de irreligião, como outrora os acusavam de magia! Acreditaríamos não apenas agir contra a probidade mas insultar cruelmente a religião cristã, se fôssemos tão depravados a ponto de querermos persuadir o público de que os mais sábios homens e os maiores gênios da terra não são verdadeiros cristãos. Quanto mais respeitamos a Igreja, à qual nos submetemos, mais pensamos que essa Igreja tolera as opiniões desses sábios virtuosos com a caridade que marca o caráter dela.

XLI. Dos judeus, depois de Moisés até Saul

Não investigo por que Josuá ou Josué, capitão dos judeus, ao fazer sua horda passar do oriente do Jordão a ocidente, na direção de Jericó, necessita que Deus suspenda o curso do rio, que não faz nesse ponto quarenta pés de largura, no qual seria tão fácil fazer uma ponte de tábuas e que é mais fácil ainda passar a vau. Havia vários vaus nesse rio: um é aquele em que os israelitas degolaram os quarenta e dois mil israelitas que não conseguiam pronunciar *Shiboleth*.

Não pergunto por que Jericó cai ao som das trombetas: são novos prodígios que Deus se digna de realizar em benefício do povo de que ele se declarou rei; não é do domínio da história. Não examino com que direito Josué vinha destruir aldeias que nunca tinham ouvido falar dele. Os judeus diziam: "Descendemos de Abraão; Abraão viajou à terra de vocês há quatrocentos e quarenta anos; logo o país de vocês nos pertence e devemos degolar suas mães, suas mulheres e seus filhos."

Fabrício e Holstênio levantaram a seguinte objeção: que diriam se um norueguês viesse à Alemanha com algumas centenas de seus compatriotas e dissesse aos alemães: "há quatrocentos anos, um homem do nosso país, filho de um oleiro, viajou aos arredores de Viena; assim a Áustria nos pertence e viemos massacrar todos em nome do Senhor"? Os mesmos autores consideram que o tempo de Josué não é o nosso; que não cabe a nós lançar um olhar profano sobre as coisas divinas; e, principalmente, que Deus tinha o direito de punir os pecados dos cananeus pelas mãos dos judeus.

Diz-se que, mal Jericó fica indefesa, os judeus imolam ao Deus deles todos os moradores, velhos, mulheres, meninas, crianças de peito e todos os animais, salvo uma mulher prostituída que havia escondido em casa os espiões judeus, espiões inúteis por sinal, já que as muralhas deviam cair ao som das trombetas. Por que matar também todos os animais que podiam servir?

A respeito dessa mulher, que a Vulgata chama de *meretrix*, aparentemente ela levou uma vida mais honesta depois disso, já que foi antepassada de Davi e até do Salvador dos cristãos, que sucederam aos judeus. Todos esses acontecimentos são figuras, profecias, que anunciam de longe a lei da graça. São, mais uma vez, mistérios que não alcançamos.

O livro de Josué relata que esse chefe, tendo se assenhorado de uma parte da terra de Canaã, enforcou seus reis, em número de trinta e um, isto é, trinta e um chefes de aldeia, que haviam ousado defender seus lares, suas mulheres e seus filhos. Há que se prosternar aqui diante da Providência, que punia os pecados desses reis com o gládio de Josué.

Não é de espantar que os povos vizinhos se unissem contra os judeus, que, no espírito dos povos enceguecidos, eram tidos como bandoleiros execráveis, e não como instrumentos sagrados da vingança divina e da futura salvação do gênero humano. Eles foram reduzidos à escravidão por Cusã, rei da Mesopotâmia. É grande a distância, é verdade, entre a Mesopotâmia e Jericó; Cusã deve ter conquistado a Síria e uma parte da Palestina. Como quer que seja, eles ficam escravos durante oito anos e, depois disso, ficam sessenta e dois sem se mover. Esses sessenta e dois anos são uma espécie de servidão, já que lhes era ordenado pela lei de tomar todo o país, do Mediterrâneo ao Eufrates; que todo esse vasto país[21] lhes era prometido e que, certamente, eles teriam sido tentados a se apoderar dele se estivessem livres. Ficam escravos dezoito anos sob Eglom, rei dos moabitas, assassinado por Eúde; depois disso, são escravos durante vinte anos de um povo cananeu que não designam, até a época em que a profetisa guerreira Débora os liberta. São novamente escravos por sete anos, até Gideão.

São escravos durante dezoito anos dos fenícios, a que chamam de filisteus, até Jefté. São de novo escravos dos fenícios por quarenta anos, até Saul. O que pode confundir nosso julgamento é que eram escravos no próprio tempo de Sansão, quando bastava a Sansão uma simples mandíbula de burro para matar mil filisteus e que Deus efetuava, pelas mãos de Sansão, os mais espantosos prodígios.

Detenhamo-nos aqui um momento para observar quantos judeus foram exterminados por seus próprios irmãos ou por ordem de Deus mesmo, desde que erraram nos desertos até o tempo em que tiveram um rei eleito pela sorte.

Os levitas, depois de adorarem o bezerro de ouro, fundido pelo irmão de Moisés, degolaram......................................	23000 judeus
Consumidos pelo fogo, devido à revolta de Coré..	250 "
Degolados devido à mesma revolta	14700 "
Degolados por terem tido relação com mulheres midianitas..	24000 "

21. Gn 15, 18; Dt 1, 7.

Degolados no vau do Jordão, por não terem conseguido pronunciar *Shiboleth*......	42 000	"
Mortos pelos benjamitas, a que atacavam	40 000	"
Benjamitas mortos pelas outras tribos...	45 000	"
Quando a arca foi tomada pelos filisteus e quando Deus, para puni-los, os fez ter hemorróidas, eles levaram a arca para Bete-Semes e ofereceram ao Senhor cinco ânus de ouro e cinco ratos de ouro; bete-semitas punidos com a morte por terem olhado a arca..	50 070	"
Total............	239 020	judeus

Temos duzentos e trinta e nove mil e vinte judeus exterminados por ordem de Deus mesmo ou por guerras civis, sem contar os que pereceram no deserto e os que morreram nas batalhas contra os cananeus, etc.; o que pode ascender a mais de um milhão de homens.

Se considerássemos os judeus como as outras nações, não poderíamos conceber como os filhos de Jacó puderam produzir uma raça suficientemente numerosa para suportar tamanha perda. Mas Deus, que os conduzia, Deus, que os provava e os punia, tornou essa nação tão diferente em tudo dos outros homens, que devemos vê-la com olhos diferentes daqueles com que examinamos o resto da terra, e não julgarmos esses acontecimentos como julgamos os acontecimentos comuns.

XLII. Dos judeus depois de Saul

Os judeus não parecem gozar de uma sorte mais feliz sob seus reis que sob seus juízes.

O primeiro rei, Saul, é obrigado a se matar; Isbosete e Mefibosete, seus filhos, são assassinados.

Davi entrega aos gibeonitas sete netos de Saul, para serem crucificados. Manda Salomão, seu filho, matar Adonias, seu outro filho, e seu general Joabe. O rei Asa manda matar uma parte do povo de Jerusalém. Baasa assassina Nadabe, filho de Jeroboão, e todos os parentes deste. Jeú assassina Jorão e Acazias, setenta filhos de Acabe, quarenta e dois irmãos de Acazias e todos os amigos destes. Atalia assassina todos os seus netos, salvo Joás; ela é assassinada pelo sumo sacerdote Joiada. Joás é assassinado por seus criados, Amasias é morto. Zacarias é assassinado por Salum, que é assassinado por Menaém, o qual rasga o ventre de todas as mulheres grávidas em Tifsa. Pecaías, filho de Menaém, é assassinado por Peca, filho de Remalias, que é assassinado por Oséias, filho de Elá. Manassés mata um grande número de judeus, e os judeus assassinam Amom, filho de Manassés, etc.

No meio desses massacres, dez tribos capturadas por Salmaneser, rei dos babilônios, são escravizadas e dispersas para sempre, salvo alguns braçais, que eles preservam para cultivar a terra.

Restam ainda duas tribos, que por sua vez logo são escravizadas durante setenta anos; ao cabo desses setenta anos, as duas tribos obtêm de seus vencedores e de seus amos a permissão de voltar a Jerusalém. Essas duas tribos, assim como os poucos judeus que podem ter ficado em Samaria com os novos habitantes estrangeiros, continuam sendo súditas dos reis da Pérsia.

Quando Alexandre toma a Pérsia, a Judéia é incluída em suas conquistas. Depois de Alexandre, os judeus foram submetidos ora aos selêucidas, sucessores de Alexandre na Síria, ora aos Ptolomeus, seus sucessores no Egito; sempre sujeitos, e só se mantendo graças ao ofício de agentes comerciais que desempenhavam na Ásia. Eles obtiveram alguns favores do rei do Egito, Ptolomeu Epifanes. Um judeu de nome José torna-se coletor geral de impostos na baixa Síria e na Judéia, que pertenciam a esse Ptolomeu. É a situação mais feliz dos judeus; porque é então que eles constroem a terça parte da sua cidade, chamada desde então de recinto dos macabeus, porque os macabeus é que a concluíram.

Do jugo do rei Ptolomeu passam ao do rei da Síria, Antíoco, o Deus. Como tinham enriquecido nas fazendas, tornaram-se audaciosos e se revoltaram contra seu amo, Antíoco. É o tempo dos macabeus, cuja coragem e cujas grandes ações os judeus de Alexandria celebraram; mas os macabeus não puderam impedir que o general Antíoco Eupator, filho de Antíoco Epífanes, mandasse demolir as muralhas do templo, deixando subsistir apenas o santuário, e cortar a cabeça do sumo sacerdote Onias, tido como autor da revolta.

Os judeus nunca estiveram mais inviolavelmente ligados a seus reis do que quando viveram sob os reis da Síria; eles não adoraram mais divindades estrangeiras, e foi nesse tempo que sua religião foi irreversivelmente estabelecida. No entanto, eles foram mais infelizes que nunca, contando sempre com sua libertação, com as promessas de seus profetas, com o socorro do seu Deus, mas abandonados pela Providência, cujos decretos não são conhecidos dos homens.

Eles respiraram por um tempo com as guerras intestinas dos reis da Síria; mas logo os próprios judeus se armaram uns contra os outros. Como não tinham reis e como a dignidade de grande sacrificador era a primeira, para consegui-la se elevavam violentas querelas: só se era sumo sacerdote com armas na mão, e nunca se chegava ao santuário senão sobre os cadáveres dos rivais.

Hircano, da raça dos macabeus, que se tornara sumo sacerdote mas continuava sendo súdito dos sírios, mandou abrir o sepulcro de Davi. Onde o exagerado Josefo pretende que foram encontrados três mil talentos. Foi quando se reconstruía o templo, sob Neemias, que necessitaram buscar o suposto tesouro. Esse Hircano obteve de Antíoco Sidetes o direito de cunhar moeda; mas, como nunca existiu uma moeda judaica, é bem provável que o tesouro do túmulo de Davi não era muito considerável.

Cumpre notar que esse sumo sacerdote Hircano era saduceu e não acreditava nem na imortalidade da alma nem nos anjos; tema de nova querela que começava a dividir saduceus e fariseus. Estes conspiraram contra Hircano e quiseram condená-lo à prisão e ao açoite. Hircano vingou-se deles e governou despoticamente.

Seu filho, Aristóbulo, ousou fazer-se rei durante os distúrbios da Síria e do Egito: foi um tirano mais cruel que todos os que haviam oprimido o povo judeu. Aristóbulo, pontual, a bem da verdade, em orar no templo e que nunca comia carne de porco, matou de fome sua mãe e mandou degolar Antígono, seu irmão. Teve como sucessor um certo João ou Joanã, tão mau quanto ele.

Esse Joanã, enodoado por seus crimes, deixou dois filhos que se guerrearam. Esses dois filhos eram Aristóbulo e Hircano. Aristóbulo expulsou o irmão e fez-se rei. Na época, os romanos subjugavam a Ásia. Passando por ali, Pompeu chamou os judeus à razão, tomou o templo, enforcou os sediciosos e pôs a ferros o pretenso rei Aristóbulo.

Esse Aristóbulo tinha um filho que ousava chamar-se Alexandre. Ele agitou, recrutou tropas e acabou enforcado por ordem de Pompeu.

Enfim, Marco Antônio deu como rei aos judeus um árabe idumeu, da terra daqueles amalecitas tão amaldiçoados pelos judeus. Foi esse mesmo Herodes que são Mateus diz que mandou degolar todas as crianças dos arredores de Belém, ao saber que havia nascido um *rei dos judeus* naquela cidade e que três magos, conduzidos por uma estrela, tinham vindo lhe oferecer presentes.

Assim, os judeus foram quase sempre subjugados ou escravos. Sabe-se como eles se revoltaram contra os romanos e como Tito e, depois, Adriano mandaram vender todos eles no mercado pelo preço do animal que eles não queriam comer.

Tiveram sorte ainda mais funesta sob os imperadores Trajano e Adriano, e fizeram-na por merecer. Houve, na época de Trajano, um terremoto que tragou as mais belas cidades da Síria. Os judeus acreditaram que era o sinal da cólera de Deus contra os romanos. Eles se reuniram, se armaram na África e em Chipre: animou-os tamanho furor, que devoraram os membros dos romanos degolados por eles. Mas logo todos os culpados morreram no suplício. Os que restaram foram animados pela mesma raiva sob Adriano, quando Barcocherobas, dizendo-se o messias, pôs-se à frente deles. Esse fanatismo foi sufocado em torrentes de sangue.

É espantoso que ainda existam judeus. O célebre Benjamim de Tudela, rabino eruditíssimo, que viajou pela Europa e Ásia no século XII, contou cerca de trezentos e oitenta mil, tanto judeus quanto samaritanos; porque não se deve fazer menção de um suposto reino de Tema, na vizinhança do Tibete, onde esse Benjamin, enganador ou enganado a esse respeito, pretende que havia trezentos mil judeus de dez antigas tribos, reunidos sob um soberano. Nunca os judeus tiveram nenhum país próprio, desde Vespasiano, salvo alguns vilarejos nos desertos da Arábia Feliz, nas cercanias do mar Vermelho. Maomé foi obrigado inicialmente a poupá-los; mas acabou destruindo o pequeno domínio que eles haviam estabelecido ao norte de Meca. Foi desde Maomé que eles deixaram realmente de compor um corpo de povo.

Seguindo simplesmente o fio histórico da pequena nação judaica, vemos que ela não podia ter outro fim. Ela se gaba de ter saído do Egito como uma horda de ladrões, levando tudo o que havia tomado emprestado dos egípcios. Ela se vangloria de nunca ter poupado nem a velhice, nem o sexo, nem a infância, nas aldeias e nos burgos de que se apossou. Ela ousa ostentar um ódio irreconciliável contra todas as nações[22]; ela se revolta contra todos os seus amos. Sempre supersticiosa, sempre ávida do bem alheio, sempre bárbara, rastejante na desgraça, insolente na prosperidade. Eis o que foram os judeus aos olhos dos gregos e dos romanos que puderam ler seus livros; mas, aos olhos dos cristãos esclarecidos pela fé, eles foram nossos precursores, eles nos prepararam o caminho, eles foram os arautos da Providência.

As duas outras nações que são errantes como a judaica, no Oriente, e que, como ela, não se aliam a nenhum outro povo são os baneanes e os pársis chamados guebros. Esses baneanes, tal como os judeus dedicados ao comércio, são descendentes dos primeiros habitantes pacíficos da Índia; eles nunca misturaram seu sangue a um sangue estrangeiro, tal como os brâmanes. Os pársis são esses mesmos persas,

....
22. Eis o que encontramos numa resposta ao bispo Warburton*, que, para justificar o ódio dos judeus contra essas nações, escreve repleto de ódio e injúrias contra vários autores franceses:

"Vejamos agora o ódio inveterado que os israelitas haviam concebido contra todas as nações. Digam-me se alguém degola os pais e as mães, os filhos e as filhas, as crianças de peito e até os animais, sem odiá-los? Se um homem maculou no sangue suas mãos imundas de fel e de tinta, ousaria ele dizer que assassinou sem cólera e sem ódio? Releiam todas as passagens em que se ordena aos judeus que não deixem uma só alma viva e digam, depois, que não lhes era permitido odiar. É enganar-se grosseiramente sobre o ódio; é um usurário que não sabe contar.

"Como! Ordenar que não se coma no prato de que um estrangeiro se serviu, não tocar em suas roupas, não é ordenar uma aversão pelos estrangeiros?... Os judeus, vocês dizem, odiavam a idolatria, não os idólatras: risível distinção!

"Um dia, um tigre saciado de carnificinas encontra algumas ovelhas, que fogem; ele corre atrás delas e lhes diz: Meninas, vocês imaginam que eu não amo vocês; estão enganadas: é o balido de vocês que eu odeio; mas gosto de suas pessoas e aprecio-as tanto, que só quero fazer de vocês carne: eu me uno a vocês pela carne e pelo sangue; bebo um e como a outra para incorporar vocês a mim. Julguem se é possível amar mais intimamente."

* Ver essa resposta a Warburton, em *Miscelânea*, ano de 1767.

outrora dominadores do Oriente e soberanos dos judeus. Dispersaram-se depois de Omar e trabalham em paz uma parte da terra em que reinaram, fiéis àquela antiga religião dos magos, adorando a um só Deus e conservando o fogo sagrado, que vêem como obra e emblema da Divindade.

Não conto aqueles restos de egípcios, adoradores secretos de Ísis, que já não subsistem hoje em dia, salvo em alguns bandos errantes, que logo estarão aniquilados para sempre.

XLIII. Dos profetas judeus

Procuraremos não confundir os Nabim, os Roheim dos hebreus, com os impostores das outras nações. Sabe-se que Deus só se comunicava com os judeus, salvo em alguns casos particulares, como, por exemplo, quando inspirou Balaão, profeta da Mesopotâmia, e o fez pronunciar o contrário do que queriam lhe fazer dizer. Esse Balaão era profeta de outro Deus, e no entanto não se diz que era um falso profeta[23]. Já observamos que os sacerdotes do Egito eram profetas e videntes. Que sentido se dava a essa palavra? A de inspirado. O inspirado ora adivinhava o passado, ora o futuro, e muitas vezes contentava-se em falar num estilo figurado. Foi por isso que deram o mesmo nome aos poetas e aos profetas, *vates*.

Era o título, a qualidade de profeta, uma dignidade entre os hebreus, um ministério particular vinculado por lei a certas pessoas escolhidas, como a dignidade da pítia em Delfos? Não; os profetas eram apenas os que se sentiam inspirados ou que tinham visões. Decorria daí que muitas vezes elevavam-se falsos profetas sem missão, que acreditavam ter o espírito de Deus e que muitas vezes causaram

....

23. Nm 12.

grandes infortúnios, como os profetas das Cevenas no início deste século.

Era muito difícil distinguir o falso profeta do verdadeiro. É por isso que Manassés, rei de Judá, fez perecer Isaías pelo suplício da serra. O rei Zedequias não podia se decidir entre Jeremias e Ananias, que prediziam coisas opostas, e mandou prender Jeremias. Ezequiel foi morto por alguns judeus, companheiros da sua escravidão. Tendo Micaías profetizado desgraças aos reis Acabe e Josafá, outro profeta, Zedequias, filho de Canaã[24], lhe deu uma bofetada, dizendo-lhe: O espírito do Eterno passou por minha mão para ir em tua face. Oséias, capítulo 9, declarou que os profetas são loucos: *stultum prophetam, insanun virum spiritualem*. Os profetas se tratavam mutuamente de visionários e mentirosos. Logo, não havia outro meio de discernir o verdadeiro do falso, senão esperar a consumação das predições.

Tendo Eliseu ido a Damasco, na Síria, o rei, que estava doente, mandou-lhe quarenta camelos carregados de presentes, para saber se sararia; Eliseu respondeu "que o rei podia sarar, mas morreria". O rei de fato morreu. Se Eliseu não tivesse sido um profeta do verdadeiro Deus, poder-se-ia suspeitar que ele preparara uma evasiva para o que viesse a suceder; porque, se o rei não houvesse morrido, Eliseu tinha predito sua cura dizendo que ele podia sarar e que não especificara quando ia morrer. Mas, tendo confirmado sua missão por milagres notáveis, não se podia duvidar da sua veracidade.

Não investigaremos aqui, com os comentadores, o que era o espírito duplo que Eliseu recebeu de Elias, nem o que significa o manto que Elias lhe deu, subindo ao céu numa carruagem de fogo puxada por cavalos em chamas, como os gregos figuravam em poesia o carro de Apolo. Não apro-

---

24. Pr 18.

fundaremos qual é o tipo, qual é o sentido místico daquelas quarenta e duas crianças que, vendo Eliseu no caminho escarpado que levava a Betel, lhe disseram rindo: *Suba, careca, suba*; nem da desforra que o profeta tirou, fazendo vir imediatamente dois ursos que devoraram essas inocentes criaturas. Os fatos são conhecidos, e o sentido pode ser oculto.

Cumpre observar aqui um costume do Oriente, que os judeus levaram a um ponto que nos surpreende. Esse uso era não apenas de falar em alegorias mas de exprimir, por ações singulares, as coisas que se queria significar. Nada era mais natural então que esse uso; porque tendo os homens por muito tempo escrito seus pensamentos por meio de hieróglifos, eles deviam adquirir o hábito de falar como escreviam.

Assim, os citas (a crer em Heródoto) mandaram a Darah, que chamamos de Dario, um passarinho, um camundongo, uma rã e cinco flechas; isso queria dizer que, se Dario não fugisse rápido como um passarinho, ou se não se escondesse como um camundongo ou uma rã, pereceria sob as flechas deles.

A história pode não ser verdadeira; mas é sempre um testemunho dos símbolos em uso naqueles tempos remotos.

Os reis se escreviam por enigmas: temos exemplos disso em Hirão, em Salomão, na rainha de Sabá. Tarquínio, o Soberbo, consultado em seu jardim por seu filho sobre a maneira de se comportar com os gabinos, responde arrancando as papoulas que se elevavam acima das outras flores. Ele dava a entender, assim, que se devia exterminar os grandes e poupar o povo.

É a esses hieróglifos que devemos as fábulas, que foram os primeiros escritos dos homens. A fábula é um bem mais antigo que a história.

É preciso estar um pouco familiarizado com a Antiguidade para não se assustar com as ações e discursos enigmáticos dos profetas judeus.

Isaías quer fazer o rei Acaz ouvir que será libertado em alguns anos do rei da Síria e do *melk* ou régulo de Samaria, unidos contra ele; diz ao rei: "Antes que uma criança esteja em idade de discernir o mal do bem, serás libertado desses dois reis. O Senhor pegará uma navalha alugada para rapar-te a cabeça, o pêlo do púbis (que é representado pelos pés) e a barba, etc." Então o profeta toma duas testemunhas, Zacarias e Urias, deita-se com a profetisa, e ela põe no mundo uma criança. O Senhor lhe dá o nome de Maher-Salal-has-bas, Dividam-Rápido-o-Despojo; e esse nome significa que se dividirá o despojo dos inimigos.

Não entro no sentido alegórico e infinitamente respeitável que se dá a essa profecia; eu me limito ao exame desses usos hoje surpreendentes para nós.

O mesmo Isaías anda nu por Jerusalém, para assinalar que os egípcios serão inteiramente despojados pelo rei da Babilônia.

Como! dirão. Um homem pode andar nu por Jerusalém, sem ser preso? Sim, sem dúvida: Diógenes não foi o único na Antiguidade a cometer essa ousadia. Estrabão, em seu décimo quinto livro, diz que havia na Índia uma seita de brâmanes que tinham vergonha de usar roupas. Ainda hoje vêem-se penitentes na Índia andar nus e carregados de correntes, com um anel de ferro preso no pênis, para expiar os pecados do povo. Também os há na África e na Turquia. Esses costumes não são nossos costumes, e não creio que no tempo de Isaías houvesse um só uso que se parecesse com os nossos.

Jeremias tinha apenas catorze anos quando recebeu o espírito. Deus estendeu a mão e tocou-lhe a boca, porque ele tinha um pouco de dificuldade para falar. Ele vê primeiro um caldeirão fervendo voltado para o norte; esse caldeirão representa os povos que virão do setentrião, e a água fervendo figura as desgraças de Jerusalém.

Ele compra um cinto de linho, põe na cintura e vai escondê-lo, por ordem de Deus, num buraco perto do Eufrates; mais tarde volta para pegá-lo e encontra-o apodrecido. Ele próprio nos explica essa parábola, dizendo que o orgulho de Jerusalém apodrecerá.

Põe cordas no pescoço, cobre-se de correntes, coloca um jugo nos ombros; envia essas cordas, essas correntes e esse jugo aos reis vizinhos, para preveni-los de que devem submeter-se ao rei da Babilônia, Nabucodonosor, em favor do qual ele profetiza.

Ezequiel pode surpreender mais ainda: ele prediz aos judeus que os pais comerão os filhos e que os filhos comerão os pais. Mas, antes de chegar a essa predição, vê quatro animais refulgindo de luz e quatro rodas cobertas de olhos; ele come um volume de pergaminho; atam-no com correntes. Ele traça um mapa de Jerusalém num tijolo; põe no chão uma assadeira de ferro; põe trezentos e noventa dias do lado esquerdo e quarenta dias do lado direito. Deve comer pão de frumento, cevada, favas, lentilhas, milhete e cobri-lo de excrementos humanos. "É assim", diz ele, "que os filhos de Israel comerão seu pão imundo, entre as nações nas quais serão perseguidos." Mas, tendo Ezequiel atestado seu horror por esse pão de dor, Deus lhe permite cobri-lo apenas com excrementos de boi.

Ele corta os cabelos e divide-os em três partes; põe uma parte no fogo, corta a segunda com uma espada em torno da cidade e joga ao vento a terceira.

O mesmo Ezequiel tem alegorias ainda mais surpreendentes. Ele introduz o Senhor, que fala assim, capítulo 16: "Quando nasceste, não havias cortado o umbigo, não estavas nem lavada nem salgada... Tu cresceste, teu seio se formou, teus pêlos apareceram... Passei, soube que era o tempo dos amantes. Eu te cobri e deitei-me sobre a tua ignomínia... Dei-te calçado e roupas de algodão, braceletes, um colar, brincos de orelha... Mas, cheia de confiança na tua beleza, te entregaste à fornicação... e construíste num mau lugar; tu te prostituíste nas encruzilhadas; abriste tuas pernas a todos os passantes... procuraste os mais robustos... Dá-se dinheiro às cortesãs, tu o deste a teus amantes, etc."

[25]"Oola fornicou sobre mim; ela amou com furor seus amantes: príncipes, magistrados, cavaleiros... Sua irmã, Ooliba, prostituiu-se com mais ardor. Sua luxúria buscou os que tinham um... de burro e que... como os cavalos."[26]

Essas expressões nos parecem indecentes e grosseiras; não o eram entre os judeus, significavam as apostasias de Jerusalém e de Samaria. Essas apostasias eram muitas vezes representadas como uma fornicação, como um adultério. Mais uma vez, não se devem julgar os costumes, os usos, os modos de falar antigos pelos nossos; eles não se parecem, como a língua francesa não se parece com o caldeu nem com o árabe.

O Senhor ordena primeiro ao profeta Oséias, capítulo 1, que tome por mulher uma prostituta, e ele obedece. Essa prostituta lhe dá um filho. Deus chama esse filho de Jezreel, um homem da casa de Jeú, que perecerá, porque Jeú havia matado Jorão em Jezreel. Depois o Senhor manda Oséias, capítulo 3, se casar com uma mulher adúltera, que seja amada por outro, como o Senhor ama os filhos de Israel, que olham para os deuses estrangeiros e que gostam do aguardente de uva. O Senhor, na profecia de Amós, capítulo 4, ameaça pôr as vacas de Samaria no caldeirão. Enfim, tudo é o oposto dos nossos costumes e do nosso espírito; e,

....

25. Ez 23.
26. Essa matéria foi bem aprofundada em vários livros novos, principalmente nas *Questões sobre a Enciclopédia* e no *Exame importante de milorde Bolingbroke*.

se examinarmos os usos de todas as nações orientais, veremos que são igualmente opostos aos nossos costumes, não apenas nos tempos remotos, mas inclusive nos de hoje, quando os conhecemos melhor.

XLIV. *Das preces dos judeus*

Restam-nos poucas preces dos antigos povos; temos apenas duas ou três fórmulas dos mistérios e a antiga prece a Ísis, referida em Apuleio. Os judeus conservaram as deles.

Se pudéssemos conjecturar o caráter de uma nação pelas preces que ela faz a Deus, perceberíamos facilmente que os judeus eram um povo carnal e sanguinário. Eles parecem, em seus salmos, desejar a morte do pecador, em vez de sua conversão; e pedem ao Senhor, no estilo oriental, todos os bens terrestres.

"Regarás as montanhas, a terra ficará farta de frutos."[27]

"Tu produzes o feno para os animais e a relva para o homem. Fazes o pão sair da terra, e o vinho que alegra o coração; dás o azeite que espalha a alegria no rosto."[28]

"Judá é uma panela repleta de carnes; a montanha do Senhor é uma montanha coagulada, uma montanha gorda. Por que olhais para as montanhas coaguladas?"[29]

Mas cumpre confessar que os judeus amaldiçoam seus inimigos em um estilo não menos figurado.

"Pede-me e dar-te-ei em herança todas as nações; tu as regerás com mão de ferro."[30]

....
27. Sl 88.
28. Sl 103.
29. Sl 107.
30. Sl 2.

"Meu Deus, trata meus inimigos segundo suas obras, segundo seus desígnios malévolos; pune-os como eles merecem."[31]

"Que meus inimigos ímpios enrubesçam, que sejam levados ao sepulcro."[32]

"Senhor, toma tuas armas e teu escudo, saca tua espada, fecha todas as passagens; que meus inimigos sejam cobertos de confusão; que sejam como a poeira levada pelo vento, que caiam na cilada."[33]

"Que a morte os surpreenda, que desçam vivos à fossa."[34]

"Deus lhes quebrará os dentes da boca; reduzirá a pó as mandíbulas desses leões."[35]

"Eles passarão fome como cachorros; eles se dispersarão para procurar comida e nunca ficarão saciados."[36]

"Eu avançarei para a Iduméia e a calcarei aos pés."[37]

"Reprime essas feras; é uma assembléia de povos semelhantes a touros e a vacas... Teus pés serão banhados do sangue dos teus inimigos e a língua dos teus cães será dessedentada com o sangue deles."[38]

"Derrama sobre eles os dardos da tua cólera; que eles sejam expostos ao teu furor; que a morada e as tendas deles fiquem desertas."[39]

"Derrama abundantemente tua cólera sobre os povos de quem és desconhecido."[40]

---

31. Sl 27.
32. Sl 30.
33. Sl 34.
34. Sl 54.
35. Sl 57.
36. Sl 58.
37. Sl 59.
38. Sl 67.
39. Sl 68.
40. Sl 78.

"Meu Deus, trata-os como os midianitas, faze-os ficar como uma roda que não pára de girar, como a palha que o vento carrega, como uma floresta queimada pelo fogo."[41]

"Subjuga o pecador; que o malévolo esteja sempre do seu lado direito."[42]

"Seja ele sempre condenado quando pleitear.

"Seja sua prece considerada pecado; sejam seus filhos órfãos e sua esposa, viúva; sejam seus filhos mendigos errantes; aposse-se o usurário de todos os seus bens.

"O Senhor, justo, lhes cortará a cabeça; sejam todos os inimigos de Sião como a erva seca dos telhados."[43]

"Feliz o que estripar teus filhos de peito e os esmagar contra uma pedra."[44]

Vê-se que, se Deus tivesse atendido a todas as preces do seu povo, só teriam restado judeus na Terra, porque eles detestavam todas as nações, e eram detestados por elas; e, pedindo sem cessar que Deus exterminasse todos os que eles odiavam, pareciam pedir a ruína da Terra inteira. Mas é necessário lembrar-se de que os judeus não apenas eram o povo eleito de Deus mas também o instrumento das suas vinganças. Era por meio deles que Deus punia os pecados das outras nações, assim como punia seu povo por meio delas. Hoje, não se pode mais fazer as mesmas preces e pedir que ele estripe as mães e suas crianças de peito, e que as esmague contra as pedras. Sendo Deus reconhecido como pai comum de todos os homens, nenhum povo faz essas imprecações contra seus vizinhos. Fomos às vezes tão cruéis quanto os judeus; mas ao cantar seus salmos, não desviamos o sentido deles contra os povos que nos fazem

....
41. Sl 82.
42. Sl 108.
43. Sl 128.
44. Sl 136.

guerra. É uma das grandes vantagens que a lei de graça tem sobre a lei de rigor; e quisera Deus que, sob uma lei santa e com preces divinas, não derramássemos o sangue dos nossos irmãos e devastássemos a terra em nome de um Deus de misericórdia!

XLV. De Josefo, historiador dos judeus

Não devemos nos espantar com que a história de Flávio Josefo encontrasse contraditores, quando foi publicada em Roma. É verdade que havia pouquíssimos exemplares, era preciso pelo menos três meses para que um copista hábil a transcrevesse. Os livros eram caros e raríssimos: poucos romanos se dignavam de ler os anais de uma frágil nação de escravos, pela qual os grandes e os pequenos tinham um desprezo igual. No entanto, pela resposta de Josefo a Ápio, parece que encontrou um pequeno número de leitores; e vemos também que esse pequeno número tratou-o de mentiroso e de visionário.

É preciso colocar-se no lugar dos romanos do tempo de Tito para conceber com que desprezo misto de horror os dominadores da terra conhecida e os legisladores das nações deviam considerar a história do povo judeu. Esses romanos não podiam saber que Josefo havia tirado a maior parte dos fatos dos livros sagrados ditados pelo Espírito Santo. Eles não podiam saber que Josefo havia acrescentado muitas coisas à Bíblia e silenciado sobre muitas outras. Eles ignoravam que ele havia tirado o fundo de algumas historietas do terceiro livro de Esdras e que o livro de Esdras é um dos que chamamos apócrifos.

Que devia pensar um senador romano lendo essas histórias orientais? Josefo relata (liv. X, cap. XII) que Dario, filho de Astiago, havia nomeado o profeta Daniel governador de trezentas e sessenta cidades, quando proibiu por um mês, sob pena de morte, que se orasse a qualquer deus. É claro que a Escritura não diz que Daniel governava trezentas e sessenta cidades.

Josefo parece supor em seguida que toda a Pérsia se tornou judaica.

O mesmo Josefo dá ao segundo templo dos judeus, reconstruído por Zorobabel, uma origem singular.

Zorobabel, diz ele, *era amigo íntimo do rei Dario*. Um escravo judeu, amigo íntimo do rei dos reis! É mais ou menos como se um dos nossos historiadores nos dissesse que um fanático das Cevenas, libertado das galés, fosse amigo íntimo de Luís XIV.

Seja como for, segundo Flávio Josefo, Dario, que era um príncipe cheio de espírito, propôs a toda a sua corte uma questão digna do *Mercure galant*, a saber: quem tinha mais força, o vinho, os reis ou as mulheres. Quem respondesse melhor teria, como recompensa, uma tiara de linho, uma túnica de púrpura, um colar de ouro, beberia numa taça de ouro, deitar-se-ia numa cama de ouro, passearia num carro de ouro puxado por cavalos arriados de ouro e teria patente de primo do rei.

Dario sentou-se em seu trono de ouro para ouvir as respostas da sua academia de homens de espírito. Um dissertou a favor do vinho, outro foi pelos reis; Zorobabel tomou o partido das mulheres. Não há nada tão poderoso quanto elas; porque vi, diz ele, Apaméia, a amante do rei, meu senhor, dar tapinhas no rosto de Sua sacra Majestade e lhe tirar o turbante para pô-lo na cabeça.

Dario achou a resposta de Zorobabel tão cômica que, na mesma hora, mandou reconstruir o templo de Jerusalém.

Essa história se parece muito com uma que um dos nossos mais engenhosos acadêmicos fez de Soliman e de um nariz arrebitado, que serviu de enredo a uma bonita ópera-bufa. Mas somos obrigados a confessar que o autor do nariz arrebatado não ganhou nem cama de ouro, nem carro de ouro, e que o rei da França não o chamou de meu primo. Não estamos mais no tempo de Dario.

Esses devaneios com que Josefo sobrecarregava os livros santos certamente comprometeram, entre os pagãos, as verdades que a Bíblia contém. Os romanos não podiam distinguir o que havia sido extraído de uma fonte impura do que Josefo havia tirado de uma fonte sagrada. Essa Bíblia, sagrada para nós, ou era desconhecida dos romanos, ou era tão desprezada por eles quanto o próprio Josefo. Tudo foi igualmente objeto das caçoadas e do profundo desdém que os leitores concebiam pela história judaica. As aparições de anjos aos patriarcas, a travessia do mar Vermelho, as dez pragas do Egito; a inconcebível multiplicação do povo judeu em tão pouco tempo e num terreno tão pequeno; o Sol e a Lua parando em pleno meio-dia, para dar a esse povo de bandoleiros tempo para massacrar uns poucos camponeses já exterminados por uma chuva de pedras: todos os prodígios que assinalaram essa nação ignorada foram tratados com esse desprezo que um povo vencedor de tantas nações, um povo-rei, mas ao qual Deus se ocultara, tinha naturalmente por um pequeno povo bárbaro reduzido à escravidão.

Josefo sentia que tudo o que ele escrevia revoltaria os autores profanos; ele diz em várias passagens: *o leitor julgará como quiser*. Teme assustar os espíritos; diminui, tanto quanto pode, a fé que se deve aos milagres. Vê-se a todo instante que ele tem vergonha de ser judeu, mesmo quando se esforça por tornar sua nação recomendável aos vencedores dela. Sem dúvida é necessário perdoar os romanos, que tinham apenas o senso comum, que ainda não tinham a fé, por terem considerado o historiador Josefo um miserável trânsfuga que lhes contava fábulas ridículas para arrancar algum dinheiro de seus amos. Agradeçamos a Deus, nós, que temos a felicidade de ser mais esclarecidos que os Tito, os Trajano, os Antonino e que todo o senado e os cavaleiros romanos, nossos mestres; nós que, iluminados por luzes superiores, podemos discernir as fábulas absurdas de Josefo e as sublimes verdades que a santa Escritura nos anuncia.

XLVI. De uma mentira de Flávio Josefo acerca de Alexandre e dos judeus

Quando Alexandre, eleito por todos os gregos, como seu pai e como, outrora, Agamêmnon, para ir vingar a Grécia das injúrias da Ásia, conquistou a vitória de Isso, apoderou-se da Síria, uma das províncias de Darah ou Dario; ele queria dominar o Egito antes de atravessar o Eufrates e o Tigre e tirar de Dario todos os portos que pudessem lhe fornecer frotas. Com esse fim, que era o de um grande capitão, precisou sitiar Tiro. Essa cidade estava sob a proteção dos reis da Pérsia e era soberana do mar. Alexandre tomou-a depois de um cerco obstinado de sete meses, em que empregou tanta arte quanta coragem; o dique que ousou construir no mar ainda hoje é visto como o modelo que devem seguir todos os generais em semelhantes empreitadas. Foi imitando Alexandre que o duque de Parma tomou Antuérpia e que o cardeal de Richelieu tomou La Rochelle (se me é permitido comparar as pequenas coisas às grandes). Rollin, na verdade, diz que Alexandre só tomou Tiro porque essa cidade tinha escarnecido dos judeus e porque Deus quis vingar a honra do seu povo; mas Alexandre podia ter outras razões: ele precisava, depois de submeter Tiro, não perder um só momento para se apoderar do porto de Pelúsia. Assim, tendo feito uma marcha forçada para surpreender Gaza, Alexandre foi de Gaza a Pelúsia em sete dias. É assim que Arriano, Quinto Cúrcio, Diodoro e o próprio Paulo Orósio relatam fielmente, com base no diário de Alexandre.

Que faz Josefo para libertar sua nação sujeita dos persas, caída sob o poder de Alexandre, com toda a Síria, e desde então honrada com alguns privilégios por esse grande homem? Ele pretende que Alexandre, na Macedônia, havia visto em sonho o sumo sacerdote dos judeus, Jaddus (supondo-se que tenha de fato havido um sacerdote judeu cujo nome terminasse em *us*); que esse sacerdote o havia encorajado a fazer a expedição contra os persas; e que era por esse motivo que Alexandre havia atacado a Ásia. Depois do cerco de Tiro, ele não deixou portanto de fazer um desvio de cinco ou seis dias para ir ver Jerusalém. Assim como havia outrora aparecido em sonho a Alexandre, o sumo sacerdote Jaddus também recebeu em sonho uma ordem de Deus para ir saudar esse rei; obedece e, vestindo seus hábitos pontificais, acompanhado por seus levitas de sobrepeliz, foi em procissão ao encontro de Alexandre. Assim que viu Jaddus, o monarca reconheceu o mesmo homem que o havia dito em sonho, sete ou oito anos antes, para ir conquistar a Pérsia, e diz isso a Parmenion. Jaddus tinha na cabeça seu barrete ornado com uma lâmina de ouro, na qual estava gravada uma palavra em hebraico. Alexandre, que, sem dúvida, falava hebraico fluentemente, na mesma hora reconheceu o nome de Jeová e se prosternou humildemente, sabendo que Deus deveria ter esse nome. Jaddus logo lhe mostrou profecias que diziam claramente "que Alexandre se apoderaria do império dos persas", profecias que não haviam sido feitas depois da batalha de Isso. Ficou lisonjeado com o fato de que Deus o havia escolhido para tirar de seu povo querido toda esperança de reinar na terra prometida; assim como ele havia escolhido outrora Nabucodonosor e Ciro, que haviam possuído a terra prometida um depois do outro. Essa história absurda do romancista Josefo não devia, parece-me, ser copiada por Rollin como se fosse atestada por um escritor sagrado.

Mas foi assim que se escreveu a história antiga, e muitas vezes a moderna.

XLVII. Dos preconceitos populares a que os escritores sagrados se dignaram de conformar-se por condescendência

Os livros santos são feitos para ensinar a moral, e não a física.

A serpente era tida, na Antiguidade, como o mais hábil de todos os animais. O autor do Pentateuco dá a entender que a serpente foi sutil o bastante para seduzir Eva. Às vezes, atribuía-se a palavra aos bichos: o escritor sacro faz a serpente e a jumenta de Balaão falarem. Vários judeus e vários doutores cristãos consideraram essa história uma alegoria; mas, seja símbolo, seja realidade, ela é igualmente respeitável. As estrelas eram vistas como pontos nas nuvens: o autor divino se amolda a essa idéia vulgar e diz que a Lua foi feita para presidir as estrelas.

A opinião comum era que o céu era sólido. Em hebraico, chamavam-no *rakiak*, palavra que corresponde a uma placa de metal, a um corpo estendido e firme, que traduzimos por *firmamento*. Ele continha água, que se derramava por algumas aberturas. A Escritura se amolda a essa física; e, por fim, chamou-se de firmamento, isto é, de placa, essa profundidade imensa do espaço em que mal se percebem as estrelas mais distantes com um telescópio.

Os indianos, os caldeus, os persas imaginavam que Deus havia formado o mundo em seis tempos. O autor do Gênesis, para não espantar a fraqueza dos judeus, representa Deus formando o mundo em seis dias, embora uma palavra e um instante bastem para sua onipotência. Um jardim e sombras eram uma enorme felicidade naqueles países secos e queimados pelo sol: o divino autor coloca o primeiro homem num jardim.

Não se tinha idéia de um ser puramente imaterial: Deus é sempre representado como homem; ele passeia ao meio-dia no jardim, fala, falam com ele.

A palavra alma, *ruah*, significa o sopro, a vida: a alma é sempre empregada como a vida no Pentateuco.

Acreditava-se que havia nações de gigantes, e o Gênesis dá a entender que eles eram filhos dos anjos e das filhas dos homens. Concedia-se aos brutos uma espécie de razão. Deus se digna de fazer aliança, depois do dilúvio, tanto com os brutos como com os homens.

Ninguém sabia o que era o arco-íris; ele era tido como algo sobrenatural; Homero sempre fala dele assim. A Escritura chama-o de arco de Deus, o sinal da aliança.

Entre os muitos erros a que o gênero humano esteve entregue, acreditava-se que se podia fazer nascer animais da cor que se queria, apresentando essa cor às mães antes que elas concebessem: o autor do Gênesis diz que Jacó teve ovelhas salpicadas graças a esse artifício.

Toda a Antiguidade utilizava encantos contra a mordida das cobras; e, quando a ferida não era mortal, ou quando era sugada com êxito pelos charlatães chamados psilos, ou quando, enfim, se havia aplicado com sucesso tópicos convenientes, não se tinha dúvida de que os encantos haviam funcionado. Moisés fez uma cobra de bronze cuja visão curava quem havia sido picado de cobra. Deus transformava um erro popular numa verdade nova.

Um dos erros mais antigos era a opinião de que se podia fazer abelhas nascerem a partir de um cadáver apodrecido. Essa idéia baseava-se na experiência cotidiana de ver moscas e vermes cobrirem o corpo dos animais. Dessa experiência, que enganava os olhos, toda a Antiguidade concluiu que a corrupção é o princípio da geração. Como se acreditava que um corpo morto produzia moscas, assim se imaginava que um meio seguro de conseguir abelhas era preparar peles ensangüentadas de animal da maneira requerida para consumar essa metamorfose. Não se fazia a reflexão de que as abelhas têm aversão por qualquer carne corrompida, de que qualquer infecção lhes é contrária. O método de fazer abelhas nascerem desse modo não podia dar certo; mas acreditava-se que era por não se saber fazê-lo direito. Virgílio, em seu quarto canto das *Geórgicas*, diz que essa operação foi feita com sucesso por Aristeu; mas acrescenta que é um milagre, *mirabile monstrum* (*Geórg.*, livro IV, v. 554).

É retificando esse antigo preconceito que se relata que Sansão encontrou um enxame de abelhas na boca de um leão que ele havia matado com suas próprias mãos.

Outra opinião vulgar era que a víbora tapa os ouvidos, de medo de ouvir a voz do encantador. O salmista se presta a esse erro, ao dizer, Salmo 57: "Como a víbora surda que tapa os ouvidos e que não ouve os encantadores."

A antiga opinião de que as mulheres, quando estão menstruadas, fazem o vinho e o leite azedarem, impedem a manteiga de solidificar e fazem os filhotes de pombo morrerem nos pombais ainda subsiste no baixo povo, assim como as influências da Lua. Acreditava-se que as purgações das mulheres eram evacuações de um sangue corrompido e que, se um homem se aproximava de sua mulher nesse tempo crítico, fazia filhos leprosos e estropiados. Essa idéia havia influenciado a tal ponto os judeus, que o Levítico, capítulo 20, condena à morte o homem e a mulher que consumarem o dever conjugal nesse tempo crítico.

Enfim, o Espírito Santo quer se conformar a tal ponto aos preconceitos populares que o próprio Salvador diz que nunca se deve pôr vinho novo em barril velho e que o trigo tem de apodrecer para amadurecer.

São Paulo diz aos coríntios, querendo persuadi-los da ressurreição: "Insensatos, não sabeis que o grão tem de morrer para vivificar?" Sabe-se hoje em dia que o grão não apodrece nem morre para germinar na terra: se apodrecesse, não germinaria. Mas naquela época incorria-se nesse erro, e o Espírito Santo se dignava de tirar dele comparações úteis. É o que são Jerônimo chama falar por economia.

Todas as doenças convulsivas foram tidas como possessões do diabo, assim que a doutrina dos diabos foi admitida. A epilepsia, tanto entre os romanos como entre os gregos, foi chamada de *mal sagrado*. A melancolia, acompanhada por uma espécie de raiva, também foi um mal cuja causa era ignorada; os que eram acometidos por ela vagavam de noite berrando em torno dos túmulos. Eram chamados de demoníacos, licantropos, entre os gregos. A Escritura admite demoníacos que vagam em torno dos túmulos.

Os culpados, entre os gregos antigos, muitas vezes eram atormentados pelas fúrias; elas haviam reduzido Orestes a tamanho desespero, que ele comeu um dedo num acesso de furor; e haviam perseguido Alcméon, Etéocles e Polinices. Os judeus helenistas, que foram instruídos de todas as opiniões gregas, admitiram enfim algumas espécies de fúrias, espíritos imundos, diabos que atormentavam os homens. É verdade que os saduceus não reconheciam diabos; mas os fariseus os acolheram pouco antes do reinado de Herodes. Havia então, entre os judeus, exorcistas que expulsavam os diabos; eles utilizavam uma raiz que punham diante do nariz dos possessos e empregavam uma fórmula tirada de um suposto livro de Salomão. Enfim eles tinham tal mestria em expulsar os diabos, que nosso Salvador, acusado, segundo são Mateus, de expulsá-los pelos encantamentos de Belzebu, admite que os judeus têm o mesmo poder e lhes pergunta se é por Belzebu que eles triunfam sobre os espíritos malignos.

Claro, se os mesmos judeus que fizeram Jesus morrer tivessem o poder de fazer tais milagres, se os fariseus de fato expulsassem os diabos, eles fariam então o mesmo prodígio realizado pelo Salvador. Eles tinham o dom que Jesus comunicava a seus discípulos; e, se não tinham, Jesus se conformava então ao preconceito popular, dignando-se de supor que seus implacáveis inimigos, que ele chamava de raça de víboras, tinham o dom dos milagres e dominavam os demônios. É verdade que nem os judeus nem os cristãos já não gozam hoje dessa prerrogativa tão comum por tanto tempo. Sempre há exorcistas, mas já não se vêem diabos nem possessos: tantas coisas mudam com o tempo! Estava na ordem do dia, então, que houvesse possessos, e é bom que isso já não aconteça hoje. Os prodígios necessários para erigir um edifício divino são inúteis quando ele está na cumeeira. Tudo mudou na terra: somente a virtude nunca muda. Ela é como a luz do Sol, que não se parece em nada com a matéria conhecida e que é sempre pura, sempre imutável, quando todos os elementos se confundem sem cessar. Basta abrir os olhos para abençoar seu autor.

XLVIII. Dos anjos, dos gênios, dos diabos, entre as antigas nações e entre os judeus

Tudo tem sua fonte na natureza do espírito humano. Todos os homens poderosos, os magistrados, os príncipes tinham seus mensageiros; era verossímil que os deuses também tivessem os deles. Os caldeus e os persas parecem ser os primeiros homens nossos conhecidos a falar dos anjos como meirinhos celestes e portadores da ordem. Mas, antes deles, os indianos, dos quais nos veio toda espécie de teologia, haviam inventado os anjos e os haviam representado, em seu antigo livro *Shasta*, como criaturas imortais, participantes da Divindade, grande número das quais se revoltou no céu contra o Criador (ver o capítulo "Da Índia", p. 94).

Os pársis ignícolas, que ainda subsistem, comunicaram ao autor da religião dos antigos persas[45] os nomes dos anjos que os primeiros persas reconheciam. São cento e dezenove, entre os quais não estão nem Rafael nem Gabriel, que os persas só adotaram bem mais tarde. Essas palavras são caldéias, e os judeus só as conheceram no cativeiro, porque, antes da história de Tobias, não se vê nenhum nome de anjo, nem no Pentateuco, nem em nenhum livro dos hebreus.

Os persas, em seu antigo catálogo que encontramos no início do *Sadder*, contavam apenas doze diabos, sendo Ahriman o primeiro. Pelo menos era consolador reconhecer mais gênios benévolos que demônios inimigos do gênero humano.

Não parece que essa doutrina tenha sido seguida pelos egípcios. Os gregos, em vez de gênios tutelares, tiveram divindades secundárias, heróis e semideuses. Em vez de diabos, tiveram Ate, as Erínias, as Eumênides. Parece-me que foi Platão o primeiro a falar de um gênio bom e de um gênio mau que presidiam as ações de todo mortal. Depois dele, os gregos e os romanos gabavam-se de ter cada um dois gênios; e o gênio mau sempre teve mais ocupação e sucesso que seu antagonista.

Quando os judeus finalmente deram nomes à sua milícia celeste, distinguiram-na em dez classes: os santos, os rápidos, os fortes, as chamas, as centelhas, os deputados, os príncipes, os filhos de príncipe, as imagens, os animados. Mas essa hierarquia só se encontra no Talmude e no Targum, e não nos livros do cânone hebraico.

---

45. Hyde, *De Religione veterum Persarum*.

Esses anjos sempre tiveram a forma humana, e é assim que ainda hoje os pintamos dando-lhes asas. Rafael conduziu Tobias. Os anjos que apareceram a Abraão, a Ló, beberam e comeram com esses patriarcas; e o furor brutal dos habitantes de Sodoma prova cabalmente que os anjos de Ló tinham um corpo. Seria difícil compreender como os anjos teriam falado aos homens e como estes lhes responderam, se eles não tivessem aparecido sob a figura humana.

Os judeus não tiveram tampouco outra idéia de Deus. Ele fala a linguagem humana com Adão e Eva; fala até com a serpente; passeia no jardim do Éden ao meio-dia; ele se digna de conversar com Abraão, com os patriarcas, com Moisés. Mais de um comentador chegou a crer que estas palavras do Gênesis: *Façamos o homem à nossa imagem*, podiam ser entendidas ao pé da letra; que o mais perfeito dos seres da Terra era uma fraca semelhança da forma do seu criador e que essa idéia devia estimular o homem a nunca degenerar.

Embora a queda dos anjos transformados em diabos, em demônios, seja o fundamento das religiões judaica e cristã, nada a esse respeito é dito no Gênesis, nem na lei, nem em nenhum livro canônico. O Gênesis diz expressamente que uma serpente falou com Eva e seduziu-a; ele tem o cuidado de observar que a serpente era o mais hábil, o mais astuto de todos os animais. E observamos que todas as nações tinham essa opinião da serpente. O Gênesis ainda assinala positivamente que o ódio dos homens pelas serpentes vem do desserviço que esse animal prestou ao gênero humano; que é desde esse tempo que ela procura nos picar e que nós procuramos matá-la; e que, enfim, ela está condenada, por sua má ação, a rastejar sobre o ventre e a comer o pó da terra. É verdade que a serpente não se alimenta da terra, mas toda a Antiguidade assim acreditava.

A nosso ver, seria o caso aqui de fazer os homens saberem que essa serpente era um dos anjos rebeldes que tinham se tornado demônios, que ela vinha exercer sua vingança sobre a obra de Deus e corrompê-la. No entanto, não há nenhuma passagem no Pentateuco de que possamos inferir essa interpretação, se consultarmos apenas nossas débeis luzes.

Satã aparece em Jó como o senhor da Terra, subordinado a Deus. Mas que homem um tanto versado na Antiguidade não sabe que a palavra Satã era caldéia; que esse Satã era o Ahriman dos persas, adotado pelos caldeus, o mau princípio que dominava os homens? Jó é representado como um pastor árabe que vivia nos confins da Pérsia. Já dissemos que as palavras árabes, conservadas na tradição hebraica dessa antiga alegoria, mostram que o livro foi escrito inicialmente pelos árabes. Flávio Josefo, que não o conta entre os livros do cânone hebraico, não deixa nenhuma dúvida sobre esse ponto.

Os demônios, os diabos, expulsos de um globo do céu, precipitados no centro do nosso globo e escapando da sua prisão para tentar os homens, são tidos, desde há muitos séculos, como os autores da nossa danação. No entanto, mais uma vez, não há nenhum vestígio dessa opinião no Antigo Testamento. É uma verdade de tradição, extraída do livro tão antigo e por tanto tempo desconhecido, escrito pelos primeiros brâmanes e que devemos às pesquisas de alguns estudiosos ingleses que residiram um bom tempo em Bengala.

Alguns comentadores escreveram que este trecho de Isaías: "Como caíste do céu, ó Lúcifer, que aparecias de manhã?", designa a queda dos anjos e que foi Lúcifer que se disfarçou de serpente para fazer Eva e seu marido comerem a maçã.

Mas, na verdade, essa alegoria tão estranha se parece com aqueles enigmas dados outrora à imaginação dos jovens alunos de nossos colégios. Por exemplo, expunha-se um quadro representando um velho e uma moça. Um dizia: é o inverno e a primavera; outro: é a neve e o fogo; outro: é a rosa e o espinho, ou a força e a fraqueza; e quem encontrava o sentido mais distante do tema, a aplicação mais extraordinária, ganhava o prêmio.

É exatamente o mesmo caso dessa aplicação singular da estrela da manhã ao diabo. Isaías, em seu décimo quarto capítulo, insultando um rei da Babilônia quando da morte deste, lhe diz: "À tua morte, todos cantaram exultantes; os pinhos, os cedros se rejubilaram. Não veio desde então nenhum exator nos cobrar a talha. Como tua altura desceu ao túmulo, apesar do som das tuas musetas? Como te deitaste com os vermes e gusanos? Como caíste do céu, estrela da manhã? Helel, tu, que oprimias as nações, como caíste por terra?"

Traduziu-se esse Helel, em latim, por Lúcifer; desde então deu-se esse nome ao diabo, muito embora haja certamente pouca relação entre o diabo e a estrela da manhã. Imaginou-se que esse diabo, por ter caído do céu, era um anjo que havia feito guerra a Deus: ele não podia travá-la sozinho; logo tinha companheiros. A fábula dos gigantes armados contra os deuses, difundida em todas as nações, é, segundo vários comentadores, uma imitação profana da tradição que nos ensina que alguns anjos tinham se sublevado contra seu amo.

Essa idéia ganhou nova força com a epístola de são Judas, em que está dito: "Deus guardou nas trevas, agrilhoados até o juízo do grande dia, os anjos que degeneraram da sua origem e que abandonaram sua morada... Ai dos que seguiram as pegadas de Caim... sobre os quais Enoque, sétimo homem depois de Adão, profetizou, dizendo: Eis, o Senhor veio com seus milhões de santos, etc."

Imaginou-se que Enoque havia deixado por escrito a história da queda dos anjos. Mas há duas coisas importantes a observar aqui. Primeiro, tal como Set, a quem os judeus atribuíram livros, Enoque tampouco sabia escrever; e o falso Enoque que são Judas cita é reconhecidamente forjado por um judeu[46]. Em segundo lugar, esse falso Enoque não diz uma palavra da rebelião e da queda dos anjos antes da formação do homem. Eis palavra por palavra o que ele diz em seus Egrégoras:

"Tendo a quantidade de homens crescido prodigiosamente, eles tiveram lindas filhas; os anjos, os guardiães, os egrégoras se enamoraram delas e foram induzidos a muitos erros. Eles se animaram entre si; disseram-se: 'Escolhamos mulheres para nós entre as filhas dos homens da terra.' Semiaxas, príncipe deles, disse: 'Temo que ouseis consumar tal desígnio e que eu seja o único acusado pelo crime.' Todos responderam: 'Façamos o juramento de executar nosso desígnio e predestinemo-nos ao anátema, se não o alcançarmos.' Assim, eles se uniram por juramento e fizeram imprecações. Eram em número de duzentos. Partiram juntos na época de Jared e foram para a montanha chamada Hermonim, por causa do juramento. Eis o nome dos principais: Semiaxas, Atarculph, Araciel, Chobadiel-Hosampsich, Zaciel-Parmar, Thausael, Semiel, Tirel, Sumiel."

....

46. Mas esse livro de Enoque deve ter certa antiguidade, porque o encontramos citado várias vezes no Testamento dos doze patriarcas, outro livro judeu, retocado por um cristão do século I; e esse testamento dos doze patriarcas é até citado por são Paulo, em sua primeira epístola aos tessalonicenses, se é que é citar uma passagem recitá-la palavra por palavra. O Testamento do patriarca Rubens traz, no capítulo VI: *A cólera do Senhor caiu enfim sobre eles*; e são Paulo diz precisamente as mesmas palavras. De resto, esses doze Testamentos não são conformes ao Gênesis em todos os fatos. O incesto de Judas, por exemplo, não é relatado da mesma maneira. Judas diz que abusou da sua nora estando embriagado. O Testamento de Rubens tem a particularidade de admitir no homem sete órgãos dos sentidos, em vez de cinco: ele conta a vida e o ato da geração como sentidos. De resto, todos esses patriarcas se arrependem, nesse Testamento, de ter vendido seu irmão José.

"Eles e os outros tomaram mulheres, no ano de 1170 da criação do mundo. Desse comércio nasceram três gêneros de homens, os gigantes Naphilim, etc."

O autor desse fragmento escreve com tal estilo, que parece pertencer aos primeiros tempos; é a mesma ingenuidade. Não deixa de nomear os personagens; não esquece as datas; não há reflexões, não há máximas, é a antiga maneira oriental.

Vê-se que essa história se baseia no sexto capítulo do Gênesis: "Ora, naquele tempo havia gigantes na terra; porque, tendo os filhos de Deus mantido comércio com as filhas dos homens, elas pariram os poderosos do século."

O livro de Enoque e o Gênesis concordam inteiramente sobre o acoplamento dos anjos com as filhas dos homens e sobre a raça de gigantes que daí nasceu. Mas nem esse Enoque nem nenhum livro do Antigo Testamento fala da guerra dos anjos contra Deus, nem da derrota deles, nem da sua queda no inferno, nem do seu ódio ao gênero humano.

Só se alude aos espíritos malignos e ao diabo na alegoria de Jó, de que falamos e que não é um livro judaico, e na aventura de Tobias. O diabo Asmodeu, ou Shammadey, que estrangulou os sete primeiros maridos de Sara e que Rafael, usando fumaça, desalojou do fígado de um peixe, não era um diabo judeu mas persa. Rafael acorrentou-o no alto Egito; mas é um fato estabelecido que os judeus, não tendo inferno, não tinham diabos. Eles só começaram a crer na imortalidade da alma e num inferno bem tarde, quando a seita dos fariseus prevaleceu. Portanto estavam longe de pensar que a serpente que tentou Eva era um diabo, um anjo precipitado no inferno. Essa pedra, que serve de fundamento a todo o edifício, foi a última a ser assentada. Nem por isso deixamos de reverenciar a história da queda dos anjos que se tornaram diabos, mas não somos capazes de encontrar sua origem.

Chamou-se de diabo a Belzebu, Belfegor, Astaroth; mas eles eram antigos deuses da Síria. Belfegor era o deus do casamento; Belzebu, ou Bel-se-puth, representava o senhor que preserva os insetos. O próprio rei Acozias o havia consultado como um deus, para saber se sararia de uma doença; e Elias, indignado com essa atitude, dissera: "Não há Deus em Israel, para ir consultar o deus de Ecrom?"

Astaroth era a lua, e a lua não imaginava tornar-se diabo.

O apóstolo Judas diz também "que o diabo altercou com o anjo Miguel acerca do corpo de Moisés". Mas não se acha nada semelhante no cânone dos judeus. Essa discussão de Miguel com o diabo só se encontra num livro apócrifo, intitulado *A ascensão de Moisés*, citado por Orígenes no livro III de seus *Princípios*.

Logo, é indubitável que os judeus não reconheciam diabos até os tempos do seu cativeiro na Babilônia. Eles tomaram essa doutrina emprestada dos persas, que a receberam de Zoroastro.

Só a ignorância, o fanatismo, a má-fé podem negar todos esses fatos, e cumpre acrescentar que a religião não deve se atemorizar com as conseqüências deles. Deus certamente permitiu que a crença nos gênios bons e maus, na imortalidade da alma, nas recompensas e nas penas eternas tenha sido estabelecida em vinte nações da Antiguidade antes de chegar ao povo judeu. Nossa santa religião consagrou essa doutrina; ela estabeleceu o que os outros haviam entrevisto, e o que, para os antigos, não passava de uma opinião, tornou-se pela revelação uma verdade divina.

XLIX. Se os judeus ensinaram as outras nações ou se foram ensinados por elas

Como os livros sagrados nunca decidiram se os judeus foram mestres ou discípulos dos outros povos, é-nos permitido examinar essa questão.

Fílon, na relação da sua missão a Calígula, começa dizendo que Israel é um termo caldeu; que é um nome que os caldeus deram aos justos consagrados a Deus, que Israel significa *vendo Deus*. Parece provado portanto, com apenas isso, que os judeus só chamaram Jacó de Israel, que só se deram o nome de israelitas quando tiveram algum conhecimento do caldeu. Ora só puderam adquirir conhecimento dessa língua quando foram escravos na Caldéia. É verossímil que nos desertos da Arábia Pétrea eles já tivessem aprendido caldeu?

Flávio Josefo, em sua resposta a Ápio, a Lisímaco e a Molon, livro II, cap. V, confessa em seus próprios termos "que foram os egípcios que ensinaram as outras nações a se circuncidar, como atesta Heródoto". Acaso seria provável que a antiga e poderosa nação dos egípcios houvesse adquirido esse costume de um pequeno povo que ela abominava e que, como ele mesmo confessa, só foi circuncidado sob Josué?

Os próprios livros sagrados nos ensinam que Moisés tinha se nutrido nas ciências dos egípcios, e não dizem em parte alguma que os egípcios tenham aprendido o que quer que seja com os judeus. Quando Salomão quis construir seu templo e seu palácio, acaso não pediu operários ao rei de Tiro? Está dito inclusive que ele deu ao rei Hirão vinte cidades para obter operários e cedro: era sem dúvida pagar caro, e a transação é estranha. Mas alguma vez os tirenses requisitaram artistas judeus?

O mesmo Josefo de que falamos confessa que sua nação, que ele se esforça por exaltar, "não teve por muito tempo nenhum comércio com as outras nações"; que ela foi desconhecida, em particular, dos gregos, que conheciam entretanto os citas, os tártaros. "Há razão para se espantar", acrescenta ele, livro I, capítulo X, com que "nossa nação, distante do mar e não tendo a pretensão de escrever, tenha sido tão pouco conhecida?"

Quando o mesmo Josefo conta, com seus exageros habituais, a maneira tão honrosa quanto incrível como o rei Ptolomeu Filadelfo comprou uma tradução grega dos livros judaicos, feita por hebreus de Alexandria; Josefo, dizia eu, acrescenta que Demétrio de Falera, que mandou fazer essa tradução para a biblioteca do seu rei, perguntou a um dos tradutores "como é que nenhum historiador, nenhum poeta estrangeiro nunca falou das leis judaicas". O tradutor respondeu: "Como todas essas leis são divinas, ninguém ousou falar delas, e os que quiseram fazê-lo foram castigados por Deus. Teopompo, querendo inserir algo na sua história, perdeu o espírito por trinta dias; mas, tendo reconhecido num sonho que havia ficado louco por ter querido penetrar as coisas divinas e participá-las aos profanos[47], aplacou a cólera de Deus com suas preces e recobrou o bom senso.

"Teodecto, poeta grego, tendo posto numa tragédia alguns trechos que havia extraído dos nossos livros santos, ficou imediatamente cego e só recobrou a vista depois de ter reconhecido sua falta."

Essas duas histórias de Josefo, indignas da história e de um homem que tenha o senso comum, contradizem, na verdade, os elogios que ele dá a essa tradução grega dos livros judaicos; porque, se fosse um crime inserir alguma coisa em outra língua, era sem dúvida um crime bem maior pôr todos os gregos em condições de conhecê-los. Mas, pelo menos, ao contar essas duas historietas, Josefo admite que os gregos nunca tiveram conhecimento dos livros da sua nação.

Inversamente, assim que se estabeleceram em Alexandria, os hebreus dedicaram-se às letras gregas: foram chamados de judeus helenistas. Logo, é indubitável que os judeus, desde Alexandre, tomaram muita coisa emprestada

---

47. Josefo, *História dos judeus*, liv. XII, cap. II.

dos gregos, cuja língua havia se tornado a língua da Ásia Menor e de uma parte do Egito, e que os gregos nada puderam emprestar dos hebreus.

L. Os romanos. Primórdios de seu império e de sua religião; sua tolerância

Os romanos não podem ser contados entre as nações primitivas: são demasiado recentes. Roma só existe há setecentos e cinqüenta anos antes da nossa era vulgar. Quando teve ritos e leis, recebeu-os dos toscanos e dos gregos. Os toscanos lhe comunicaram a superstição dos augúrios, superstição baseada entretanto em observações físicas, na passagem das aves a partir das quais se auguravam as mudanças da atmosfera. Parece que toda superstição possui algo natural como princípio e que muitos erros nasceram de uma verdade de que se abusa.

Os gregos forneceram aos romanos a lei das Doze Tábuas. Um povo que vai buscar leis e deuses em outro povo devia ser um povo pequeno e bárbaro; e os primeiros romanos de fato o eram. Seu território, na época dos reis e dos primeiros cônsules, não era tão extenso quanto o de Ragusa. Está claro que não se deve entender, por rei, monarcas como Ciro e seus sucessores. O chefe de um pequeno povo de bandoleiros nunca pode ser despótico: os butins são compartilhados em comum, e cada um defende sua liberdade como seu bem próprio. Os primeiros reis de Roma eram capitães flibusteiros.

A crer nos historiadores romanos, esse pequeno povo começou raptando as filhas e os bens dos seus vizinhos. Ele ia ser exterminado; mas a ferocidade e a necessidade, que o levavam a essas rapinas, tornaram suas injustiças felizes; ele se manteve estando sempre em guerra; e, por fim, ao cabo de cinco séculos, sendo muito mais aguerrido que todos os outros povos, submeteu a todos, uns depois dos outros, desde o fundo do golfo Adriático até o Eufrates.

No meio do banditismo, o amor à pátria sempre dominou, até o tempo de Sila. Esse amor à pátria consistiu, por mais de quatrocentos anos, em trazer à massa comum o que se havia pilhado nas outras nações: é a virtude dos ladrões. Amar a pátria era matar e despojar os outros homens; mas no seio da república houve grandes virtudes. Os romanos, civilizados com o tempo, civilizaram todos os bárbaros vencidos e se tornaram, por fim, os legisladores do Ocidente.

Os gregos parecem, nos primeiros tempos das suas repúblicas, uma nação superior em tudo aos romanos. Estes somente saem dos seus antros em suas sete montanhas portando punhados de feno, *manipuli*, que lhes servem de bandeiras, para saquear as aldeias vizinhas; estas, ao contrário, só se dedicam a defender sua liberdade. Os romanos roubam a quatro ou cinco milhas ao redor os équos, os volscos, os antiatas. Os gregos rechaçam os incalculáveis exércitos do grande rei da Pérsia e triunfam sobre ele em terra e mar. Esses gregos, vencedores, cultivam e aperfeiçoam todas as belas-artes, e os romanos ignoram todas elas, até a época de Cipião, o Africano.

Observarei aqui dois fatos importantes sobre a religião deles: que eles adotaram ou permitiram os cultos de todos os outros povos, a exemplo dos gregos; e que, no fundo, o senado e os imperadores sempre reconheceram um deus supremo, assim como a maioria dos filósofos e dos poetas da Grécia[48].

A tolerância de todas as religiões era uma lei nova, gravada no coração de todos os homens: porque, com que di-

---

48. Ver o verbete DEUS no *Dicionário filosófico*.

reito um ser criado livre poderia forçar outro ser a pensar como ele? Mas, quando um povo está reunido, quando a religião se tornou lei do Estado, há que se submeter a essa lei: ora, os romanos, por suas leis, adotaram todos os deuses dos gregos, que tinham eles próprios altares para os deuses desconhecidos, como já observamos.

As disposições das Doze Tábuas estipulam: "Separatim nemo habessit deos, neve novos; sed ne advenas, nisi publice adscitos, privatim coluntо." Que ninguém tenha deuses estrangeiros e novos sem a autorização pública. Tal autorização foi dada a vários cultos; todos os outros foram tolerados. Essa associação de todas as divindades do mundo, essa espécie de hospitalidade divina foi o direito das gentes de toda a Antiguidade, salvo talvez em um ou dois pequenos povos.

Como não havia dogmas, não havia guerras de religião. Já bastava que a ambição, a rapina derramassem o sangue humano, sem que a religião acabasse de exterminar o mundo.

Ainda é notável que, entre os romanos, nunca ninguém foi perseguido por sua maneira de pensar. Não há um só exemplo disso, de Rômulo a Domiciano; e entre os gregos só houve o caso de Sócrates.

Também é incontestável que os romanos, como os gregos, adoravam um deus supremo. Seu Júpiter era o único a ser tido como o senhor do trovão, o único a ser chamado de Deus muito grande e muito bom, *Deus optimus, maximus*. Assim, da Itália à Índia e à China, encontramos o culto de um deus supremo e a tolerância em todas as nações conhecidas.

A esse conhecimento de um deus, a essa indulgência universal, que são em toda parte o fruto da razão cultivada, soma-se uma multidão de superstições, que eram o antigo fruto da razão inicial e errônea.

Sabe-se que as galinhas sagradas, a deusa Pertunda e a deusa Cloacina são ridículas. Por que os vencedores e os legisladores de tantas nações não aboliram essas tolices? É que, sendo antigas, elas eram caras ao povo e não prejudicavam o governo. Cipião, Paulo Emílio, Cícero, Catão, os Césares tinham mais a fazer do que combater as superstições do populacho. Quando um velho erro está estabelecido, a política utiliza-o como um freio que o vulgo pôs na própria boca, até que outra superstição venha destruí-la e que a política tire proveito desse segundo erro, como tirou do primeiro.

LI. Questões sobre as conquistas dos romanos e sua decadência

Por que os romanos, que, sob Rômulo, não passavam de três mil habitantes e que tinham um só burgo de mil passos de contorno, se tornaram, com o tempo, os maiores conquistadores da Terra? E como é que os judeus, que pretendem ter tido seiscentos e trinta mil soldados ao saírem do Egito, que sempre caminhavam em meio a milagres, que combatiam sob o mando do deus dos exércitos, nunca conseguiram conquistar somente Tiro e Sidom, nas suas proximidades, e nem sequer estiveram em condições de atacá-las? Por que esses judeus viveram quase sempre na escravidão? Eles tinham todo o entusiasmo e toda a ferocidade que deviam fazer deles conquistadores; e, no entanto, os romanos, distantes deles mil e oitocentas milhas, é que acabam subjugando-os e vendendo-os no mercado.

Não fica claro (humanamente falando e considerando apenas as causas secundárias) que, se os judeus, que esperavam a conquista do mundo, estiveram quase sempre subjugados, foi por culpa deles mesmos? E, se os romanos dominaram, não o mereceram por sua coragem e por sua prudência? Peço humildemente perdão aos romanos por compará-los um só momento com os judeus.

Por que os romanos, durante mais de quatrocentos e cinqüenta anos, só conquistaram uma extensão territorial de cerca de vinte e cinco léguas? Não será porque eram em número muito pequeno e só tinham a combater sucessivamente povos pequenos como eles? Mas, enfim, tendo incorporado a si seus vizinhos derrotados, tiveram força bastante para resistir a Pirro.

Tendo então todas as pequenas nações que os rodeavam se tornado romanas, formou-se assim um povo guerreiro, formidável o bastante para destruir Cartago.

Por que os romanos levaram setecentos anos para terem enfim um império praticamente tão vasto quanto o que Alexandre conquistou em sete ou oito anos? Será porque sempre tiveram de combater nações belicosas e porque Alexandre enfrentou povos debilitados?

Por que esse império foi destruído por bárbaros? Esses bárbaros não eram mais robustos, mais guerreiros que os romanos, debilitados por sua vez sob Honório e seus sucessores? Quando os cimbros vieram ameaçar a Itália, na época de Mário, os romanos devem ter previsto que os cimbros, isto é, os povos do Norte, esfacelariam o império quando não tivessem mais Mário.

A fraqueza dos imperadores, as facções dos seus ministros e dos seus eunucos, o ódio que a antiga religião do império tinha pela nova, as sangrentas desavenças surgidas no cristianismo, as disputas teológicas que tomaram o lugar do manejo das armas e a indolência, o do valor; multidões de monges substituindo os agricultores e os soldados, tudo atraía esses mesmos bárbaros que não tinham podido derrotar a república guerreira e que sufocaram Roma definhada sob imperadores cruéis, afeminados e devotos.

Quando os godos, os hérulos, os vândalos, os hunos inundaram o Império Romano, que medidas os dois imperadores tomaram para escapar dessas tormentas? A diferença entre o *Homoiousios* e o *Homoousios* introduzia a confusão no Oriente e no Ocidente. As perseguições teológicas consumavam a perda de tudo; Nestório, patriarca de Constantinopla, que no início teve grande crédito sob Teodósio II, obteve desse imperador que perseguisse os que pensavam que se devia rebatizar os cristãos apóstatas arrependidos, os que acreditavam que a Páscoa devia ser celebrada no dia 14 da lua de março, os que não faziam os batizandos imergirem três vezes; enfim, ele atormentou tanto os cristãos que estes o atormentaram por sua vez. Chamou a santa Virgem de *Anthropotokos*; seus inimigos, que queriam que o chamassem de *Theotocos* e que sem dúvida tinham razão, pois o concílio de Éfeso decidiu em favor deles, suscitaram-lhe uma perseguição violenta. Essas disputas ocuparam todos os espíritos e, enquanto eles disputavam, os bárbaros dividiam entre si a Europa e a África.

Mas por que Alarico, que, no início do século V, marchou das margens do Danúbio sobre Roma, não começou atacando Constantinopla, se era senhor da Trácia? Como se expôs ao risco de se ver imprensado entre o império do Oriente e o império do Ocidente? É natural, acaso, que ele tenha querido atravessar os Alpes e os Apeninos, se Constantinopla vacilante se oferecia à sua conquista? Os historiadores daquela época, tão mal instruídos quanto os povos eram mal governados, não nos desenvolvem esse mistério; mas é fácil adivinhá-lo. Alarico tinha sido general de exército sob Teodósio I, príncipe violento, devoto e imprudente, que perdeu o império confiando sua defesa aos godos. Venceu com estes seu concorrente, Eugênio; mas os godos descobriram com isso que podiam vencer por conta própria. Teodósio subornava Alarico e seus godos. Esse pagamento tornou-se um tributo, quando Arcádio, filho de Teodósio, subiu ao trono do Oriente. Alarico poupou seu tributário, portanto, para cair sobre Honório e sobre Roma.

Honório tinha como general o célebre Estilicão, o único que podia defender a Itália e que já havia detido as investidas dos bárbaros. Baseando-se em simples suspeitas, Honório mandou lhe cortar a cabeça, sem nenhum processo. Era mais fácil assassinar Estilicão que derrotar Alarico. Esse indigno imperador, retirando-se em Ravena, deixou o bárbaro, que lhe era superior em tudo, sitiar Roma. A antiga senhora do mundo resgatou-se do saque ao preço de cinco mil libras-peso de ouro, trinta mil de prata, quatro mil túnicas de seda, três mil de púrpura e três mil libras de especiarias. Os temperos da Índia serviram para o resgate de Roma.

Honório não quis manter o trato; mandou algumas tropas, que Alarico exterminou. Alarico entrou em Roma em 409, e um godo aí fez um imperador que se tornou seu primeiro súdito. No ano seguinte, enganado por Honório, ele o puniu saqueando Roma. Então todo o império do Ocidente se esfacelou: os habitantes do Norte penetraram de todos os lados e os imperadores do Oriente só se mantiveram tornando-se tributários.

Assim, Teodósio II foi tributário de Átila. A Itália, as Gálias, a Espanha, a África foram presa de quem quer que lá quisesse entrar. Foi esse o fruto da política forçada de Constantino, que havia transferido o Império Romano para a Trácia.

Não há visivelmente um destino que produz o crescimento e a ruína dos Estados? Quem houvesse predito a Augusto que um dia o Capitólio seria ocupado por um sacerdote de uma religião extraída da religião judaica deixaria Augusto espantadíssimo. Por que esse sacerdote terminou apoderando-se da cidade de Cipião e dos Césares? Porque a encontrou na anarquia. Ele se assenhorou dela quase sem esforço; do mesmo modo que os bispos da Alemanha, por volta do século XIII, se tornaram soberanos dos povos de que eram pastores.

Todo acontecimento acarreta outro que não se esperava. Rômulo não supunha fundar Roma nem para os príncipes godos nem para os bispos. Alexandre não imaginava que Alexandria iria pertencer aos turcos, e Constantino não construiu Constantinopla para Maomé II.

LII. Dos primeiros povos que escreveram a história e das fábulas dos primeiros historiadores

É incontestável que os mais antigos anais do mundo são os da China. Esses anais seguem-se sem interrupção. Quase todos circunstanciados, todos sensatos, sem nenhuma mescla de maravilhoso, todos eles baseados em observações astronômicas desde há quatro mil cento e cinqüenta e dois anos, remontam também a muitos séculos além disso, sem datas precisas na verdade, mas com essa verossimilhança que parece aproximar-se da certeza. É bem provável que nações poderosas, como os indianos, os egípcios, os caldeus, os sírios, que tinham grandes cidades, também tivessem anais.

Os povos errantes devem ser os últimos a ter escrito, porque têm menos meios que os outros de possuir arquivos e conservá-los; porque têm poucas necessidades, poucas leis, poucos acontecimentos; porque só se preocuparam com uma subsistência precária; e porque uma tradição oral lhes bastava. Um burgo nunca teve história, um povo errante menos ainda, uma simples cidade muito raramente.

A história de uma nação nunca pode ser escrita senão bem tardiamente; começa-se por alguns registros sumários que são conservados, na medida em que podem sê-lo, num templo ou numa cidadela. Uma guerra infeliz às vezes destrói esses anais, e é preciso recomeçar vinte vezes, como formigas cuja habitação foi pisada. Só ao fim de vários séculos é que uma história um tanto detalhada pode suceder a esses registros informes, e essa primeira história é sempre mesclada de um falso maravilhoso pelo qual se pretende substituir a verdade que falta. Assim, os gregos só tiveram seu Heródoto na octogésima olimpíada, mais de mil anos depois da primeira época relatada nos mármores de Paros. Fábio Pictor, o mais antigo historiador dos romanos, só escreveu na época da segunda guerra contra Cartago, cerca de quinhentos e quarenta anos depois da fundação de Roma.

Ora, se essas duas nações, as mais espirituais da terra – os gregos e os romanos, nossos mestres –, começaram tão tarde sua história, se nossas nações setentrionais não tiveram nenhum historiador antes de Gregório de Tours, poderá alguém acreditar de boa-fé que tártaros vagabundos que dormem na neve, ou trogloditas que se escondem em cavernas, ou árabes errantes e ladrões que erram em montanhas de areia, tenham tido seus Tucídides e Xenofontes? Podem eles saber algo dos seus ancestrais? Puderam adquirir algum conhecimento antes de terem possuído cidades, antes de as terem habitado, antes de terem atraído para elas todas as artes de que eram privados?

Se os samoiedos, ou os nasamônios, ou os esquimós, viessem nos dar anais antedatados de vários séculos, repletos dos mais incríveis feitos d'armas e de uma série contínua de prodígios que subvertem a natureza, acaso não zombaríamos desses pobres selvagens? E, se algumas pessoas amantes do maravilhoso, ou interessadas em dar crédito a ele, torturassem seu espírito para tornar essas tolices verossímeis, não zombaríamos dos seus esforços? E, se somassem ao absurdo destas a insolência de denotar desprezo pelos esclarecidos e a crueldade de perseguir os que duvidassem, não seriam os mais execráveis dos homens? Se um siamês vem me contar as metamorfoses de Samonocodom e me ameaça com a fogueira, se eu lhe fizer objeções, como devo agir com esse siamês?

Os historiadores romanos nos contam, na verdade, que o deus Marte fez dois filhos em uma vestal num século em que a Itália não tinha vestais; que uma loba alimentou esses dois filhos, em vez de devorá-los, conforme já vimos; que Castor e Pólux combateram pelos romanos, que Cúrcio se atirou num abismo e que o abismo se fechou; mas o senado de Roma nunca condenou à morte os que duvidaram de todos esses prodígios: foi permitido rir deles no Capitólio.

Há na história romana acontecimentos bem possíveis que são bem pouco verossímeis. Vários homens doutos já puseram em dúvida a aventura dos gansos que salvaram Roma, e a de Camilo, que destruiu inteiramente o exército dos gauleses. A vitória de Camilo brilha muito, na verdade, em Tito Lívio; mas Polibo, mais antigo que Tito Lívio e mais homem de Estado, diz precisamente o contrário: ele garante que os gauleses, temendo ser atacados pelos vênetos, partiram de Roma carregados de butins, depois de terem firmado a paz com os romanos. Em quem acreditaremos, em Tito Lívio ou em Polibo? Pelo menos, duvidaremos.

Não duvidaremos também do suplício de Régulo, que é encarcerado numa caixa munida de pontas de ferro? Esse gênero de morte é certamente único. Como é que esse mesmo Polibo, quase contemporâneo, esse Polibo, que estava *in loco*, que escreveu tão superiormente a guerra de Roma e Cartago, teria calado sobre um fato tão extraordinário, tão importante e que teria justificado tão bem a perfídia dos romanos para com os cartagineses? Como esse povo teria ousado violar de uma maneira tão bárbara o direito das gentes com Régulo, na época em que os romanos tinham nas mãos vários dos principais cidadãos de Cartago, sobre os quais poderiam se vingar?

Enfim, Diodoro de Sicília relata, num dos seus fragmentos, que, tendo os filhos de Régulo maltratado uns prisioneiros cartagineses, o senado romano repreendeu-os e fez valer o direito das gentes. Não teria o senado permitido uma justa vingança aos filhos de Régulo, se o pai deles tivesse sido assassinado em Cartago? A história do suplício de Régulo se estabelece com o tempo, o ódio contra Cartago lhe dá livre curso; Horácio cantou-a e ninguém duvidou mais.

Se corrermos os olhos pelos primeiros tempos da nossa história da França, tudo nela talvez seja tão falso quanto obscuro e repulsivo; em todo caso, é bem difícil acreditar na aventura de Childerico e de uma tal Bazina, mulher de um certo Bazin, e de um capitão romano, eleito rei dos francos, que ainda não tinham reis.

Gregório de Tours é nosso Heródoto, com a diferença de que é menos divertido, menos elegante que o grego. Os monges que escreveram depois de Gregório foram mais esclarecidos e mais verídicos? Não prodigalizaram às vezes louvações um tanto exageradas a assassinos que lhes haviam dado terras? Nunca cumularam de opróbrios os príncipes sensatos que não lhes deram nada?

Sei que os francos que invadiram a Gália foram mais cruéis que os lombardos, que se apoderaram da Itália, e que os visigodos, que reinaram na Espanha. Vêem-se tantos morticínios, tantos assassinatos nos anais dos Clóvis, Thierry, Childeberto, Chilperico e Clotário, quanto nos dos reis de Judá e de Israel.

Certamente nada é mais selvagem do que esses tempos bárbaros; e, no entanto, não é permitido duvidar do suplício da rainha Brunilda! Ela tinha cerca de oitenta anos quando morreu, em 613 ou 614. Fredegário, que escreveu em fins do século VIII, cento e cinqüenta anos após a morte de Brunilda (e não no século VII, como está dito na cronologia, por um erro de impressão); Fredegário, dizia eu, garante-nos que o rei Clotário, príncipe muito pio, temente a Deus, humano, paciente e bondoso, fez a rainha Brunilda andar de camelo em torno do seu acampamento; depois mandou amarrá-la pelos cabelos, por um braço e uma perna ao rabo de uma égua bravia, a qual arrastou-a viva pelos caminhos, arrebentou-lhe a cabeça contra as pedras e a esfacelou; depois disso, ela foi queimada e reduzida a cinzas. Esse camelo, essa égua bravia, uma rainha de oitenta anos presa pelos cabelos e por um pé ao rabo dessa égua não são coisas muito corriqueiras.

Talvez seja difícil que os poucos cabelos de uma mulher dessa idade pudessem prender-se a um rabo, e que alguém possa ser amarrado a esse rabo pelos cabelos e por um pé ao mesmo tempo. E como foi que tiveram a pia atenção de inumar Brunilda num túmulo, em Autun, depois de tê-la queimado num campo? Os monges Fredegário e Aimoin assim dizem; mas esses monges acaso são um De Thou e um Hume?

Há outro túmulo erigido a essa rainha, no século XV, na abadia de Saint-Martin-d'Autun, que ela havia fundado. Encontrou-se nesse sepulcro um resto de espora. Era, dizem, a espora com que picaram o flanco da égua bravia. Pena que não tenham encontrado também o casco do camelo em que fizeram a rainha montar. Será que essa espora não foi posta aí por inadvertência, ou então como honraria? Porque no século XV uma espora dourada era um grande símbolo de honraria. Em suma, não é razoável suspender o juízo sobre essa estranha aventura tão mal constatada? É verdade que Pasquier diz que a morte de Brunilda *havia sido predita pela sibila*.

Todos esses séculos de barbárie são séculos de horrores e de milagres. Mas devemos crer em tudo o que os monges escreveram? Eles eram quase os únicos a saber ler e escrever, enquanto Carlos Magno mal sabia assinar o nome.

Eles nos instruíram sobre a data de alguns grandes acontecimentos. Acreditamos com eles que Carlos Martel derrotou os sarracenos; mas que tenha matado trezentos e sessenta mil na batalha, é demais, convenhamos.

Dizem que Clóvis, o segundo desse nome, enlouqueceu: não é impossível; mas que Deus tenha afligido seu cérebro para puni-lo por ter pegado um braço de são Dionísio na igreja desses monges, para pô-lo em seu oratório, não é tão verossímil.

Se só tivéssemos anedotas assim a extrair da história da França, ou melhor, da história dos reis francos e de seus prefeitos, poderíamos nos esforçar para lê-la; mas como suportar as mentiras grosseiras de que está repleta? Nelas, sitiam-se continuamente cidades e fortalezas que não existiam. Não havia além-Reno senão burgos sem muralhas, defendidos por paliçadas de estacas e por fossas. Sabe-se que foi só sob Henrique, o Passarinheiro, por volta de 920, que a Germânia teve cidades muradas e fortificadas. Enfim, todos os detalhes desses tempos são fábulas e, o que é pior, fábulas aborrecidas.

LIII. Dos legisladores que falaram em nome dos deuses

Todo legislador profano que ousou fingir que a Divindade lhe havia ditado suas leis era visivelmente um blasfemo e um traidor: blasfemo, porque caluniava os deuses; traidor, porque submetia sua pátria às suas opiniões. Há dois tipos de lei, algumas naturais, comuns a todos e úteis a todos. "Não roubarás; não matarás o próximo; tratarás respeitosamente os que te deram à luz e que cuidaram da tua infância; não tomarás a esposa do teu irmão, não mentirás para prejudicá-lo; ajuda-o em suas necessidades, para merecer ser socorrido por sua vez": eis as leis que a natureza promulgou, do fundo das ilhas do Japão às costas do nosso Ocidente. Nem Orfeu, nem Hermes, nem Minos, nem Licurgo, nem Numa necessitavam que Júpiter viesse no ribombar do trovão anunciar verdades gravadas em todos os corações.

Se eu me houvesse encontrado diante de um desses grandes charlatães na praça pública, eu lhe teria gritado: "Pare, não comprometa assim a Divindade! Você quer me enganar, se a faz descer para ensinar o que todos sabemos; você sem dúvida quer fazê-la servir a algum outro uso; você quer se prevalecer da minha aceitação das verdades eternas para me arrancar a aceitação da sua usurpação: eu o denuncio ao povo como um tirano que blasfema."

As outras leis são as leis políticas: leis puramente civis, eternamente arbitrárias, que ora estabelecem éforos, ora cônsules, comícios por centúrias ou comícios por tribos; um areópago ou um senado; a aristocracia, a democracia ou a monarquia. Seria conhecer muito mal o coração humano acreditar possível que um legislador profano tenha estabelecido uma só dessas leis políticas em nome dos deuses não tendo em vista seu interesse. Enganam assim os homens unicamente em benefício próprio.

Mas todos os legisladores profanos foram velhacos dignos do pior suplício? Não. Do mesmo modo que hoje, nas assembléias dos magistrados, sempre existem almas retas e elevadas que propõem coisas úteis à sociedade, sem se gabar de que elas lhes foram reveladas, assim também, entre os legisladores, muitos havia que instituíram leis admiráveis, sem atribuí-las a Júpiter ou a Minerva. Foi o caso do senado romano, que deu leis à Europa, à Ásia Menor e à África, sem enganá-las; e assim foi, em nossos dias, Pedro, o Grande, que poderia se impor mais facilmente a seus súditos do que Hermes aos egípcios, Minos aos cretenses e Zalmoxis aos antigos citas.

A defesa do meu tio
(1767)

Advertência essencial ou inútil

Quando *peguei na pena* para defender *unguibus et rostro* a memória do meu querido tio contra um libelo desconhecido, intitulado *Suplemento à Filosofia da história*[1], acreditei a princípio tratar-se apenas de um jovem abade dissoluto que, para se divertir, havia falado em sua diatribe das meretrizes da Babilônia, do uso dos garotos, do incesto e da bestialidade. Mas, quando trabalhava como digno sobrinho, soube que o libelo anônimo é do senhor Larcher, ex-repetidor de Letras do colégio Mazarin. Peço-lhe humildemente perdão por tê-lo considerado um rapazola e espero que ele me perdoe por ter cumprido com o meu dever ouvindo o grito do sangue que falava ao meu coração e a voz da verdade, que me ordenava *pegar na pena*.

Grandes temas estão em apreço aqui: trata-se nada menos que dos costumes e das leis, de Pequim a Roma, e até das aventuras do oceano e das montanhas. Encontrar-se-á também nesta pequena obra uma furiosa investida contra o bispo Warburton; mas o leitor judicioso perdoará o calor do meu zelo, quando souber que esse bispo é um herético.

Eu poderia apontar todos os erros do senhor Larcher, mas seria preciso um livro tão volumoso quanto o dele. Só in-

---

1. Ver a *Filosofia da história*, no início do *Ensaio sobre os costumes e o espírito das nações*.

sistirei na sua impiedade. É bem doloroso para olhos cristãos ler em sua obra, página 298, *que os escritores sacros podem ter se enganado como os outros*. É verdade que ele acrescenta, para dissimular o veneno, *no que não pertence ao dogma*.

Mas, caro amigo, quase não há dogmas nos livros hebreus; neles, tudo é história, ou preceito legal, ou cântico, ou profecia, ou moral. O Gênesis, o Êxodo, Josué, os Juízes, os Reis, Esdras, os Macabeus são históricos; o Levítico e o Deuteronômio são leis. Os Salmos são cânticos; os livros de Isaías, Jeremias, etc., são proféticos; a Sabedoria, os Provérbios, o Eclesiastes, o Eclesiástico são moral. Nenhum dogma nisso tudo. Não se pode nem mesmo chamar de *dogma* os dez mandamentos: são leis. *Dogma* é uma *proposição* em que se deve acreditar. Jesus Cristo é consubstancial a Deus, Maria é mãe de Deus, Cristo tem duas naturezas e duas vontades em uma pessoa, a eucaristia é o corpo e o sangue de Jesus Cristo sob as aparências de um pão que não existe mais: eis alguns dogmas. O Credo, que foi composto no tempo de Jerônimo e de Agostinho, é uma profissão de dogmas. No Novo Testamento, há apenas três desses dogmas. Deus quis que fossem extraídos pela nossa santa Igreja do germe que os continha.

Eis, pois, qual é a sua blasfêmia! Você ousa dizer que os autores dos livros sagrados puderam se enganar em tudo o que não é dogma.

Pretende portanto que o Espírito Santo, que ditou esses livros, pode ter se enganado desde o primeiro versículo do Gênesis até o último dos Atos dos apóstolos; e, depois de tal impiedade, você tem a insolência de acusar de impiedade cidadãos de quem nunca se aproximou, em cuja casa não pode ser recebido e que ignorariam sua existência, se você não os houvesse ultrajado.

Que as pessoas de bem se reúnam para impor silêncio a esses infelizes que, mal aparece um bom livro, se insurgem contra a impiedade, assim como os loucos das *petites-maisons**, do fundo das suas celas, se divertem atirando seus dejetos no nariz dos homens bem-postos, por esse secreto instinto de inveja que ainda subsiste em sua demência.

E quem, *pusille grex*, ler a *Defesa do meu tio* digne-se de começar a correr olhos atentos pelo índice e escolha, para se divertir, o tema que for mais do seu gosto.

---

* Hospital parisiense para doentes mentais. (N. do T.)

Exórdio

Um dos primeiros deveres é ajudar o pai, o segundo é ajudar o tio. Sou sobrinho do falecido abade Bazing, de quem um editor ignorante tirou implacavelmente o *g*, que o distinguia dos Bazin da Turíngia, de quem Childerico tomou a rainha Bazina[2]. Meu tio era um teólogo profundo, que foi capelão da embaixada que o imperador Carlos VI enviou a Constantinopla depois da paz de Belgrado. Meu tio sabia perfeitamente grego, árabe e copta. Viajou pelo Egito e por todo o Oriente, por fim estabeleceu-se em Petersburgo na qualidade de intérprete de chinês. Meu grande amor pela verdade não me permite dissimular que, apesar da sua piedade, ele às vezes era um tanto trocista. Quando o senhor de Guignes fez os chineses descenderem dos egípcios; quando pretendeu que o imperador da China, Yu, era visivelmente o rei do Egito Menés, alterando *nés* em *u*, e *me* em *y* (apesar de Menés não ser um nome egípcio, e sim grego), meu tio permitiu-se então uma troça inocente, que, de resto, não devia debilitar o espírito de caridade entre dois intérpretes do chinês. Porque, no fundo, meu tio estimava muito o senhor de Guignes.

....

2. Você percebe, caro leitor, que Bazin é um nome celta e que a mulher de Bazin só podia se chamar Bazina. É assim que se escreve a história.

O abade Bazin amava apaixonadamente a verdade e o próximo. Ele havia escrito a *Filosofia da história* numa das suas viagens ao Oriente; seu grande objetivo era julgar pelo senso comum todas as fábulas da Antiguidade, fábulas em sua maior parte contraditórias. Tudo o que não está na natureza lhe parecia absurdo, salvo o que concerne à fé. Ele respeitava são Mateus tanto quanto zombava de Ctésias e, às vezes, de Heródoto; ademais, respeitosíssimo para com as damas, amigo do decoro e zeloso das leis. Assim era o senhor abade Ambroise Bazing, chamado, por erro dos tipógrafos, de Bazin.

CAPÍTULO I
Da providência

Um homem cruel vem de perturbar suas cinzas com um pretenso *Suplemento à Filosofia da história*. Intitulou assim sua escandalosa sátira, crendo que o simples título de *Suplemento às Idéias do meu tio* lhe angariaria leitores. Mas, desde a página 33 do prefácio, descobrem-se suas intenções perversas. Acusa o piedoso abade Bazin de ter dito que a Providência envia a fome e a peste à Terra. Como, ó incréu, você ousa negar isso! De quem, senão, vêm os flagelos que nos põem à prova e os castigos que nos punem? Diga-me quem é o senhor da vida e da morte! Diga-me quem deu a Davi a escolha entre a peste, a guerra e a fome! Deus não fez perecer setenta mil judeus num quarto de hora e não pôs esse freio à falsa política do filho de Jessé, que pretendia conhecer a fundo a população do seu país? Não puniu com morte súbita cinqüenta mil e setenta betsamitas que haviam ousado espiar a arca? A revolta de Coré, Datã e Abirã não custou acaso a vida de catorze mil e setecentos israelitas, sem contar duzentos e cinqüenta tragados pela terra com seus chefes? Porventura o anjo exterminador não desceu, à voz do Eterno, armado com o gládio da morte, ora para golpear os recém-nascidos de todo o Egito, ora para exterminar o exército de Senaqueribe?

Que digo? Não cai um cabelo da nossa cabeça sem a ordem do senhor das coisas e dos tempos. A Providência faz tudo: Providência ora terrível, ora favorável, diante da qual devemos nos prosternar igualmente na glória e no opróbrio, no gozo delicioso da vida e à beira do túmulo. Assim pensava meu tio, assim pensam todos os sábios. Desgraçado seja o descrente que contradiz essas grandes verdades em seu fatal prefácio!

CAPÍTULO II
A apologia das damas da Babilônia

O inimigo do meu tio começa seu estranho livro dizendo: "Eis as razões que me levaram a pegar na pena."

Pegar na pena! Amigo, que expressão! Meu tio, que quase havia esquecido sua língua em suas longas viagens, falava francês melhor que você.

Vou deixá-lo disparatar e dizer injúrias a propósito de Camos, de Nínive e de Assur. Engane-se quanto quiser sobre a distância de Nínive à Babilônia: isso não prejudica em nada as damas, pelas quais meu tio tinha tão profundo respeito e que você ultraja tão barbaramente.

Você julga que, na época de Heródoto, todas as damas da imensa cidade da Babilônia iam regularmente prostituir-se diante do templo ao primeiro que aparecesse, e até por dinheiro. E você acredita nisso porque Heródoto disse!

Oh! como o meu tio estava longe de imputar às damas tal infâmia! De fato, que divertido seria ver nossas princesas, nossas duquesas, a senhora chanceler, a senhora primeira presidenta e todas as damas de Paris oferecendo por um escudo, na igreja de Notre-Dame, seus favores ao primeiro barqueiro, ao primeiro cocheiro que tivesse gosto por essa augusta cerimônia!

Sei que os costumes asiáticos são diferentes dos nossos, e sei melhor que você, pois acompanhei meu tio à Ásia; mas a diferença nesse ponto é que os orientais sempre foram mais severos que nós. As mulheres, no Oriente, sempre foram trancadas, em todo caso elas nunca saíram de casa sem um véu. Quanto mais vivas as paixões nesses climas, mais molestadas as mulheres. Foi para tomar conta delas que imaginaram os eunucos. O ciúme inventou a arte de mutilar os homens para garantir a fidelidade das mulheres e a inocência das moças. Os eunucos já eram comuníssimos no tempo em que os judeus viviam em república. Lê-se que Samuel, querendo conservar sua autoridade e desejando dissuadir os judeus de adotar um rei, disse a eles que esse rei teria eunucos a seu serviço.

Como acreditar que na Babilônia, na cidade mais civilizada do Oriente, homens tão ciumentos de suas mulheres tenham mandado todas elas se prostituírem num templo aos mais vis estrangeiros? Que todos os esposos e todos os pais tenham sufocado assim a honra e o ciúme? Que todas as mulheres e todas as moças tenham espezinhado o pudor tão natural a seu sexo? O contador de histórias Heródoto pode ter divertido os gregos com essa extravagância, mas nenhum homem sensato deve ter acreditado nele.

O detrator do meu tio e do belo sexo quer que a coisa seja verdadeira, e sua grande razão é que às vezes os gauleses ou *velches* imolaram homens (e provavelmente cativos) a seu malvado deus Teutates. Mas, porventura, do fato de que os bárbaros faziam sacrifício de sangue humano; de que os judeus imolaram ao Senhor trinta e duas virgens, das trinta e duas mil encontradas no campo dos midianitas com sessenta e um mil asnos; de que, enfim, em nossos últimos tempos, imolamos tantos judeus em nossos autos-de-fé, em

Lisboa, Goa, Madri, se segue que todas as belas babilônias se deitavam com cavalariços estrangeiros na catedral da Babilônia? A religião de Zoroastro não permitia que as mulheres comessem com estrangeiros; ter-lhes-ia permitido deitar-se com eles?

O inimigo do meu tio, que, parece-me, tem suas razões para que esse belo costume se estabeleça nas grandes cidades, convoca o profeta Baruque em socorro de Heródoto e cita o sexto capítulo da profecia desse sublime Baruque; mas ele talvez não saiba que esse sexto capítulo é precisamente aquele, de todo o livro, mais obviamente supositício. É uma suposta carta de Jeremias aos pobres judeus que eram levados acorrentados para a Babilônia; são Jerônimo fala dela com o maior desprezo. Quanto a mim, não desprezo nada do que está inserido nos livros judaicos. Sei todo o respeito que devemos a esse admirável povo, que se converterá um dia e será senhor de toda a terra.

Eis o que está dito nessa suposta carta: "Vemos na Babilônia mulheres com cinto de cordinhas (ou de fitas) sentadas nas ruas, queimando caroços de azeitona. Os passantes as escolhem, e a que teve a preferência zomba da colega que foi desprezada e cujo cinto não foi desamarrado."

Devo confessar que uma moda mais ou menos parecida instalou-se em Madri e no bairro do Palais-Royal, em Paris. Está muito em voga nas ruas de Londres; e os *musicos** de Amsterdam tiveram grande reputação.

A história geral dos b... pode ser curiosíssima. Os estudiosos por enquanto só trataram desse grande tema por partes isoladas. Os b... de Veneza e de Roma começam a degenerar um pouco, porque todas as belas-artes entram em decadência. Era sem dúvida a mais bela instituição do espírito humano, antes da viagem de Cristóvão Colombo às

* Bordéis holandeses, onde também se fazia música. (N. do T.)

ilhas Antilhas. O cancro, que a Providência havia relegado nessas ilhas, inundou desde então toda a cristandade; e esses belos b... consagrados à deusa Astartéia, ou a Derceto, Milita, Afrodite ou Vênus, perderam hoje todo o seu esplendor. Creio que o inimigo do meu tio ainda os freqüenta como restos dos costumes antigos; mas, enfim, não é uma razão para ele afirmar que a magnífica Babilônia não passava de um vasto b... e que a lei do país ordenava que as mulheres e as filhas dos sátrapas, ou mesmo as filhas do rei, esperassem os passantes nas ruas. É bem pior do que se disséssemos que as mulheres e as filhas dos burgomestres de Amsterdam são obrigadas, pela religião calvinista, a se entregarem nos *musicos* aos marinheiros holandeses que voltam da Índia Maior.

Eis como os viajantes provavelmente confundem todos os dias um abuso da lei com a própria lei, um grosseiro costume do baixo povo com um uso da corte. Ouvi muitas vezes meu tio falar sobre esse grande tema com uma extrema edificação. Ele dizia que, de mil quintais-peso de relatos e de velhas histórias, não se extrairiam mais que dez onças de verdades.

Note, por favor, caro leitor, a malícia do licencioso que ultraja de forma tão clandestina a memória do meu tio; ele exagera o texto sagrado de Baruque; ele o falsifica para estabelecer seu b... na catedral da própria Babilônia. O texto sagrado do apócrifo Baruque diz, na Vulgata: *Mulieres autem circumdatae funibus in viis sedent*. Nosso inimigo sacrílego traduziu: "Mulheres cingidas de cordas estão sentadas nas alamedas do templo." A palavra *templo* não está em parte alguma do texto.

Pode-se levar a devassidão a ponto de querer que se aja assim licenciosamente nas igrejas? O inimigo do meu tio tem de ser um homem de muito mau caráter.

Se ele quisesse justificar a licenciosidade com grandes exemplos, poderia ter escolhido o célebre direito de prelibação, de *marquette*, de *jambage*, de *cuissage**, que alguns senhores de castelo se haviam arrogado na cristandade, no começo do belo governo feudal. Barões, bispos, abades tornaram-se legisladores e ordenaram que, em todos os casamentos nos arredores de seus castelos, a primeira noite de núpcias seria deles. É difícil saber até onde eles levavam sua legislação; se eles se contentavam em pôr uma perna na cama da noiva, como quando se casava uma princesa por procuração, ou se punham as duas coxas. Mas o que é certo é que esse direito de *cuissage*, que era de início um direito de guerra, foi enfim vendido aos vassalos pelos senhores, seja seculares, seja regulares, que compreenderam sabiamente que, com o dinheiro desse resgate, poderiam ter mulheres mais bonitas.

Mas, caro leitor, note principalmente que esses costumes esquisitos, estabelecidos numa fronteira por alguns bandoleiros, não têm nada em comum com as leis das grandes nações; que nunca o direito de *cuissage* foi aprovado por nossos tribunais; e nunca os inimigos do meu tio, por mais encarniçados que sejam, encontrarão uma lei babilônica que tenha ordenado a todas as damas da corte que deitassem com os passantes.

CAPÍTULO III
Do Alcorão

Nosso infame depravado procura um subterfúgio entre os turcos para justificar as damas da Babilônia. Ele toma a comédia do *Arlequim Ulla* por lei dos turcos. "No Oriente", diz ele, "se um marido repudia sua mulher, só pode retomá-la se ela tiver casado com outro homem que passe a noite

----

* Nomes dados ao *jus primae noctis*. (N. do T.)

com ela, etc." Nosso licencioso conhece seu Alcorão tão mal quanto seu Baruque. Que ele leia o capítulo II do grande livro árabe transmitido pelo anjo Gabriel e o quadragésimo quinto parágrafo da Sunnah: é no capítulo II, intitulado *A vaca*, que o profeta, que sempre demonstrou grande cuidado com as damas, dita as leis sobre o casamento delas e sobre seu dote: "Não será um crime", diz ele, "se vos divorciardes de vossas mulheres antes de as haverdes tocado ou fixado o dote... E, se vos divorciardes delas antes de as haverdes tocado e depois de haver fixado o dote, estareis obrigado a pagar-lhes a metade do dote, etc., a não ser que o novo marido não o queira receber."

KISRON HECBALAT DOROMFET ERNAM RABOLA ISRON
TAMON ERG BEMIN ALDEG EBORI CARAMAFEN, etc.

Não há lei mais sábia, talvez. Às vezes os turcos abusam delas, como de tudo se abusa. Mas, em geral, pode-se dizer que as leis dos árabes, adotadas pelos turcos, seus vencedores, são pelo menos tão sensatas quanto os costumes das nossas províncias, que vivem em oposição umas com as outras.

Meu tio tinha em alta conta a jurisprudência turca. Em minha viagem a Constantinopla, notei que conhecíamos muito pouco esse povo, de que somos tão vizinhos. Nossos monges ignorantes não pararam de caluniá-lo. Eles sempre chamam a religião deles de *sensual*: não há nenhuma que mortifique mais os sentidos. Uma religião que ordena cinco preces por dia, a abstinência do vinho, o jejum mais rigoroso; que proíbe todos os jogos de azar; que ordena, sob pena de danação, dar dois e meio por cento de seus rendimentos aos pobres, certamente não é uma religião voluptuosa e não favorece, como tanto se disse, a cobiça e a indolência. Imagina-se, em nosso país, que cada paxá tem um serralho com setecentas mulheres, trezentas concubinas, uma centena de bonitos pajens e outros tantos eunucos negros. São fábulas dignas de nós. É bom jogar no fogo tudo o que se disse até agora sobre os muçulmanos. Pretendemos que eles são Sardanapalos por acreditarem num só deus. Um erudito turco, amigo meu, chamado Notmig, trabalha atualmente na história do seu país; vai sendo traduzida à medida que ele a redige. Logo o público será esclarecido sobre todos os erros difundidos até hoje sobre os fiéis crentes.

CAPÍTULO IV
Dos romanos

Como o senhor abade Bazin era casto! Em que elevado conceito tinha o pudor! Diz ele, a certa altura de seu douto livro, página 54 (vol. XV): "Gostaria muito de acreditar em Díon Cássio, que garante que os graves senadores de Roma propuseram um decreto pelo qual César, com cinqüenta e sete anos de idade, teria o direito de usufruir de todas as mulheres que quisesse."

"Que há de tão extraordinário assim em tal decreto?", exclama nosso descarado censor. Ele acha tudo isso simplicíssimo, e logo apresentará uma proposta idêntica ao parlamento. Gostaria de saber que idade ele tem. Por Deus! Que homem! Salomão, possuidor de setecentas mulheres e trezentas concubinas, não chegava a seus pés.

CAPÍTULO V
Da sodomia

Meu tio, sempre discreto, sempre sábio, sempre persuadido de que nunca as leis puderam violar os costumes, assim se exprime na *Filosofia da história*, página 55 (vol. XV): "Não acreditarei tampouco em Sexto Empírico, que pretende que a pederastia era regulamentada entre os persas. Quanta piedade! Como imaginar que os homens tenham elaborado uma lei que, se tivesse sido cumprida, teria destruído a raça dos homens? A pederastia, ao contrário, era expressamente proibida no livro do *Zend*; e é o que podemos ver no resumo do *Zend*, o *Sadder*, no qual está dito (porta 9) *que não há pecado maior*."

Quem poderia acreditar, caro leitor, que o inimigo da minha família não se contenta em querer que todas as mulheres se deitem com o primeiro que aparecer, mas queira além disso insinuar sutilmente o amor aos rapazes? "Os jesuítas", diz ele, "não têm nada a deslindar aqui." Alto lá, meu caro, meu tio não falou dos jesuítas! Sei que ele estava em Paris quando o R. P. Marsy e o R. P. Fréron foram corridos do colégio Louis le Grand por suas sem-vergonhices; mas isso não tem nada em comum com Sexto Empírico: esse escritor duvidava de tudo, mas ninguém duvida da aventura desses dois reverendos padres.

"Por que perturbar despropositadamente seus manes?", você pergunta na apologia que faz do pecado de Sodoma. É verdade que o irmão Marsy morreu, mas o irmão Fréron ainda vive. Só suas obras é que morreram; e, quando se diz dele que está *morto de beber* quase todos os dias, é por catacrese ou, se quiserem, por uma espécie de metonímia.

Você se compraz em citar a dissertação do falecido senhor Jean-Matthieu Gessner, que tem por título *Socrates sanctus paederasta*, Sócrates, o santo p...[3] Isso é de fato intolerável; mas tal aventura poderia perfeitamente ocorrer

....

3. Quem poderia acreditar, caro leitor? Isso está impresso na página 209 do livro do senhor Toxotes, intitulado *Suplemento à Filosofia da história*.

com você ou com o falecido senhor Deschaufour; o abade Desfontaines evitou-a.

É notável na história do espírito humano que tantos foliculários sejam indignos de crédito. Procurei saber por quê: pareceu-me que os foliculários são em sua maioria uns porcos expulsos dos colégios, que nunca conseguiram ser recebidos na roda das damas; esses pobres coitados, premidos por suas torpes necessidades, se satisfazem com os rapazolas que lhes trazem da tipografia a folha a corrigir ou com os engraxatezinhos do bairro. Foi o que aconteceu com o ex-jesuíta Desfontaines, predecessor do ex-jesuíta Fréron[4].

Você não se envergonha, caro amigo nosso, de recordar todo esse lixo num *Suplemento à Filosofia da história?* Como! Você quer escrever a história da sodomia? "Ainda teremos a oportunidade de falar a esse respeito em outra obra", afirma ele. E chega a arranjar um sírio, chamado Bardezane, que disse que entre os velches todos os garotinhos faziam tal infâmia: *Para de Gallois oi neoi gamountai*; παρα δὴ Γάλλοις οἱ νέοι γαμοῦνται. Irra, vil criatura! Como você ousa misturar essas torpezas com o sábio decoro que meu tio tanto prezava? Como ousa ultrajar assim as damas e faltar a tal ponto ao respeito com a augusta imperatriz da Rússia, a quem dediquei o instrutivo e sábio livro do falecido abade Bazin?

....

4. *Un ramoneur à face basanée,*
Le fer en main, les yeux ceints d'un bandeau,
S'allait glissant dans une cheminée,
Quand de Sodome un antique bedeau
Vint endosser sa figure inclinée, etc.

[Um limpador de chaminés de pele morena, / Com o ferro na mão e uma faixa nos olhos, / Ia deslizando numa chaminé, / Quando de Sodoma um velho sacristão / Veio nele encostar sua figura inclinada, etc. (N. do T.)]

CAPÍTULO VI
Do incesto

Não bastou ao cruel inimigo do meu tio negar a Providência, tomar partido das ridículas fábulas de Heródoto contra a boa razão, falsificar Baruque e o Alcorão, fazer apologia dos b... e da sodomia; ele também quer canonizar o incesto. O abade Bazin sempre esteve convencido de que o incesto de primeiro grau, isto é, entre o pai e a filha, entre a mãe e o filho, nunca foi permitido nas nações civilizadas. A autoridade paterna, o respeito filial sofreriam em demasia com isso. A natureza, fortalecida por uma educação decente, se revoltaria com horror.

Os judeus podiam casar-se com a irmã, admito. Quando Amnon, filho de Davi, violentou sua irmã, Tamar, filha de Davi, Tamar disse a ele, com todas as letras: "Não faças tolice, pois eu não poderei suportar esse opróbrio e tu passarás por louco; mas pede-me ao rei, meu pai, em casamento, e ele não te recusará."

Esse costume é algo contraditório com o Levítico; mas os contraditórios muitas vezes se conciliam. Os atenienses se casavam com as irmãs por parte de pai; os lacedemônios, com as irmãs uterinas; os egípcios, com as irmãs por parte de pai ou de mãe. Isso não era permitido aos romanos: eles não podiam se casar nem mesmo com as sobrinhas. O imperador Cláudio foi o único que obteve essa graça do senado. Em nosso país, oriundo de bárbaros, pode-se casar com a sobrinha com permissão do papa, mediante a taxa ordinária, que remonta, creio eu, a quarenta mil escudos de prata, contando as despesas miúdas. Sempre ouvi dizer que havia custado apenas oitenta mil francos ao senhor de Montmartel. Conheço quem se deitou com a sobrinha a preço bem mais em conta. Enfim, é incontestável que o papa tem, por direito divino, o poder de dispensar de todas as leis. Meu tio até acreditava que, num caso premente, Sua Santidade podia permitir que um irmão se casasse com a irmã, principalmente, é claro, se fosse vantajoso para a Igreja: porque meu tio era um grande servidor do papa.

Quanto à dispensa para se casar com o pai ou com a mãe, ele achava o caso muito embaraçoso; e até duvidava, se ouso dizer, que o direito divino do santo padre pudesse se estender até aí. Ao que parece, não temos nenhum exemplo disso na história moderna.

Na verdade, Ovídio diz em suas belas *Metamorfoses*, livro X, 331:

> ... Gentes tamen esse feruntur
> In quibus et nato genitrix et nata parenti
> Jungitur; et pietas geminato crescit amore.

Ovídio tinha sem dúvida em vista os persas babilônicos, que os romanos, inimigos deles, acusavam dessa infâmia.

O partidário dos pecados da carne, que escreveu contra o meu tio, desafia-o a encontrar outra passagem que não a de Catulo. Pois bem, qual seria o resultado? Que só se encontraria um acusador contra os persas e que, por conseguinte, não se deve julgá-los culpados. Mas basta que um autor tenha dado crédito a um boato para que vinte autores façam eco. Os húngaros fazem hoje aos turcos mil reparos, que não são mais bem fundados.

O próprio Grócio, em seu péssimo livro sobre a religião cristã, chega ao ponto de citar a fábula do pombo de Maomé. Sempre se procura tornar os inimigos odiosos e ridículos.

Nosso inimigo sem dúvida não leu um extrato do Zend Avesta, de Zoroastro, comunicado em Surate a Lordius, por um desses magos que ainda subsistem. Os ignícolas sempre tiveram a permissão de ter cinco mulheres; mas é dito expressamente que sempre lhes foi vedado casar-se com as primas. Está aí uma coisa positiva. Tavernier, em seu livro IV, confessa que essa verdade lhe foi confirmada por outro mago.

Por que nosso incestuoso adversário acha ruim que o senhor abade Bazin tenha defendido os antigos persas? Por que ele diz que era de uso deitar-se com a mãe? O que ganha ele com isso? Será que quer introduzir esse uso em nossas famílias? Ah, como ele se contenta com a boa fortuna da Babilônia!

CAPÍTULO VII
Da bestialidade e do bode do sabá

Ao bárbaro inimigo do meu tio só faltava o pecado da bestialidade; torna-se finalmente réu dele. O senhor abade Bazin havia estudado a fundo a história da feitiçaria desde Janes e Mambres, conselheiros do rei, feiticeiros, na corte de Faraó, até o R. P. Girard, acusado judicialmente de ter endiabrado a senhorita Cadière soprando-a. É pena que os seus manuscritos tenham se perdido. Ele comenta seus grandes segredos em sua *Filosofia da história*. "O bode com o qual as feiticeiras supostamente se acoplavam vem desse antigo trato que os judeus tiveram com os bodes no deserto; o que lhes é recriminado no Levítico."

Note, por favor, a discrição e o pudor do meu tio. Ele não diz que as feiticeiras se acoplam com um bode; ele diz que se supunha que elas se acoplavam.

E, com isso, meu homem se esquenta como um calabrês com sua cabra e passa a falar a torto e a direito de fornicação com animais, e cita Píndaro e Plutarco para provar que as damas da dinastia de Mendes se deitavam publicamente com bodes. Veja como ele quer justificar os judeus por meio das mulheres de Mendes. Até quando ele ultrajará as damas? Não lhe basta prostituir as princesas da Babilônia aos tropeiros: ele dá bodes como amantes das princesas de Mendes. Aguardo a vez das parisienses.

É bem verdade, e confesso isto com um suspiro, que o Levítico faz essa censura às damas judias que erravam no deserto. Eu direi, para justificação delas, que elas não podiam se lavar num país em que falta absolutamente água e em que ainda se é obrigado a trazê-la em lombo de camelo. Elas não podiam trocar de roupa nem de sapato, pois conservaram durante quarenta anos as mesmas vestimentas graças a um milagre especial. Elas não tinham camisa. Pelo seu cheiro, os bodes do lugar podem perfeitamente tê-las tomado por cabras. Essa conformidade pode ter estabelecido certa galanteria entre as duas espécies: meu tio pretendia que esse caso foi raríssimo no deserto, do mesmo modo que ele havia verificado que era muito raro na Calábria, apesar de tudo o que se diz a respeito. Mas, enfim, parecia-lhe evidente que algumas damas judias haviam caído nesse pecado. O que o Levítico diz não se pode pôr em dúvida. Nunca lhes haveriam imputado intrigas amorosas de que elas não fossem culpadas.

"Não oferendem mais aos peludos com os quais fornicaram" (Levítico, capítulo 17.)

"As mulheres não fornicarão com os animais" (capítulo 19).

"A mulher que servir de súcubo a um animal será punida com o animal, e o sangue de ambos cairá sobre eles" (capítulo 20).

Esta expressão notável: *o sangue de ambos cairá sobre eles*, prova irrefutavelmente que, na época, considerava-se que os animais tinham inteligência. Não somente a cobra e a mula haviam falado, mas Deus, depois do dilúvio, havia feito um pacto, uma aliança, com os animais. É por isso que ilustríssimos comentadores consideram a punição dos animais que haviam subjugado mulheres análoga a tudo o que é dito dos animais na Sagrada Escritura. Eles eram capazes de bem e de mal. Quanto aos peludos, acredita-se em todo o Oriente que sejam macacos. Mas é certo que os orientais se enganaram quanto a isso, porque não há macacos na Arábia Deserta. Os macacos são sensatos demais para irem a um país árido em que é preciso trazer de longe a comida e a bebida. Por peludos é absolutamente necessário entender os bodes.

São conhecidos a coabitação das feiticeiras com o bode, o costume de possuí-lo por trás, que se tornou proverbial, a dança em ronda que se executa em torno dele, o bater neles com verbena; e todas as cerimônias dessa orgia vêm dos judeus, que as tomaram dos egípcios, porque os judeus nunca inventaram nada.

Possuo um manuscrito judeu que tem, creio, mais de dois mil anos de antiguidade. O original, parece-me, deve ser do tempo do primeiro ou do segundo Ptolomeu: é um detalhamento de todas as cerimônias de adoração do bode, e é provavelmente com base num exemplar dessa obra que os que se dedicaram à magia compuseram o chamado *Grimório*. Um grande de Espanha ofereceu-me por ele cem luíses de ouro; não o venderia nem por duzentos. O bode é sempre e somente chamado de *peludo* nessa obra. Ele calaria todas as más críticas do inimigo do meu falecido tio.

De resto, folgo em informar à derradeira posteridade que um erudito de grande sagacidade, tendo visto neste capítulo que o senhor *** é réu do pecado de *bestialidade*, anotou à margem: Ler *besteira*.

CAPÍTULO VIII
*De Abraão e de Ninon L'Enclos**

O senhor abade Bazin estava persuadido, com Onkelos e todos os judeus orientais, de que Abraão tinha em torno de cento e trinta e cinco anos quando partiu da Caldéia. Não importa muito saber que idade tinha o pai dos crentes. Quando Deus julgar a nós todos no vale de Josafá, é provável que não nos punirá por termos sido maus cronologistas, como o detrator do meu tio. Ele será punido por ter sido vão, insolente, grosseiro e caluniador, e não por ter carecido de espírito e ter aborrecido as damas.

É bem verdade que está dito no Gênesis que Abraão saiu de Harã, na Mesopotâmia, com setenta e cinco anos, depois da morte do seu pai, Terá, o oleiro; mas também está dito no Gênesis que Terá, seu pai, tendo-o gerado aos setenta anos, viveu até duzentos e cinco. Logo é absolutamente necessário explicar uma das duas passagens pela outra. Se Abraão partiu da Caldéia depois da morte de Terá, aos duzentos e cinco anos, e se Terá o teve aos setenta, então é claro que Abraão tinha cento e trinta e cinco quando se pôs a viajar. Nosso pesado adversário propõe outro sistema para esquivar a dificuldade; ele chama Fílon, o judeu, em seu auxílio e crê dar o troco ao meu caro leitor dizendo que a cidade de Harã é a mesma que Carres. Mas, por favor, o que a cidade de Carres tem a ver com a idade de Abraão e Sara?

Perguntava-se também ao meu tio como Abraão, vindo da Mesopotâmia, podia se fazer ouvir em Mênfis? Meu tio respondia que não sabia, que não se preocupava com isso; que acreditava em tudo o que se encontra na Sagrada Escri-

....

* A grafia hoje usual do nome da célebre personagem é Ninon de Lenclos. (N. do T.)

tura, sem pretender explicar nada, e que esta era uma questão para os senhores da Sorbonne, que jamais se enganaram.

O que é muito mais importante é a impiedade com a qual nosso mortal inimigo comparou Sara, a mulher do pai dos crentes, com a famosa Ninon L'Enclos. Ele se pergunta como é possível que Sara, aos setenta e cinco anos, indo de Siquém a Mênfis de burro, para buscar trigo, tenha encantado o coração do rei do soberbo Egito e, depois, teve o mesmo efeito sobre o rei de Gerara, na Arábia Deserta. Ele responde a essa dificuldade com o exemplo de Ninon. "Sabe-se", diz ele, "que aos oitenta anos Ninon foi capaz de inspirar no abade Gédoin sentimentos que são feitos apenas para a juventude ou a idade viril." Confesse, caro leitor, que aí está uma divertida maneira de explicar a Sagrada Escritura; ele quer se divertir, acredita que este é o bom-tom. Quer imitar meu tio; mas, quando certo animal de orelhas compridas, quer dar a pata como um cachorrinho, você sabe como o tratam.

Ele se engana sobre a história moderna como sobre a história antiga. Ninguém está em melhores condições que eu de informar sobre os últimos anos de senhorita L'Enclos, que não se parecia em nada com Sara. Sou seu legatário: eu a vi nos últimos anos de vida; ela estava seca como uma múmia. É verdade que lhe apresentaram o abade Gédoin, que saía então dos jesuítas, mas não pelas mesmas razões que Desfontaines e Fréron saíram. Eu ia de vez em quando à sua casa com esse abade, que tinha por casa a nossa. Ele estava bem longe de sentir desejos por uma decrépita enrugada que não tinha sobre os ossos mais que uma pele amarela puxando para o preto.

Não era ao abade Gédoin que se imputava essa loucura: era ao abade Châteauneuf, irmão daquele que tinha sido embaixador em Constantinopla. Châteauneuf teve de fato a fantasia de se deitar com ela vinte anos antes. Ela ainda era muito bonita na idade de quase sessenta anos. Ela lhe concedeu, rindo, um encontro para certo dia do mês. "E por que esse dia e não outro?", perguntou o abade de Châteauneuf. "É porque terei então sessenta anos completos", respondeu ela. Eis a verdade dessa historieta, que tanto correu e que o abade de Châteauneuf, meu bom padrinho, a quem devo meu batismo, tantas vezes me contou na minha infância, *para me formar o espírito e o coração*. Mas a senhorita L'Enclos não esperava ser um dia comparada com Sara num libelo feito contra o meu tio.

Se bem que Abraão não me tenha posto no seu testamento e que Ninon L'Enclos me tenha posto no dela, eu a deixo aqui pelo pai dos crentes. Sou obrigado a informar ao abade Fou..., detrator do meu tio, o que pensam de Abraão todos os guebros que encontrei em minhas viagens. Eles o chamam de Ebrahim e lhe dão o apelido de *Zer-ateukt*: é nosso Zoroastro. Sabe-se que esses guebros dispersos, que nunca se misturaram com as outras nações, dominavam a Ásia antes do estabelecimento da horda judaica e que Abraão era da Caldéia, pois o Pentateuco assim diz. O senhor abade Bazin havia aprofundado essa questão; ele costumava dizer-me: "Sobrinho, não conhecemos suficientemente os guebros, não conhecemos suficientemente Ebrahim; creia-me, leia com atenção o Zend Avesta e o Veda."

CAPÍTULO IX
De Tebas, de Bossuet e de Rollin

Meu tio, como eu já disse, apreciava o maravilhoso, a ficção, em poesia; mas detestava-os na história. Não podia suportar que pusessem contadores de fábulas ao lado de um Tácito, nem um Gregório de Tours junto de um Rapin-

Thoiras. Foi seduzido na juventude pelo estilo brilhante do discurso de Bossuet sobre a *História universal*. Mas, quando estudou um pouco a história e os homens, viu que a maioria dos autores só queria escrever mentiras agradáveis e surpreender seus leitores com aventuras incríveis. Tudo era escrito como um Amadis. Meu tio ria quando via Rollin copiar Bossuet palavra por palavra, e Bossuet copiar os antigos, que disseram que dez mil combatentes saíam de cada uma das cem portas de Tebas, e mais duzentos carros armados para a guerra de cada porta: seria um milhão de soldados numa só cidade, sem contar os cocheiros e os guerreiros que estavam nos carros, o que daria mais quarenta mil homens, contando apenas duas pessoas por carro.

Meu tio notava com toda razão que seriam necessários pelo menos cinco ou seis milhões de habitantes nessa cidade de Tebas para fornecer esse número de guerreiros. Ele sabia que não há, hoje, mais de três milhões de cabeças no Egito; ele sabia que Diodoro de Sicília não admitia mais que isso em sua época. Assim, ele reduzia em muito todos os exageros da Antiguidade.

Ele duvidava de que tenha existido um Sesóstris que partiu do Egito para conquistar o mundo inteiro com seiscentos mil homens e vinte e sete mil carros de guerra. Isso lhe parecia digno de Picrochole, em Rabelais. A maneira como essa conquista do mundo inteiro foi preparada lhe parecia ainda mais ridícula. O pai de Sesóstris havia destinado o seu filho a essa bela expedição dando fé a um sonho, porque os sonhos eram então avisos certeiros enviados pelo céu e o fundamento de todos os empreendimentos. O bom homem, de que nem dizem o nome, resolveu destinar todos os meninos que haviam nascido no mesmo dia que seu filho a ajudá-lo na conquista da terra; e, para fazer de todos eles heróis, só lhes servia o almoço depois de tê-los feito correr cento e oitenta estádios de um só fôlego. É bom correr num país lamacento, em que a gente se atola até a metade da perna e onde quase todas as comunicações são feitas por barco, nos canais.

Que faz o implacável censor do meu tio? Em vez de sentir todo o ridículo dessa história, ele resolve avaliar o grande e o pequeno estádio; e acredita provar que os garotinhos destinados a derrotar toda a terra corriam apenas três das nossas grandes léguas e meia para terem almoço.

Trata-se de fato de saber se Sesóstris, que nunca tinha ouvido falar de estádio, que é uma medida grega, contava mesmo usando um grande ou um pequeno estádio. Eis o ridículo de quase todos os comentadores e dos escoliastas: eles se prendem à explicação arbitrária de uma palavra inútil e desprezam o fundo das coisas. Trata-se aqui de desenganar os homens sobre as fábulas com que eles vêm sendo embalados desde há tantos séculos. Meu tio pesa as probabilidades na balança da razão; chama seus leitores ao bom senso, e outros vêm nos falar de grandes e pequenos estádios!

Confessarei também que meu tio dava de ombros quando lia em Rollin que Xerxes havia mandado dar trezentas chibatadas no mar; que tinha mandado jogar no Helesponto um par de algemas para agrilhoá-lo; que havia escrito uma carta ameaçadora ao monte Atos; e que, enfim, quando chegou ao desfiladeiro das Termópilas, onde dois homens não podem passar lado a lado, era seguido por cinco milhões, duzentas e oitenta e três mil duzentas e vinte pessoas, como diz o verídico e exato Heródoto.

Meu tio sempre dizia: "Apertem-se, apertem-se!", lendo esses contos da carochinha. Dizia: "Heródoto fez bem em divertir e adular os gregos com esses romances, e Rollin fez mal em não reduzi-los a seu justo valor, ao escrever para os franceses do século XVIII."

CAPÍTULO X
Dos sacerdotes, ou profetas, ou schoen *do Egito*

Sim, bárbaro, os sacerdotes do Egito se chamavam *schoen*, e o Gênesis não lhes dá outro nome; a própria Vulgata traduz esse nome como *sacerdos*. Mas que importam os nomes? Se você soubesse tirar proveito da *Filosofia* do meu tio, teria procurado saber quais eram as funções desses *schoen*, suas ciências, suas imposturas; teria tratado de saber se um *schoen* era sempre, no Egito, um homem constituído em dignidade, como entre nós um bispo ou mesmo um arquidiácono; ou se às vezes eles se arrogavam o título de *schoen* como entre nós há quem se faça chamar de senhor abade sem ter abadia; se um *schoen*, por ter sido preceptor de um grão-senhor e por comer na casa deste, tinha o direito de atacar impunemente os vivos e os mortos e de escrever sem espírito contra os egípcios, que passavam por tê-lo.

Não duvido que tenham existido *schoen* sapientíssimos, por exemplo, os que rivalizaram em prodígios com Moisés, que transformaram todas as águas do Egito em sangue, que cobriram todo o país de rãs, que fizeram até piolhos nascerem, mas que não puderam eliminá-los, pois está dito no texto hebraico: "Fizeram assim; mas eliminar os piolhos, não puderam." A Vulgata trata-os mais duramente: ela diz que não foram capazes nem mesmo de produzir piolhos.

Não sei se você é *schoen* e se faz esses belos prodígios, porque dizem que você é iniciado, e como!, nos mistérios dos *schoen* de Saint-Médard; mas preferiria um *schoen* mais amável, modesto, honesto, a um *schoen* que diz injúrias ao próximo; a um *schoen* que freqüentemente falseia suas citações e raciocina como cita; a um *schoen* que leva o horror a ponto de dizer que o senhor abade Bazin entendia mal o grego, porque seu tipógrafo esqueceu um sigma e pôs um οι no lugar de um ει.

Ah, meu filho, quem caluniou assim os mortos tem de fazer penitência o resto da vida.

CAPÍTULO XI
Do templo de Tiro

Calo sobre uma infinidade de erros menores do *schoen* irado contra o meu tio; mas peço-lhe, caro leitor, licença para observar como ele é malicioso. O senhor abade Bazin tinha dito que o templo de Hércules, em Tiro, não era dos mais antigos. As senhoritas que saem da ópera-cômica para irem cantar à mesa as bonitas canções do senhor Collé, os jovens oficiais, até mesmo os conselheiros da grande câmara, os senhores coletores-gerais, enfim tudo o que em Paris é chamado de *boa sociedade*, decerto se preocupa pouquíssimo em saber em que ano o templo de Hércules foi construído. Meu tio sabia. Seu implacável perseguidor se contenta em dizer vagamente que era tão velho quanto a cidade. Isso não é responder: tem-se que dizer quando a cidade foi construída. É um ponto por demais interessante na situação presente da Europa. Eis as palavras do abade Bazin (p. 155):

"Está dito nos anais da China que os primeiros imperadores sacrificavam num templo. O de Hércules, em Tiro, não parece ser dos mais antigos. Hércules nunca foi, em nenhum povo, mais que uma divindade secundária; no entanto, o templo de Tiro é bem anterior ao da Judéia. Hirão tinha um, magnífico, quando Salomão, ajudado por Hirão, construiu o seu. Heródoto, que esteve em Tiro, diz que, em seu tempo, os arquivos de Tiro davam a esse templo apenas dois mil e trezentos anos de antiguidade."

Fica claro com isso que o templo de Tiro antecedia o de Salomão em apenas mil e duzentos anos. Isso não é uma antecedência tão grande assim, como todos os estudiosos concordarão. Infelizmente, quase todas as nossas antiguidades são de ontem apenas: faz somente quatro mil e seiscentos anos que ergueram um templo em Tiro. Você percebe, amigo leitor, quão pouca coisa são quatro mil e seiscentos anos na extensão dos séculos, quanto somos pouca coisa e, sobretudo, quanto um pedante orgulhoso é pouca coisa.

Quanto ao divino Hércules, deus de Tiro, que desvirginou cinqüenta senhoritas numa só noite, meu tio chama-o somente de *deus secundário*. Não que ele descobriu algum outro deus dos gentios que tivesse feito mais; mas ele tinha excelentes razões para acreditar que todos os deuses da Antiguidade, inclusive os *majorum gentium*, não passavam de deuses de segunda ordem, presididos por um Deus formador, o senhor do universo, o *Deus optimus* dos romanos, o *Knef* dos egípcios, o *Iaho* dos fenícios, o *Mitra* dos babilônios, o *Zeus* dos gregos, senhor dos deuses e dos homens, o *Iesad* dos antigos persas. Meu tio, adorador da divindade, comprazia-se em ver o universo inteiro adorar um deus único, apesar das abomináveis superstições nas quais todas as nações antigas, salvo os letrados chineses, mergulharam.

CAPÍTULO XII
Dos chineses

Qual é então essa obstinação do nosso adversário contra os chineses e contra todas as pessoas sensatas da Europa que lhes prestam o devido reconhecimento? O bárbaro não hesita em dizer que "os pequenos filósofos só atribuem uma antiguidade tão grande à China para desacreditar a Escritura".

Como! É para desacreditar a Sagrada Escritura que o arcebispo Navarrète, Gonzales de Mendoza, Henningius, Luís de Gusmão, Semmedo e todos os missionários, sem exceção, concordam em apontar que os chineses devem estar reunidos em corpo de povo há mais de cinco mil anos? Como! É, enfim, para insultar a religião cristã que o padre Parennin refutou com tanta evidência a quimera de uma suposta colônia enviada do Egito à China? Não se cansarão nunca, nos confins das nossas terras ocidentais, de contestar aos povos do Ocidente seus títulos, suas artes e seus usos? Meu tio estava irritadíssimo contra essa temeridade absurda. Mas como harmonizaremos o texto hebraico com o samaritano? "Ora, essa, como vocês puderem", dizia o meu tio; "mas não se façam de motivo de escárnio dos chineses: deixem-nos em paz como eles deixam vocês!"

Escute, cruel inimigo do meu falecido tio: trate de responder ao argumento que ele avançou vigorosamente na sua brochura em quatro volumes do *Ensaio sobre os costumes e o espírito das nações*. Meu tio era tão erudito quanto você, mas era melhor erudito, como diz Montaigne; ou, se preferir, era tão ignorante quanto você (pois, a bem da verdade, como podemos saber?); mas ele raciocinava, não compilava. Ora, eis como ele raciocina poderosamente no primeiro volume desse *Ensaio sobre os costumes* (vol. XV, p. 260), em que escarnece de muitas histórias:

"Que importa, afinal, se esses livros encerram ou não uma cronologia sempre segura? Quero que não saibamos em que tempo preciso viveu Carlos Magno: estando certo que ele fez vastas conquistas com grandes exércitos, fica claro que ele nasceu numa nação numerosa, formada em corpo de povo por uma longa série de séculos. Logo, se o imperador Hiao, que viveu incontestavelmente mais de dois mil e quatrocentos anos antes da nossa era, conquistou todo o país da Coréia, é indubitável que seu povo era de antiguidade mais remota. Além do mais, os chineses inventaram um ciclo, um cômputo, que começa dois mil e seiscentos anos antes do nosso. Cabe porventura a nós contestar uma cronologia unanimemente aceita por eles; a nós, que temos sessenta sistemas diferentes para contar os tempos antigos e que, assim sendo, não temos nenhum?

"Os homens não se multiplicam tão facilmente quanto se pensa: um terço das crianças morre ao fim de dez anos. Os calculadores da propagação da espécie humana observaram que são necessárias circunstâncias favoráveis e raras para que uma nação cresça um vigésimo em cem anos, e muitas vezes acontece que a população diminui em vez de aumentar. Sábios cronologistas partiram da hipótese de uma só família, após o dilúvio, sempre dedicada a povoar, e com seus filhos igualmente dedicados a isso; encontraram em duzentos e cinquenta anos muito mais habitantes do que o universo contém hoje em dia. O Talmude e as *Mil e uma noites* estão longe de conter tamanho absurdo. Não se fazem crianças a penadas. Vejam nossas colônias; vejam esses arquipélagos imensos da Ásia, de onde não sai ninguém. As Maldivas, as Filipinas, as Molucas não têm o número necessário de habitantes. Tudo isso ainda é uma nova prova da prodigiosa antiguidade da população da China."

Não há nada a responder, meu amigo.

Eis mais um exemplo de como o meu tio raciocinava. Abraão vai buscar trigo com sua mulher no Egito, no ano que dizem ser o 1917º antes da nossa era, há exatos três mil seiscentos e oitenta e quatro anos, ou quatrocentos e vinte e oito anos depois do dilúvio universal. Ele vai ter com o faraó, o rei do Egito; encontra reis por toda parte, em Sodoma, em Gomorra, em Gerara, em Salém; a torre de Babel já tinha sido construída trezentos e catorze anos antes da viagem de Abraão ao Egito. Ora, para que haja tantos reis e para que construam tão belas torres, é claro que são necessários alguns séculos. O abade Bazin ficava nisso; deixava o leitor tirar suas conclusões.

Que homem discreto, o falecido senhor abade Bazin! Por isso tinha vivido familiarmente com Jérôme Carré, Guillaume Vadé, o falecido senhor Ralph, autor de *Candide* e vários outros grandes personagens do século. Diz-me com quem andas e te direi quem és.

CAPÍTULO XIII
Da Índia e do Veda

Antes de morrer, o abade Bazin enviou à Biblioteca do rei o mais precioso manuscrito que há em todo o Oriente. É um antigo comentário de um brâmane chamado Shumontu, sobre o Veda, que é o livro sagrado dos antigos brâmanes. Esse manuscrito é incontestavelmente do tempo em que a antiga religião dos gimnosofistas começava a se corromper; é, de acordo com os livros sagrados, o monumento mais respeitável da crença na unidade de Deus. Intitula-se Ezurveda, algo como *o verdadeiro Veda, o Veda explicado, o puro Veda*. Não se pode duvidar de que tenha sido escrito antes da expedição de Alexandre à Índia, pois, muito tempo antes de Alexandre, a antiga religião bramanista ou bramaísta, o antigo culto ensinado por Brama, havia sido corrompido por superstições e por fábulas. Essas superstições haviam penetrado até a China do tempo de Confúcio, que viveu cerca de trezentos anos antes de Alexandre. O autor do Ezurveda combate todas essas superstições, que começavam a nascer em seu tempo. Ora, para elas poderem penetrar da Índia à China foi necessário um grande número de anos; assim, quando supusermos que esse raro manuscrito foi escrito cerca de quatrocentos anos antes da conquista de uma parte da Índia por Alexandre, não estaremos muito distantes da verdade.

Shumontu combate todas as espécies de idolatria com que os indianos começavam então a ser infectados, e o que é extremamente importante é que ele relata as próprias palavras do Veda, de que nenhum homem na Europa, até então, havia conhecido uma só passagem. Eis pois as próprias palavras do Veda atribuído a Brama, citadas no Ezurveda:

"Foi o Ser supremo que criou tudo, o sensível e o insensível; há quatro idades diferentes; tudo perece no fim de cada idade, tudo é submergido, e o dilúvio é uma passagem de uma idade a outra, etc.

"Quando Deus existia sozinho e nenhum outro existia com ele, teve Deus o desígnio de criar o mundo. Criou primeiro o tempo, depois a água e a terra; e da mistura dos cinco elementos, a saber, a terra, a água, o fogo, o ar e a luz, ele formou os diversos corpos e deu-lhes a terra por base. Ele fez esse globo que habitamos, em forma oval como um ovo. No meio da terra está a mais alta de todas as montanhas, chamada Meru (são os Imaus). Adimo (é o nome do primeiro homem) saiu das mãos de Deus. Procriti é o nome de sua esposa. De Adimo nasceu Brama, que foi o legislador das nações e o pai dos brâmanes."

Uma prova não menos forte de que esse livro foi escrito muito antes de Alexandre é que os nomes dos rios e das montanhas da Índia são os mesmos em *hanscrit*, que é a língua sacra dos brâmanes. Não se encontra no Ezurveda nenhum dos nomes que os gregos deram aos países que subjugaram. A Índia se chama *Zombudipo*; o Ganges, *Zanubi*; os montes Imaus, *Meru*, etc.

Nosso inimigo, com inveja dos serviços que o abade Bazin prestou às letras, à religião e à pátria, coliga-se com o mais implacável inimigo da nossa cara pátria, das nossas letras e da nossa religião, o doutor Warburton, que se tornou, não sei como, bispo de Glocester, comentador de Shakespeare e autor de um bestialógico contra a imortalidade da alma intitulado *O divino legado de Moisés*. Ele relata uma objeção desse valoroso padre herético contra a opinião do abade Bazin, bom católico, e contra a evidência de que o Ezurveda foi escrito antes de Alexandre. Eis a objeção do bispo:

"Isso é tão judicioso quanto seria observar que os anais dos sarracenos e dos turcos foram escritos antes das conquistas de Alexandre, porque não vemos neles os nomes que os gregos impuseram aos rios, às cidades e às terras que conquistaram na Ásia Menor, mas só lemos os antigos nomes que elas tinham desde os primeiros tempos. Nunca entrou na cabeça desse poeta que os indianos e os árabes podiam ter exatamente a mesma vontade de restituir os nomes primitivos dos lugares de onde os gregos haviam sido expulsos."

Warburton desconhece a verossimilhança tanto quanto a decência. Os turcos e os gregos modernos ignoram, hoje, os nomes antigos do país que uns habitam como vencedores e os outros como escravos. Se desenterrássemos um antigo manuscrito grego, em que Istambul fosse chamada de Constantinopla, Atmeidan de Hipódromo, Scutari, subúrbio da Calcedônia, o cabo Janissari promontório de Sigeion, Cara Denguis, Ponto Euxino, etc., concluiríamos que esse manuscrito é de um tempo que precedeu Maomé II e julgaríamos esse manuscrito antiqüíssimo, se ele só contivesse os dogmas da primitiva Igreja.

Portanto é bem verossímil que o brâmane que escrevia no Zombudipo, isto é, na Índia, escrevia antes de Alexandre, que deu outro nome a Zombudipo; e essa probabilidade torna-se uma certeza quando esse brâmane escreve nos primeiros tempos da corrupção da sua religião, época evidentemente anterior à expedição de Alexandre.

Warburton, de quem o abade Bazin apontou alguns erros com sua circunspecção costumeira, vingou-se com todo o azedume do pedantismo. Ele imaginou, segundo o antigo uso, que injúrias eram razões, e perseguiu o abade Bazin com todo o furor que a Inglaterra inteira lhe censura. Basta informar-se em Paris com um antigo membro do parlamento de Londres que acaba de lá fixar residência sobre o caráter desse bispo Warburton, comentador de Shakespeare e caluniador de Moisés; saber-se-á então o que pensar desse homem e como os eruditos da Inglaterra, sobretudo o célebre bispo Lowth, reprimiram seu orgulho e liquidaram seus erros.

CAPÍTULO XIV
Que os judeus odiavam todas as nações

O autor do *Suplemento à Filosofia da história* crê consternar o abade Bazin repetindo as injúrias atrozes que Warburton lhe diz acerca dos judeus. Meu tio estava em contato com os mais doutos judeus da Ásia. Estes lhe confessaram que havia sido ordenado a seus ancestrais ter horror por todas as nações; e, de fato, dentre todos os historiadores que falaram deles, não há nenhum que não tenha reconhecido essa verdade. Basta, aliás, abrir os livros dos seus reis para encontrar, no capítulo 4 (37-38) do Deuteronômio: "Ele vos conduziu com seu grande poder para exterminar à vossa entrada grandes nações."

No capítulo 7: "Ele consumirá pouco a pouco as nações diante de vós por partes; não podereis exterminá-las todas juntas, por medo de que os animais da terra se multipliquem excessivamente..." (v. 22).

"Ele vos entregará os reis deles em vossas mãos. Destruireis até mesmo o nome deles: nada vos poderá resistir" (v. 24).

Poderíamos encontrar mais de cem passagens que indicam esse horror a todos os povos que conhecem. Não lhes era permitido comer com os egípcios; do mesmo modo, era proibido aos egípcios comer com eles. Um judeu era sujo, ainda seria hoje em dia, se provasse do carneiro morto por um estrangeiro, se ele se servisse de uma panela estrangeira.

Logo, é um fato que a lei deles os tornava necessariamente inimigos do gênero humano. O Gênesis, é verdade, faz todas as nações descenderem do mesmo pai. Os persas, os fenícios, os babilônios, os egípcios, os indianos vinham de Noé, assim como os judeus: o que isso prova, senão que os judeus odiavam seus irmãos? Os ingleses também são irmãos dos franceses. Essa consangüinidade porventura impede que Warburton nos odeie? Ele odeia até os seus compatriotas, que lhe retribuem na mesma moeda.

Ele diz que é tão-só a idolatria das outras nações que os judeus odeiam. Ele absolutamente não sabe o que diz. Os persas não eram idólatras e eram objeto do ódio judeu. Os persas adoravam um só Deus e, na época, não tinham simulacros. Os judeus adoravam um só Deus e tinham simulacros: doze bois no templo, dois querubins no *sancta sanctorum*. Eles deviam considerar todos os vizinhos como inimigos, pois lhes havia sido prometido que dominariam de um mar ao outro, e das margens do Nilo às do Eufrates. Essa extensão de terreno teria composto um imenso império para eles. Sua lei, que lhes prometia todo esse império, tornava-os portanto necessariamente inimigos de todos os povos que habitavam do Eufrates ao Mediterrâneo. Sua extrema ignorância não lhes permitia conhecer outras nações e, detestando tudo o que conheciam, eles acreditavam detestar toda a terra.

É essa a exata verdade. Warburton pretende que o abade Bazin só se expressou assim porque um judeu, que ele chama de *grão-tagarela*, havia causado prejuízo ao abade Bazin. É verdade que o judeu Medina causou um prejuízo considerável ao meu tio; mas isso porventura impede que Josué tenha mandado para a forca trinta e um reis, de acordo com as Sagradas Escrituras? Pergunto a Warburton se alguém gosta das pessoas que manda para a forca. *Hang him!*

CAPÍTULO XV
De Warburton

Contradiga um homem que se dá por douto e pode ter certeza de que atrairá volumes de injúrias. Quando meu tio soube que Warburton, depois de ter comentado Shakespeare, comentava Moisés, e que já havia composto dois volumes para demonstrar que os judeus, instruídos por Deus mesmo, não tinham a menor idéia nem da imortalidade da alma nem de um juízo após a morte, essa empresa lhe pareceu monstruosa, assim como a todas as consciências timoratas da Inglaterra. Ele escreveu seu sentimento a esse respeito ao senhor S... com sua moderação costumeira. Eis o que o senhor S... lhe respondeu:

"Senhor,
"É uma empresa maravilhosamente escandalosa para um padre, *t'is an undertaking wonderfully scandalous in a priest*, dedicar-se a destruir a opinião mais antiga e mais útil aos homens. Bem melhor seria esse Warburton comentar a ópera dos mendigos, *The Beggar's Opera*, depois de ter pessimamente comentado Shakespeare, do que amontoar uma erudição tão mal digerida e tão errônea para destruir a religião; porque, enfim, nossa santa religião se funda na religião judaica. Se Deus deixou o povo do Antigo Testamento na ignorância da imortalidade da alma e das penas e recompensas após a morte, ele enganou seu povo eleito; logo, a religião judaica é falsa; a cristã, fundada na judaica, apóia-se pois num tronco apodrecido. Qual é a finalidade desse homem audacioso? Ainda não sei. Ele adula o governo: se obtiver um bispado, será cristão; se não o obtiver, ignoro o que será. Ele já cometeu dois grossos volumes sobre o legado de Moisés, nos quais não diz uma só palavra do tema proposto. Parece o capítulo *Dos coches*, em que Montaigne fala de tudo, salvo de coches; é um caos de citações de que não se pode extrair nenhuma luz. Ele sentiu o perigo da sua audácia e quis en-

volvê-la nas obscuridades do seu estilo. Ele se mostra, enfim, mais a descoberto no seu terceiro volume. É aí que acumula todas as passagens favoráveis à sua impiedade e descarta todas as que apóiam a opinião comum. Ele vai buscar em Jó, que não era hebreu, esta passagem equívoca: 'Como a nuvem que se dissipa e desaparece, assim é no túmulo o homem, que não voltará mais.'

"E este vão discurso de uma pobre mulher a Davi: 'Devemos morrer; somos como a água derramada na terra, que não mais se pode recolher.'

"E estes versículos do salmo 88: 'Os mortos não podem se lembrar de ti. Quem te poderá celebrar ações de graças em teu túmulo? Que me caberá do meu sangue quando eu descer na cova? A poeira te fará votos? Declarará ela a verdade? Mostrarás tuas maravilhas aos mortos? Os mortos se levantarão? Terás deles orações?'

"O livro do Eclesiastes, diz ele (p. 170), é ainda mais positivo: 'Os vivos sabem que vão morrer, mas os mortos nada sabem; não há recompensa para eles, sua memória perece para sempre.'

"Ele recorre assim a Ezequiel, Jeremias e a tudo o que pode encontrar de favorável a seu sistema.

"Essa obstinação em difundir o dogma funesto da mortalidade da alma levantou contra ele todo o clero. Ele temeu que seu patrono, que pensa como ele, não fosse suficientemente poderoso para lhe fazer obter um bispado. Que partido tomou então? O de dizer injúrias a todos os filósofos:

Quis tulerit Gracchos de seditione querentes?
(JUVENAL, sát. II, v. 24)

"Ele ergueu o estandarte do fanatismo com uma mão, enquanto com a outra desfraldava o da irreligião. Com isso, ofuscou a corte e, sustentando realmente a mortalidade da alma, depois fingindo admiti-la, provavelmente terá o bispado que deseja. Em vosso país todo caminho leva a Roma; no nosso, todo caminho leva ao bispado."

Era o que o senhor S... escrevia em 1757. E tudo o que ele predisse aconteceu. Warburton desfruta de um bom bispado; ele insulta os filósofos. Em vão o bispo Lowth pulverizou seu livro: ele ficou ainda mais audacioso, tenta até persegui-lo; e, se pudesse, pareceria com o *Peachum in the Beggar's Opera*, que se dá o prazer de mandar enforcar seus cúmplices. A maioria dos hipócritas tem o olhar doce do gato e esconde suas unhas; este descobre as suas levantando uma cabeça ousada. Ele foi abertamente delator e gostaria de ser perseguidor.

Os filósofos da Inglaterra recriminam-no por excesso de má-fé e de orgulho. A Igreja anglicana o vê como um homem perigoso; a gente de letras, como um escritor sem gosto e sem método, que só sabe amontoar citações sobre citações; os políticos, como um trapalhão que faria reviver, se pudesse, a câmara estrelada; mas ele não se incomoda com isso.

Warburton talvez me responda que apenas acompanhou o sentimento do meu tio e de vários outros eruditos que, todos, confessaram que não se fala expressamente da imortalidade da alma na lei judaica. É verdade, só os ignorantes duvidam disso, e gente de má-fé que finge duvidar; mas o pio Bazin dizia que essa doutrina, sem a qual não há religião, não estando explicada no Antigo Testamento, deve ser subentendida aí; que ela está nele virtualmente; que se não a encontramos aí *totidem verbis*, ela está *totidem litteris*, e que, enfim, se ela não aparece em absoluto, não cabe a um bispo dizê-lo.

Mas meu tio sempre sustentou que Deus é bom; que ele deu inteligência aos que favoreceu; que remediou nossa ignorância. Meu tio não injuriou os eruditos; nunca procurou perseguir ninguém, ao contrário, escreveu contra a intolerância o livro mais honesto, mais circunspecto, mais cristão, mais cheio de piedade que já se escreveu desde Tomás de Kempis. Meu tio, embora um tanto propenso à caçoada, era feito de doçura e indulgência. Escreveu várias peças de teatro na juventude, enquanto o bispo Warburton só era capaz de comentar comédias. Meu tio, quando apupavam suas peças, apupava como os outros. Se Warburton publicou Guillaume Shakespeare com notas, o abade Bazin também publicou Pierre Corneille com notas. Se Warburton governa uma igreja, o abade Bazin construiu uma que, é bem verdade, não chega aos pés da magnificência do senhor Lefranc de Pompignan, mas que afinal de contas é bem adequada. Numa palavra, sempre tomarei o partido do meu tio.

CAPÍTULO XVI
Conclusão dos capítulos precedentes

Todo o mundo conhece esta resposta prudente de um cocheiro a um barqueiro: "Se você me diz que minha carroça é um biltre, direi que seu barco é um patife." O barqueiro que escreveu contra meu tio encontrou em mim um cocheiro que leva uma vida opulenta. São dessas *Honestidades literárias* de que nunca se darão exemplos bastantes para formar os jovens na polidez e no bom-tom. Mas eu ainda prefiro ao belo discurso do cocheiro o apotegma de Montaigne: "Não procure ver quem é mais erudito, e sim quem é melhor erudito." A ciência não consiste em repetir a esmo o que os outros disseram; em costurar, num trecho em hebraico que não se entende, um trecho em grego que se entende mal; em pôr num novo in-12 o que se encontrou num velho in-fólio; em exclamar:

> Nous rédigeons au long, de point en point,
> Ce qu'on pensa; mais nous ne pensons point.*

----

* Redigimos em detalhe, tomando tento, / O que pensamos; mais não temos pensamento. (N. do T.)

O verdadeiro erudito é o que alimentou seu espírito com bons livros e que soube desprezar os maus livros; que sabe distinguir a verdade da mentira e o verossímil do quimérico; que julga uma nação mais por seus costumes que por suas leis, porque as leis podem ser boas e os costumes, maus. Não apóia um fato incrível na autoridade de um antigo autor. Pode, se quiser, mostrar a pouca fé que merece esse autor pelo interesse que esse escritor teve de mentir e pelo gosto do seu país pelas fábulas; pode mostrar que o próprio autor é um suposto autor. No entanto, o que mais o determina é quando o livro está cheio de extravagâncias; ele as reprova, olha com desdém para elas, quando quer que e por quaisquer mãos que tenham sido escritas.

Se lê em Tito Lívio que um áugure cortou uma pedra com uma navalha, diante de um estrangeiro chamado Lucumon, que se tornou rei de Roma*, ele diz: ou Tito Lívio escreveu uma tolice, ou Lucumon Tarquínio e o áugure eram dois velhacos que enganavam o povo, para governá-lo melhor. Numa palavra, o tolo copia, o pedante cita e o instruído julga.

O senhor Toxotes, que copia e que cita, e que é incapaz de julgar, que sabe somente proferir injúrias de barqueiro a um homem que ele nunca viu, tem pois de se haver com o cocheiro que lhe dá as chicotadas que ele merecia; e a ponta do chicote acertou Warburton.

Toda a minha tristeza neste assunto está em que, não tendo ninguém lido a diatribe do senhor Toxotes[5], pouquíssima gente lerá a resposta do sobrinho do abade Bazin. Mas o tema é interessante: trata-se nada menos que das damas e dos garotinhos da Babilônia, dos bodes de Mendes, de Warburton e da imortalidade da alma. Mas todos esses temas estão esgo-

....

* Sob o nome de Tarquínio, o Velho. (N. do T.)

5. *Toxotes*, Τοξοτής, em grego significa *o arqueiro* [*l'archer*, em francês. (N. do T.)].

tados. Temos tantos livros, que a moda de ler passou. Calculo que se imprimam no mínimo vinte mil folhas por mês na Europa. Eu, que sou um grande leitor, não leio nem um quadragésimo disso; que fará então o resto do gênero humano? Eu gostaria, do fundo do coração, que o colégio dos cardeais me agradecesse por ter anatematizado um bispo anglicano; que a imperatriz da Rússia, o rei da Polônia, o rei da Prússia, o hospodar da Valáquia e o grão-vizir me elogiassem por minha pia ternura pelo abade Bazin, meu tio, que eles conheceram muito bem. Mas eles não me dirão uma só palavra, não saberão nada da minha querela. De nada me adianta protestar, ante o universo, que o senhor Toxotes não sabe o que diz, pois me perguntam quem é o senhor Toxotes e não me ouvem. Observo, no amargor do meu coração, que todas as discussões literárias têm destino semelhante. O mundo tornou-se monótono demais: uma tolice não pode mais ser célebre; ela é abafada no dia seguinte por cem tolices que cedem lugar a outras. Os jesuítas estão felizes: falarão deles por muito tempo, de La Rochelle a Macau. *Vanitas vanitatum.*

CAPÍTULO XVII
Sobre a modéstia de Warburton e sobre seu sistema antimosaico

A natureza do homem é tão fraca e temos tantas questões nesta vida, que, ao falar do caro Warburton, esqueci de observar como esse bispo seria pernicioso à religião cristã, e a toda religião, se meu tio não se houvesse oposto vigorosamente à sua ousadia.

"Os antigos sábios", diz Warburton[6], "acreditaram legítimo e útil ao público dizer o contrário do que pensavam."

---
6. Tomo II, p. 89.

"⁷A utilidade, e não a verdade, era o objetivo da religião."
Ele emprega um capítulo inteiro para reforçar esse sistema com todos os exemplos que pode acumular.

Notem que, para provar que os judeus eram uma nação instruída por Deus mesmo, ele diz que a doutrina da imortalidade da alma e de um juízo após a morte é de uma necessidade absoluta e que os judeus não a conheciam. "Todo o mundo", diz ele (*all mankind*), "em especial as nações mais instruídas e mais sábias da Antiguidade, concordam quanto a esse princípio."[8]

Veja, caro leitor, que horror e que erro nessas poucas palavras que constituem o tema do seu livro. Se todo o universo e, em particular, as nações mais instruídas e mais sábias acreditavam na imortalidade da alma, os judeus, que não acreditavam nela, eram portanto um povo de brutos e de insensatos que Deus não conduzia. Eis o horror num padre que insulta os pobres laicos. O que ele não teria dito contra um laico que houvesse sustentado as mesmas proposições! Eis agora o erro.

É que, no tempo em que os judeus eram uma pequena horda de beduínos, errando nos desertos da Arábia Pétrea, não se pode provar que todas as nações do mundo acreditassem na imortalidade da alma. Na verdade, o abade Bazin estava persuadido de que essa opinião era aceita pelos caldeus, os persas, os egípcios, isto é, pelos filósofos dessas nações; mas é certo que os chineses não tinham nenhum conhecimento dela e que não se fala nela nos *Cinco Kings*, que são vários séculos anteriores ao tempo da habitação dos judeus nos desertos de Horebe e de Cades-Barnéia.

Como pois esse Warburton, sustentando coisas tão perigosas e enganando-se tão grosseiramente, pôde atacar os

....
7. Tomo II, p. 91.
8. Tomo I, p. 87.

filósofos, em particular o abade Bazin, de quem deveria buscar o sufrágio?

Atribuam essa inconseqüência, meus irmãos, unicamente à vaidade. É ela que nos faz agir contra os nossos interesses. A razão diz: estamos nos aventurando numa empreitada difícil; tenhamos partidários. O amor-próprio exclama: esmaguemos tudo para reinar. Nós acreditamos no amor-próprio, então acabamos por ser esmagados.

Eu acrescentaria a esse pequeno apêndice que o abade Bazin foi o primeiro a provar que os egípcios são um povo recentíssimo, embora sejam muito mais antigos do que os judeus. Nenhum erudito contradisse a razão que ele alega para tanto; é que um país inundado quatro meses por ano, desde que está cortado por canais, devia ser inundado pelo menos oito meses por ano, antes de esses canais serem feitos. Ora, um país sempre inundado era inabitável. Foram necessárias obras imensas e, por conseguinte, uma multidão de séculos para formar o Egito.

Por conseguinte, os sírios, os babilônios, os persas, os indianos, os chineses, os japoneses, etc., devem ter se formado em corpo de povo muito antes que o Egito pudesse se tornar uma habitação tolerável. Tirem dessa verdade as conclusões que quiserem: isso não me diz respeito. Mas há alguém que se preocupe com a antiguidade egípcia?

CAPÍTULO XVIII
Dos homens de diferentes cores

Meu dever me obriga a dizer que o abade Bazin admirava a sabedoria eterna nessa profusão de variedades com que ela cobriu nosso pequeno globo. Ele não pensava que as ostras da Inglaterra provinham dos crocodilos do Nilo, nem que os craveiros-da-índia das ilhas Molucas se originavam dos pinheiros dos Pireneus. Ele respeitava igualmente as barbas dos orientais e o queixo privado de pêlos que Deus deu aos americanos. Os olhos de perdiz dos albinos; seus cabelos, que são da mais bela seda e do mais belo louro; a brancura reluzente da sua pele, suas orelhas compridas, sua pequena estatura de uns três pés e meio o deixavam em êxtase quando os comparava com os negros, vizinhos deles, que têm lã na cabeça e barba no queixo, que Deus recusou aos albinos. Ele havia visto homens vermelhos, havia visto homens cor de cobre, havia manejado a dobra de pele que pende do umbigo até a metade das coxas dos cafres e dos hotentotes. Ó profusão de riquezas!, exclamava ele. Ó, como a natureza é fecunda!

Apraz-me revelar aqui aos cinco ou seis leitores que haverão por bem instruir-se nesta diatribe que o abade Bazin foi violentamente atacado em um jornal chamado *Économique*, que comprei até agora e que não comprarei mais. Fiquei sensivelmente aflito com que esse ecônomo, depois de me haver dado uma receita infalível contra os percevejos e contra a raiva, e depois de me haver ensinado o segredo de apagar rapidamente o fogo de uma lareira, se exprime sobre o abade Bazin com a crueldade que você vai ver:

"[9] A opinião do senhor abade Bazin, que acredita ou finge acreditar que há várias espécies de homens, é tão absurda quanto a de certos filósofos pagãos, que imaginaram átomos brancos e átomos negros, cuja reunião fortuita produziu diversos homens e diversos animais."

O senhor abade Bazin havia visto em suas viagens uma parte do *reticulum mucosum* de um negro, o qual era inteiramente negro; é um fato conhecido de todos os anatomistas da Europa. Quem dissecar um negro (após a morte deste, é claro) encontrará essa membrana mucosa, negra como

---

9. P. 309. Coletânea de 1765.

tinta, da cabeça aos pés. Ora, se essa rede é negra nos negros, e branca em nós, é portanto uma diferença específica. Ora, uma diferença específica entre duas raças forma seguramente duas raças diferentes. Isso nada tem a ver com os átomos brancos e vermelhos de Anaxágoras, que viveu cerca de dois mil e trezentos anos antes do meu tio.

Ele viu não apenas negros e albinos, que examinou cuidadosamente, mas também quatro vermelhos que vieram à França em 1725. O mesmo ecônomo lhe negou esses vermelhos. Ele pretende que os habitantes das ilhas Caraíbas só são vermelhos quando pintados. Logo se vê que esse homem não viajou à América. Não direi que meu tio esteve lá, porque sou verdadeiro; mas eis uma carta que acabo de receber de um homem que residiu muito tempo na Guadalupe, na qualidade de oficial do rei:

"Existe realmente na Guadalupe, num bairro da grande terra chamado *Le Pistolet*, dependente da paróquia da enseada Bertrand, cinco ou seis famílias de caraíbas cuja pele é da cor do nosso cobre vermelho; eles são bem-feitos e têm longos cabelos. Vi-os duas vezes. Eles se governam por suas próprias leis e não são cristãos. Todos os caraíbas são avermelhados, etc. *Assinado*: Rieu, 20 de maio de 1767."

O jesuíta Lafitau, que também viveu entre os caraíbas, admite que esses povos são vermelhos[10]; mas, homem judicioso que é, atribui essa cor à paixão que as mães deles tinham de se pintar de vermelho, do mesmo modo que atribui a cor dos negros ao gosto que as damas do Congo e de Angola tinham de se pintar de preto. Eis as notáveis palavras do jesuíta:

"Esse gosto geral em toda a nação e a vista contínua de semelhantes objetos devem ter impressionado as mulheres grávidas, assim como as varas de diversas cores impressio-

---

10. *Moeurs des sauvages*, p. 68, tomo I.

naram as ovelhas de Jacó; e é isso que deve ter contribuído em primeiro lugar para tornar uns negros por natureza e os outros avermelhados, tais como são hoje em dia."

Acrescente a essa bela razão que o jesuíta Lafitau pretende que os caraíbas descendem em linha reta dos povos da Cária, e você há de confessar que isso é que é raciocinar poderosamente, como diz o abade Grizel.

CAPÍTULO XIX
Das montanhas e das conchas

Confessarei ingenuamente que meu tio tinha a infelicidade de ser de uma opinião oposta à de um grande naturalista, que pretendia que foi o mar que fez as montanhas; que, depois de tê-las formado por seu fluxo e seu refluxo, cobriu-as com suas águas e deixou-as semeadas de peixes petrificados.

"Eis, caro sobrinho", dizia-me ele, "as minhas razões:

"1º. Se o mar, com seu fluxo, fez primeiro um pequeno montículo de alguns pés de areia, do lugar em que hoje está o cabo da Boa Esperança aos últimos ramos dos Imaus ou Meru, temo que o refluxo tenha destruído o que o fluxo teria formado.

"2º. O fluxo do oceano certamente amontoou numa longa série de séculos as areias que formam as dunas de Dunquerque e da Inglaterra, mas não pôde fazer rochedos; e essas dunas são muito pouco elevadas.

"3º. Se, em seis mil anos, ele formou montículos de areia de quarenta pés de altura, terá necessitado de trinta milhões de anos para formar a mais alta montanha dos Alpes, que tem vinte mil pés de altura; supondo-se além disso que não tenha encontrado obstáculo a esse arranjo e que tenha sempre disposto da areia necessária.

"4º. Como o fluxo do mar, que se eleva a no máximo oito pés de altura em nosso litoral, teria formado montanhas de vinte mil pés? E como as terá coberto para deixar peixes nos cumes?

"5º. Como as marés e as correntes terão formado recintos quase circulares de montanhas, tais como as que rodeiam o reino da Caxemira, o grão-ducado da Toscana, a Savóia e a região de Vaud?

"6º. Se o mar houvesse estado tantos séculos acima das montanhas, teria sido necessário que todo o resto do globo estivesse coberto por outro oceano igual em altura, senão as águas cairiam por seu próprio peso. Ora, um oceano que por tantos séculos houvesse coberto as montanhas das quatro partes do mundo teria sido igual a mais de quarenta dos nossos oceanos de hoje. Assim, necessariamente, pelo menos trinta e nove oceanos deveriam ter desaparecido, desde o tempo em que esses senhores pretendem que há peixes de mar petrificados no cume dos Alpes e do monte Ararat.

"7º. Considere, caro sobrinho, que, nessa suposição das montanhas formadas e cobertas pelo mar, nosso globo teria sido habitado apenas por peixes. É, creio, a opinião de Telliamed. É difícil compreender que golfinhos tenham produzido homens.

"8º. É evidente que, se porventura o mar houvesse coberto por muito tempo os Pireneus, os Alpes, o Cáucaso, não haveria água doce para os bípedes e os quadrúpedes. O Reno, o Ródano, o Saône, o Danúbio, o Pó, o Eufrates, o Tigre, cujas nascentes vi, devem suas águas somente às neves e às chuvas que caem nos cimos desses rochedos. Assim, você vê que a natureza inteira reclama contra essa opinião.

"9º. Não perca de vista esta grande verdade, que a natureza nunca se desmente. Todas as espécies continuam sempre iguais. Animais, vegetais, minerais, metais, tudo é invariável nessa prodigiosa variedade. Tudo conserva sua essência. A essência da terra é ter montanhas, sem as quais ela não teria rios; logo, é impossível que as montanhas não sejam tão antigas quanto a terra. Seria como dizer que nosso corpo foi por muito tempo sem cabeça. Sei que se fala muito de conchas. Vi-as como qualquer um: as margens escarpadas de vários rios e de alguns lagos são atapetadas delas. Mas nunca notei que fossem despojos de monstros marinhos: elas se assemelham antes às cascas dilaceradas de mexilhões e de pequenos crustáceos de lagos e rios. Algumas são, visivelmente, talco que adquiriu formas diferentes na terra. Enfim, temos mil produções terrestres que são tomadas por produções marinhas.

"Não nego que o mar tenha avançado trinta ou quarenta léguas no continente, e que aterros o tenham forçado a recuar. Sei que ele banhava outrora Ravena, Fréjus, Aigues-Mortes, Alexandria, Roseta, e que hoje está bem distante. Mas do fato de ter inundado e abandonado sucessivamente algumas léguas de terra, não se deve concluir que ele tenha estado em toda parte. Essas petrificações de que se fala tanto, essas pretensas medalhas do seu longo reinado me são fortemente suspeitas. Vi mais de mil cornos de Amon nos campos, ao pé dos Alpes. Nunca pude conceber que tenham encerrado outrora um peixe indiano chamado *nautilus*, que, diga-se de passagem, não existe. Pareceram-me simples fósseis modelados em volutas, e não me senti tentado a crer que tenham sido o alojamento de um peixe dos mares de Surate, assim como não tomei as *conchas Veneris* por capelas de Vênus, nem as pedras estreladas por estrelas. Pensei, com vários bons observadores, que a natureza, inesgotável em suas obras, pôde muito bem formar uma grande parte de fósseis, que tomamos despropositadamente por produções marinhas. Se o mar houvesse formado, na sucessão dos séculos, montanhas de camadas de areia e de conchas, encontraríamos leitos de uma ponta à outra da Terra, e com toda certeza não é assim: a cadeia de altas montanhas da América é absolutamente desprovida delas. Sabe o que respondem a essa terrível objeção? Que *um dia se vai encontrar*. Esperemos então, pelo menos, que encontrem.

"Sinto-me até tentado a crer que o célebre banco conchífero de Touraine nada mais é que uma espécie de mina: porque, se era um acúmulo de verdadeiros restos de peixe que o mar teria depositado por camadas, sucessiva e suavemente, nesse cantão, ao longo de quarenta ou cinqüenta mil séculos, por que não haveria deixado outros na Bretanha e na Normandia? Certamente, se o mar submergiu a Touraine por tanto tempo, teria com maior razão coberto as terras que estão além. Por que então essas pretensas conchas num só cantão de uma só província? Respondam a essa dificuldade.

"Encontrei petrificações em mil lugares; vi algumas conchas de ostra petrificadas a cem léguas do mar. Mas também vi, sob vinte pés de terra, a mais de novecentas milhas de Roma, moedas romanas e anéis de cavaleiros, e não disse: estes anéis, estas espécies de ouro e de prata foram feitos aqui. Tampouco disse: estas ostras nasceram aqui. Disse: viajantes trouxeram aqui anéis, dinheiro e ostras.

"Quando li, quarenta anos atrás, que haviam encontrado nos Alpes conchas da Síria, eu disse, num tom um tanto ou quanto galhofeiro, devo confessar, que aquelas conchas deviam ter sido trazidas por peregrinos voltando de Jerusalém. O senhor de Buffon repreendeu-me vivamente na sua *Teoria da Terra*, página 281. Não quis me indispor com ele por causa de umas conchas, mas fiquei com a minha opinião, porque a impossibilidade de o mar ter formado as montanhas, para mim, está demonstrada. Podem me dizer quanto quiserem que o pórfiro é feito de espinhos de ouriço-do-mar, eu só acreditarei quando vir que o mármore branco é feito de penas de avestruz.

"Há vários anos um irlandês, jesuíta secreto, chamado Needham, que dizia ter excelentes microscópios, acreditou perceber que tinha feito nascer enguias em garrafa com uma infusão de trigo mofado. Logo aparecem filósofos que se persuadem de que, se um jesuíta fez enguias sem germe, é possível também fazer homens. Não se necessita mais da mão do grande Demiurgo; o senhor da natureza não serve para mais nada. Farinha grosseira produz enguias; uma farinha mais pura produzirá macacos, homens e asnos. Os germes são inúteis: tudo nascerá de si mesmo. Constrói-se com base nessa pretensa experiência um novo universo, como nós fazíamos um mundo, cem anos atrás, com a matéria sutil, a globulosa e a canelada. Um trocista, mas que raciocinava bem, disse que havia dente de enguia nessa história e que a falsidade logo seria descoberta. De fato, foi constatado que as enguias nada mais eram que partes da farinha corrompida que fermentava, e o novo universo desapareceu.

"A mesma coisa tinha acontecido outrora. Os vermes se formavam por corrupção na carne exposta ao ar. Os filósofos não desconfiavam que esses vermes podiam vir das moscas que depositavam seus ovos nessa carne e que esses ovos viravam vermes antes de terem asas. Os cozinheiros guardaram suas carnes em sacos de aniagem: acabaram-se os vermes, acabou-se a geração por corrupção.

"Combati por vezes quimeras assim, principalmente a do jesuíta Needham. Um dos grandes encantos deste mundo é que cada um pode ter sua opinião sem alterar a união fraterna. Posso estimar a vasta erudição do senhor de Guignes, sem lhe sacrificar os chineses, que sempre acreditarei ser a primeira nação da terra a ter se civilizado, depois dos indianos. Sei reconhecer os vastos conhecimentos e o gênio do senhor de Buffon, estando firmemente persuadido de que as montanhas são da data do nosso globo e de todas as coisas, e até não acreditando nas moléculas orgânicas. Posso confessar que o jesuíta Needham, felizmente disfarçado de laico, teve microscópios; mas não pretendi ofendê-lo duvidando que ele tenha criado enguias com farinha.

"Conservo o espírito de caridade para com todos os doutos, até eles me injuriarem ou me pregarem alguma peça feia; porque o homem é feito de tal modo que não gosta nem um pouco de ser vilipendiado e humilhado. Se fui um pouco caçoísta e se, com isso, desagradei outrora um filósofo lapão que queria que se fizesse um furo até o centro da Terra, que se dissecassem cérebros de gigantes para conhecer a essência do pensamento, que se exaltasse a alma para predizer o futuro e que se untassem todos os doentes com pez, é que esse lapão me havia molestado horrivelmente; e no entanto pedi perdão a Deus por tê-lo ridicularizado, porque não devemos maltratar o próximo: seria faltar à razão universal.

"Quanto ao mais, sempre tomei o partido da pobre gente de letras, quando foi injustamente perseguida: quando, por exemplo, acusaram os autores de um dicionário em vinte volumes in-fólio de terem composto esse dicionário para encarecer o pão, ergui muito minha voz contra essa injustiça."

Esse discurso do meu bom tio me fez derramar lágrimas de ternura.

CAPÍTULO XX
Das tribulações dessa pobre gente de letras

Havendo meu tio me enternecido assim, tomei a liberdade de lhe dizer: "O senhor seguiu uma carreira muito espinhosa; sinto que é melhor ser recebedor do tesouro, ou contratador de impostos, ou bispo, que homem de letras; porque, afinal, quando o senhor fez saber aos franceses que os ingleses e os turcos davam varíola a seus filhos para dela preservá-los, o senhor sabe que todo o mundo zombou do senhor. Uns tomaram-no por herético, outros por muçulmano. Foi pior ainda quando se meteu a explicar as descobertas de Newton, de que as escolas *velches* ainda nem tinham ouvido falar: fizeram-no passar por um inimigo da França. O senhor arriscou-se a compor algumas tragédias. *Zaira, Orestes, Semíramis, Maomé* fracassaram na primeira representação. O senhor se lembra, caro tio, como a sua *Adelaide du Guesclin* foi apupada do começo ao fim? Que prazer! Eu presenciei o fracasso de *Tancredo*; as pessoas diziam, chorando e soluçando: 'Esse pobre homem nunca fez nada tão ruim.'

"O senhor foi assaltado, em diversas épocas, por umas setecentas e cinqüenta brochuras, nas quais uns diziam, para provar que *Merope* e *Alzira* são tragédias detestáveis, que o senhor seu pai, que foi o meu avô, era um campônio; outros, que ele revestia a dignidade de porteiro guarda-chaves do parlamento de Paris, cargo importantíssimo no Estado, mas do qual eu nunca ouvi falar e que, por sinal, teria muito pouca relação com *Alzira* e *Merope*, e com o resto do universo, que todo fazedor de brochuras sempre deve ter diante dos olhos, como o senhor disse.

"Atribuíam ao senhor o excelente livro intitulado *Os homens* (não sei o que é esse livro, o senhor tampouco), e vários poemas imortais como *A candeia de Arras* e *A galinha da minha tia*, o segundo volume do *Cândido* e *O compadre Matthieu*. Quantas cartas anônimas o senhor recebeu? Quantas vezes lhe escreveram: 'Dê-me dinheiro, ou escreverei contra o senhor 'uma brochura'? Os mesmos a quem o senhor deu esmola não atestaram às vezes seu reconhecimento com uma sátira bem mordaz?

"Tendo passado assim por todas as provações, diga-me, por favor, caro tio, quais são os inimigos mais implacáveis, mais baixos, mais covardes da literatura, e os mais capazes de ser daninhos."

O bom abade Bazin respondeu-me suspirando: "Meu sobrinho, depois dos teólogos, os cães mais obstinados em perseguir sua presa são os foliculários; e, depois dos foliculários, vêm os fazedores de cabalas do teatro. Os críticos de história e de física não fazem muito barulho. Evite acima de tudo, sobrinho, o ofício de Sófocles e de Eurípedes; a não ser que você escreva tragédias em latim, como Grócio, que nos deixou estas belas peças inteiramente ignoradas que são *Adão expulso*, *Jesus paciente* e *José*, com o pseudônimo de Sofonfoné, que ele acredita ser uma palavra egípcia."

"Ora, por que, tio, o senhor não quer que eu componha tragédias, se tenho talento para fazê-lo? Qualquer um pode aprender latim e grego, ou geometria, ou anatomia; qualquer um pode escrever história; mas é raríssimo, como o senhor sabe, encontrar um bom poeta. Não seria um verdadeiro prazer compor grandes versos empolados, nos quais *heróis deploráveis* rimaria com *exemplos memoráveis*, *ações criminosas* com *almas bondosas* e *deuses misericordiosos* com *feitos gloriosos*? Uma atriz emproada declamaria bombasticamente essa algaravia, seria aplaudida por cem jovens caixeiros de armazém e me diria depois da peça: 'Não fora eu, vossa mercê seria apupado; vossa mercê me deve 'vossa glória'.' Confesso que um sucesso como esse vira a cabeça de quem tem uma nobre ambição."

"Ó, meu sobrinho!", replicou o abade Bazin, "admito que não há nada mais lindo; mas lembre-se como o autor de *Cinna*, que havia ensinado a nação a pensar e a se expressar, foi tratado por Claveret, Chapelain, Scudéri, governador de Notre-Dame de la Garde, e pelo abade d'Aubignac, pregador do rei.

"Imagine que o pregador, autor da pior tragédia destes tempos e, pior ainda, de uma tragédia em prosa, chama Corneille de *Mascarille**; segundo o pregador, ele é feito somente para viver com os porteiros de comédia: 'Corneille sempre se esganiça, sempre caçoa e nunca diz nada que preste.'

"Estão aí as homenagens prestadas àquele que havia tirado a França da barbárie; ele estava reduzido, para viver, a receber uma pensão do cardeal de Richelieu, a quem chama de *seu amo*. Era forçado a buscar a proteção de Montauron, de lhe dedicar *Cinna*, de comparar em sua dedicatória Montauron a Augusto; e Montauron tinha precedência.

"Jean Racine, igual de Virgílio pela harmonia e a beleza da linguagem, superior a Eurípedes e a Sófocles; Racine, o poeta da corte, e tanto mais sublime por só o ser quando há que sê-lo; Racine, o único poeta trágico do seu tempo, cujo gênio foi guiado pelo gosto; Racine, o primeiro homem do século de Luís XIV nas belas-artes e glória eterna da França, sofreu menor desgosto e opróbrio? Todas as suas obras-primas não foram acaso parodiadas da farsa dita *italiana*?

"Visado, o autor do *Mercúrio galante***, não investiu sempre violentamente contra ele? Subligny não pretendeu ridicularizá-lo? Vinte cabalas não se elevaram contra todas as suas obras? Não teve sempre inimigos, até que, por fim, o jesuíta La Chaise apontou-o ao rei como suspeito de jansenismo, fazendo-o morrer de tristeza? Sobrinho, a moda não é mais acusar de jansenismo; mas, se você tiver a infelicidade de trabalhar para o teatro e ter sucesso, vão acusá-lo de ateu."

Essas palavras do meu bom tio se gravaram no meu coração. Eu já havia começado uma tragédia; joguei-a no

---

* Personagem de Molière, aparece em *O estouvado, O despeito amoroso* e *As preciosas ridículas*. É o clássico lacaio, ousado e esperto, capaz de fazer-se passar, em suas missões, pelos mais variados personagens, como seu nome indica. É na boca de Mascarille que Molière põe, em *As preciosas ridículas*, uma de suas célebres e cáusticas tiradas: "As pessoas de escol sabem tudo sem ter aprendido nada." (N. do T.)

** Edme Boursault (1638-1701). (N. do T.)

fogo, e aconselho todos os que têm a mania de trabalhar nesse gênero a fazer a mesma coisa.

CAPÍTULO XXI
Dos sentimentos teológicos do falecido abade Bazin, da justiça que ele fazia à antiguidade e das quatro diatribes compostas por ele com esse fim

Para dar melhor a conhecer a piedade e a eqüidade do abade Bazin, folgo em publicar aqui quatro diatribes de sua autoria, compostas apenas para sua satisfação particular. A primeira é sobre a causa e os efeitos. A segunda trata de Sanconiaton, um dos mais antigos escritores a *pegar na pena* para trabalhar tolices com a maior gravidade. A terceira é sobre o Egito, de que fazia pouquíssimo caso (não era de sua diatribe que ele fazia pouco caso, era do Egito). Na quarta, trata-se de um antigo povo que teve o nariz cortado e foi mandado para o deserto. Esta última elucubração é muito curiosa e muito instrutiva.

PRIMEIRA DIATRIBE DO ABADE BAZIN

Sobre a causa primeira

Um dia o jovem Madetes passeava no porto de Pireu; encontrou-se com Platão, a quem não havia reconhecido. Platão, achando que o jovem estava com uma fisionomia feliz, entabula conversa com ele; descobre nele um senso bastante correto. Madetes havia sido instruído nas belas-letras, mas não sabia nada nem de física nem de geometria nem de astronomia. Entretanto, confessou a Platão que era epicurista.

"Meu filho", lhe diz Platão, "Epicuro era um homem muito honesto; viveu e morreu como sábio. Sua volúpia, de que se falou tão diversamente, consistia em evitar os excessos. Recomendava a seus discípulos a amizade, e nunca um preceito foi tão bem observado. Eu daria tanto valor à sua filosofia quanto aos seus costumes. Você conhece a fundo a doutrina de Epicuro?"

Madetes respondeu-lhe ingenuamente que não a tinha estudado. "Sei apenas", disse ele, "que os deuses nunca se intrometeram em nada e que o princípio de toda coisa está nos átomos, que se arranjaram por conta própria, de modo que produziram o mundo como ele é.

PLATÃO

Quer dizer então, meu filho, que você não acredita que foi uma inteligência que presidiu este universo em que há tantos seres inteligentes? Diga-me, por obséquio, qual é a razão para você adotar essa filosofia.

MADETES

Minha razão é que eu sempre o ouvi dizer a meus amigos e às amantes destes, com quem ceio: eu me contento plenamente com os átomos desses seres. Confesso que não entendo bem sua doutrina, mas ela me pareceu tão boa quanto outra qualquer; é preciso ter uma opinião quando se começa a freqüentar pessoas de bom trato. Tenho muita vontade de me instruir; mas pareceu-me até aqui mais cômodo pensar sem saber nada."

Platão lhe diz: "Se você tiver desejo de se esclarecer, sou mago e lhe farei ver coisas extraordinárias. Tenha apenas a bondade de me acompanhar à minha casa de campo, que está a quinhentos passos daqui, e talvez não se arrependerá da sua complacência." Madetes seguiu-o enlevado. Quando chegaram, Platão lhe mostrou um esqueleto; o rapaz recuou horrorizado ante aquele espetáculo, novo para ele. Platão lhe falou nestes termos:

"Considere bem esta forma hedionda que parece ser o rebotalho da natureza e avalie a minha arte por tudo o que vou realizar com esse conjunto informe, que lhe pareceu tão abominável.

"Primeiro, veja esta espécie de bola que parece coroar todo esse feio conjunto. Vou introduzir no vazio desta bola, por meio da palavra, uma substância mole e branda, dividida em mil pequenas ramificações, que farei descer imperceptivelmente por essa espécie de vara comprida com vários nós, que você está vendo presa a esta bola e que termina em ponta num vazio. Adaptarei ao alto desta vara um tubo pelo qual farei entrar o ar, por meio de uma válvula que poderá funcionar sem cessar; e logo depois você vai ver esta engenhoca se mexer sozinha.

"Quanto a todos estes outros pedaços informes que se assemelham a restos de madeira apodrecida e que parecem sem utilidade, sem força e sem graça, é só eu falar, que eles se porão em movimento por meio de algumas espécies de cordas de uma estrutura inimaginável. Colocarei no meio dessas cordas uma infinidade de canais cheios de um líquido que, passando por peneiras, se transformará em vários líquidos diferentes e correrá por toda a máquina vinte vezes por hora. O todo será recoberto por um pano branco, mole e fino. Cada parte dessa máquina terá um movimento particular que não se interromperá. Colocarei entre esses semi-arcos, que parecem não servir para nada, um grande reservatório feito mais ou menos como uma pinha: esse reservatório se contrairá e se dilatará a cada instante com uma força espantosa. Mudará a cor do líquido que passará por toda a máquina. Colocarei não longe dele um saco furado em dois lugares, que se parecerá com o tonel das Danaides: ele se encherá e se esvaziará sem cessar; mas só se encherá com o que for necessário e só se esvaziará do supérfluo. Essa máquina será um laboratório de química tão surpreendente, uma obra de mecânica e de hidráulica tão profunda, que os que a estudarem nunca poderão compreendê-la. Pequenos movimentos produzirão uma força prodigiosa: será impossível à arte humana imitar o artifício que dirigirá esse autômato. Mas o que mais vai surpreendê-lo é que esse autômato, tendo se aproximado de uma figura mais ou menos semelhante a ele, formará uma terceira com esta. Essas máquinas terão idéias; raciocinarão, falarão como você; poderão medir o céu e a terra. Mas não lhe mostrarei essa raridade se você não me prometer que, quando a vir, confessará que tenho muito espírito e poder.

MADETES

Se assim for, confessarei que você sabe mais que Epicuro e que todos os filósofos da Grécia.

PLATÃO

Pois bem, tudo o que lhe prometi já está feito. Você é essa máquina, é assim que você é formado, e eu não mostrei a milésima parte dos mecanismos que compõem a sua existência; todos esses mecanismos são exatamente proporcionados uns aos outros; todos se ajudam reciprocamente: uns conservam a vida, outros a dão, e a espécie se perpetua de século em século por um artifício que não é possível descobrir. Os mais vis animais são formados de um aparelho não menos admirável, e as esferas celestes se movem no espaço com uma mecânica ainda mais sublime. Julgue a partir daí se um ser inteligente não formou o mundo, se os seus átomos não necessitaram dessa causa inteligente."

Madetes, surpreso, perguntou ao mago quem era ele. Platão lhe disse seu nome; o rapaz caiu de joelhos, adorou a Deus e amou Platão o resto da vida.

O que há de notável para nós é que ele viveu com os epicuristas como antes. Estes não se escandalizaram com ter ele mudado de opinião. Ele os amou e foi sempre amado por eles. Entre os gregos e os romanos, as pessoas de seitas diferentes ceavam juntas alegremente. Bom tempo aquele.

SEGUNDA DIATRIBE DO ABADE BAZIN

De sanconiaton

Sanconiaton não pode ser um suposto autor. Um livro só é falsamente dado como antigo no mesmo espírito que se forjam títulos antigos para fundamentar alguma pretensão contestada. Outrora, lançou-se mão de fraudes pias para apoiar verdades que não necessitavam desse infeliz recurso. Devotos indiscretos forjaram péssimos versos gregos atribuídos às sibilas, cartas de Pilatos e a história do mago Simão, que caiu dos ares diante dos olhos de Nero. É nesse mesmo espírito que se imaginou a doação de Constantino e as falsas decretais. Mas os que fizeram chegar até nós os fragmentos de Sanconiaton não podiam ter nenhum interesse em cometer essa pesada vigarice. Que podia ganhar Fílon de Biblos, que traduziu para o grego *Sanconiaton*, pondo essa história e essa cosmogonia no nome desse fenício? É mais ou menos como dizer que Hesíodo é um suposto autor.

Eusébio de Cesaréia, que cita vários fragmentos dessa tradução feita por Fílon de Biblos, nunca cogitou desconfiar de que Sanconiaton fosse um autor apócrifo. Logo não há nenhuma razão para duvidar que sua *Cosmogonia* não lhe pertença.

Esse Sanconiaton vivia mais ou menos no tempo em que situamos os derradeiros anos de Moisés. Ele não tinha provavelmente nenhum conhecimento de Moisés, pois nem fala dele, embora estivesse em sua vizinhança. Se houvesse falado, Eusébio não teria deixado de citá-lo como um testemunho autêntico dos prodígios realizados por Moisés. Eusébio teria insistido tanto mais nesse testemunho quanto nem Maneton, nem Cheremon, autores egípcios, nem Eratóstenes, nem Heródoto, nem Diodoro de Sicília, que escreveram tanto sobre o Egito, demasiado ocupados com outros temas, nunca disseram uma só palavra sobre esses célebres e terríveis milagres que devem ter deixado de si uma memória duradoura e assustado os homens de um século a outro. Esse silêncio de Sanconiaton até levou muitos doutores a suspeitar que ele viveu antes de Moisés.

Os que o fazem contemporâneo de Gideão baseiam seu sentimento unicamente num abuso das palavras do próprio Sanconiaton. Ele confessa ter consultado o sumo sacerdote Jerombal. Ora, esse Jerombal, dizem nossos críticos, é verossimilmente Gideão. Mas por que, queiram me explicar, esse Jerombal era Gideão? Não se diz que Gideão era sacerdote. Se o fenício houvesse consultado o judeu, teria falado de Moisés e das conquistas de Josué. Não teria admitido uma cosmogonia absolutamente contrária ao Gênesis; teria falado de Adão; não teria imaginado gerações inteiramente diferentes das que o Gênesis consagrou.

Esse antigo autor fenício confessa, com suas próprias palavras, que tirou uma parte da sua história dos escritos de Tot, que floresceu oitocentos anos antes dele. Essa confissão, à qual não se deu a devida atenção, é um dos mais curiosos testemunhos que a Antiguidade nos transmitiu. Ela prova que havia já oitocentos anos que existiam livros escritos com o auxílio do alfabeto; que as nações cultivadas podiam, com esse recurso, se entender umas com as outras e traduzir reciprocamente suas obras. Sanconiaton entendia os livros de Tot, escritos em língua egípcia. O primeiro Zoroastro era muito mais antigo, e seus livros eram a catequese dos persas. Os caldeus, os sírios, os persas, os fenícios, os egípcios, os indianos deviam necessariamente comerciar; e a escrita alfabética devia facilitar esse comércio. Não falo dos chineses, que eram havia muito tempo um grande povo e compunham um mundo à parte.

Cada um desses povos já possuía sua história. Quando os judeus entraram no país vizinho da Fenícia, penetraram até a cidade de Dabir, chamada outrora de cidade das letras. "Disse então Calebe: Darei a minha filha Acsa por mulher a quem atacar Eta e arruinar a cidade das letras. E tomou-a Otoniel, filho de Quenaz, o irmão mais moço de Calebe; e este lhe deu sua filha Acsa por mulher."*

Parece, por essa passagem, que Calebe não gostava da gente de letras; mas, se as ciências eram cultivadas havia tempo nessa pequena cidade de Dabir, que relevo não deviam ter na Fenícia, em Sidom e em Tiro, que eram chamadas de *terra dos livros, terra dos arquivos*, e que ensinaram seu alfabeto aos gregos!

O que é muito estranho é que Sanconiaton, que começa sua história ao mesmo tempo que começa o Gênesis e que conta o mesmo número de gerações, não faça, tal como os chineses, nenhuma menção ao dilúvio. Como a Fenícia, esse país renomado por suas expedições marítimas, ignorava esse grande acontecimento?

Mas a Antiguidade acreditava nele, e a magnífica descrição que dele dá Ovídio é uma prova de que essa idéia era bem generalizada; porque, de todos os relatos que encontramos nas *Metamorfoses* de Ovídio, não há nenhum de sua invenção. Afirma-se até que os indianos já haviam falado de um dilúvio universal antes do de Deucalião. Vários brâmanes, ao que se diz, acreditavam que a terra havia enfrentado três dilúvios.

Nunca foi dito nada no Ezurveda, nem no Cormoveda, que li com grande atenção; mas vários missionários, enviados à Índia, coincidem em crer que os brâmanes reconhecem vários dilúvios. É verdade que, entre os gregos, só se conheciam os dois dilúvios particulares de Ogiges e de Deucalião. O único autor grego conhecido a falar de um dilúvio universal é Apolodoro, que é apenas cerca de cento e qua-

....
* Jz 1, 12-13. (N. do T.)

renta anos anterior à nossa era. Nem Homero, nem Hesíodo, nem Heródoto fizeram menção ao dilúvio de Noé; e o nome de Noé não se encontra em nenhum autor profano antigo.

A menção a esse dilúvio universal, feita em detalhe e com todas as suas circunstâncias, só existe nos livros sagrados. Embora Vossius e vários outros eruditos tenham pretendido que essa inundação não pode ter sido universal, não nos é permitido duvidar disso. Cito a *Cosmogonia* de Sanconiaton unicamente como uma obra profana. O autor do Gênesis era inspirado, Sanconiaton não. A obra desse fenício não passa de um precioso monumento dos antigos erros dos homens.

É ele que nos faz saber que um dos primeiros cultos estabelecidos na terra foi o das produções da própria terra; e que, assim, a cebola era consagrada no Egito muitíssimo antes dos séculos a que referimos o estabelecimento desse costume. Eis as palavras de Sanconiaton: "Esses homens antigos consagraram plantas que a terra produziu; eles a acreditavam divinas; eles, sua posteridade e seus ancestrais reverenciavam as coisas que os faziam viver; eles lhes ofereciam de beber e de comer. Essas invenções e esse culto eram conformes à sua fraqueza e à sua pusilanimidade de espírito."

Essa passagem curiosa prova irrefutavelmente que os egípcios adoravam a cebola muito antes de Moisés; e é surpreendente que nenhum livro hebraico recrimine os egípcios por esse culto. Mas eis o que devemos considerar. Sanconiaton não fala expressamente de um Deus na sua *Cosmogonia*; nele, tudo parece originar-se do caos; e esse caos é desenredado pelo espírito vivificante que se envolve com os princípios da natureza. Ele leva a ousadia do seu sistema a dizer que "animais que não tinham senso geraram animais inteligentes".

Não é surpreendente, ante isso, que ele censure os egípcios por terem consagrado plantas. Quanto a mim, creio que esse culto das plantas úteis ao homem não era, de início, tão ridículo quanto Sanconiaton imagina. Tot, que governava uma parte do Egito e que havia estabelecido a teocracia oitocentos anos antes do escritor fenício, era ao mesmo tempo sacerdote e rei. Era impossível que ele adorasse uma cebola como senhora do mundo, e era impossível que ele ofertasse cebolas em oferenda a uma cebola; teria sido absurdo demais, contraditório demais, mas é natural agradecer aos deuses o cuidado que eles tinham em sustentar nossa vida, consagrar-lhes por muito tempo as plantas mais deliciosas do Egito e reverenciar nessas plantas os favores dos deuses. É o que se praticava desde tempos imemoriais na China e na Índia.

Eu já disse em outra oportunidade que há uma grande diferença entre uma cebola consagrada e uma cebola-deus. Os egípcios, depois de Tot, consagraram animais; mas certamente não acreditavam que esses animais tivessem formado o céu e a terra. A serpente de bronze erguida por Moisés era consagrada; mas não era vista como divindade. O terebinto de Abraão, o carvalho de Mambres eram consagrados, e até o tempo de Constantino fizeram-se sacrifícios na praça em que havia essas árvores; mas elas não eram deuses. Os querubins da arca eram sagrados e não eram adorados.

Os sacerdotes egípcios, no meio de todas as suas superstições, reconheceram um senhor soberano da natureza: eles o chamavam de *Knef* ou *Knufi* e o representavam por um globo. Os gregos traduziram a palavra *Knef* por *Demiourgos*, artesão supremo, fazedor do mundo.

O que creio verossímil e verdadeiro é que os primeiros legisladores eram homens de um grande senso. São necessárias duas coisas para instituir um governo: coragem e bom senso superiores aos dos outros homens. Eles raramente imaginavam algo absurdo e ridículo, que os exporia ao desprezo e ao insulto. Mas o que aconteceu em quase todas as nações da Terra, principalmente aos egípcios? O sábio começa por consagrar a Deus o boi que lavra a terra; o povo tolo termina por adorar o boi, e os próprios frutos que a natureza produz. Quando essa superstição está arraigada no espírito do vulgo, é muito difícil para o sábio extirpá-la.

Não duvido que algum *schoen* do Egito tenha persuadido as mulheres e as filhas dos barqueiros do Nilo de que os gatos e as cebolas eram deuses de verdade. Alguns filósofos terão duvidado, e seguramente esses filósofos devem ter sido tratados de espíritos insolentes e de blasfemadores, devem ter sido anatematizados e perseguidos. O povo egípcio considerou um ateu o persa Cambises, adorador de um só deus, quando ele pôs o boi Ápis no espeto. Quando Maomé se ergueu em Meca contra o culto às estrelas, quando disse que se devia adorar um Deus único de que as estrelas eram obra, foi escorraçado como ateu e sua cabeça foi posta a prêmio. Ele estava errado conosco, mas estava certo com os mecanos.

O que concluiremos dessa pequena excursão por Sanconiaton? Que faz tempo que zombam de nós; mas que remexendo nos escombros da Antiguidade ainda se podem encontrar sob essas ruínas alguns monumentos preciosos, úteis a quem quer se instruir sobre as tolices do espírito humano.

TERCEIRA DIATRIBE DO ABADE BAZIN

Sobre o Egito

Vi as pirâmides e não me maravilhei com elas. Prefiro os fornos de assar frango, cuja invenção é, ao que se diz, tão antiga quanto as pirâmides. Uma coisinha útil me agrada; uma monstruosidade que só é assombrosa não tem nenhum mérito, a meu ver. Vejo esses monumentos como jogos de crianças grandes que quiseram fazer algo extraordinário, sem pensar em tirar disso o menor proveito. O estabelecimento dos Inválidos, da escola de Saint-Cyr, da Escola Militar são monumentos de homens.

Quando quiseram fazer-me admirar os restos daquele famoso labirinto, daqueles palácios, daqueles templos de que se fala com tanta ênfase, dei de ombros de piedade; vi apenas pilares desproporcionados, que sustentavam grandes pedras chatas; nenhum gosto arquitetônico, nenhuma beleza; tudo vasto, é verdade, mas grosseiro. E notei (como disse em outra oportunidade) que os egípcios nunca tiveram nada de belo que não fosse da mão dos gregos. Somente Alexandria, construída pelos gregos, foi a verdadeira glória do Egito.

Quanto às ciências deles, se, em sua vasta biblioteca, tivessem alguns bons livros de erudição, os gregos e os romanos os teriam traduzido. Não só não temos nenhuma tradução, nenhum extrato dos seus livros de filosofia, de moral, de belas-letras, como nada nos informa que pretenderam um dia fazê-los.

Que idéia se pode fazer da ciência e da sagacidade de um povo que não conhecia nem mesmo a nascente do seu rio nutridor? Os etíopes, que subjugaram duas vezes esse povo mole, covarde e supersticioso, deveriam ter-lhe ensinado pelo menos que as cabeceiras do Nilo ficavam na Etiópia. É engraçado ter sido um jesuíta português quem descobriu essa nascente.

O que se exaltou do governo egípcio me parece absurdo e abominável. As terras, dizem, estavam divididas em três porções. A primeira pertencia aos sacerdotes, a segunda aos reis e a terceira aos soldados. Se assim era, está claro que o governo havia sido de início, e por muito tempo, teocrático, já que os sacerdotes haviam tomado para si a melhor parte. Mas como os reis toleravam essa distribuição? Aparentemente, eles eram como os reis indolentes. E como os soldados não destruíram essa administração ridícula? Deleita-me que os persas e, depois deles, os Ptolomeus tenham posto ordem por lá; e alegra-me que, depois dos Ptolomeus, os romanos, que reduziram o Egito a província do império, tenham engolido a porção sacerdotal.

Todo o resto dessa pequena nação, que nunca chegou a mais de três ou quatro milhões de homens, era somente uma multidão de escravos tolos, portanto. Elogia-se muito a lei pela qual cada um era obrigado a exercer a profissão do pai. Era o verdadeiro segredo para aniquilar todos os talentos. Aquele que teria sido um bom médico ou um escultor habilidoso teria de ser pastor ou viticultor; o poltrão, o fraco, de ser soldado; e um sacristão, que teria sido um bom general do exército, teria de passar a vida varrendo um templo.

A superstição desse povo é, sem contestação possível, tão desprezível quanto jamais houve igual. Não suspeito de seus reis e seus sacerdotes terem sido imbecis o suficiente para adorar seriamente crocodilos, bodes, macacos e gatos; mas eles deixaram o povo se embrutecer num culto que o colocava bem abaixo dos animais que ele adorava. Os ptolomeus não puderam extirpar essa superstição abominável ou não se preocuparam com isso. Os grandes abandonam o povo à sua tolice, contanto que ele obedeça. Assim como Herodes não se incomodava com as superstições da Judéia, Cleópatra tampouco se inquietava com as do Egito.

Diodoro relata que, na época de Ptolomeu Auletes, ele viu o povo massacrar um romano que havia matado sem querer um gato. A morte desse romano foi bem vingada quando os romanos dominaram. Graças a Deus, só restam desses infelizes sacerdotes do Egito uma memória que há de ser odiosa para sempre. Aprendamos a não prodigalizar nossa estima.

QUARTA DIATRIBE DO ABADE BAZIN

*Sobre um povo de quem se cortou o nariz
e se deixaram as orelhas*

Há vários tipos de fábula. Algumas não passam de história desfigurada, como todos os antigos relatos de batalha e os fatos gigantescos com que quase todos os historiadores embelezaram suas crônicas. Outras fábulas são alegorias engenhosas. Assim Jano tem uma dupla face que representa o ano que passou e o ano que se inicia. Saturno, que devora os próprios filhos, é o tempo que destrói tudo o que ele fez nascer. As musas, filhas da Memória, ensinam que sem memória não há espírito e que, para combinar idéias, é preciso começar por reter idéias. Minerva, formada no cérebro do senhor dos deuses, não necessita de explicação. Vênus, a deusa da beleza, acompanhada das Graças e mãe do Amor, com o cinto da mãe, as flechas e a faixa do filho, tudo isso fala o bastante por si mesmo.

Fábulas que não dizem nada, como *Barba azul* e os contos de Heródoto, são fruto de uma imaginação grosseira e desregrada, que quer divertir as crianças e, até, infelizmente, os adultos. A *História dos dois ladrões*, que vinham todas as noites pegar o dinheiro do rei Rampsinitus, e da filha do rei, que se casou com um dos dois ladrões; o *Anel de Giges* e cem outras facécias são indignos de uma atenção séria.

Mas cumpre confessar que encontramos na história antiga características bem verossímeis que foram desprezadas pela multidão e de que poderíamos tirar alguma luz. Diodoro de Sicília, que havia consultado os antigos historiadores do Egito, nos relata que esse país foi conquistado pelos etíopes: não me é difícil acreditar nele, porque já notei que, quem quer que se tenha apresentado para conquistar o Egito, conseguiu-o numa só campanha; salvo nossos extravagantes cruzados, que foram todos mortos ou reduzidos ao cativeiro, porque tiveram de se haver, não com os egípcios, que nunca souberam combater, mas com os mamelucos, vencedores do Egito e melhores soldados que os cruzados. Assim, não tenho nenhuma resistência a crer que um rei do Egito, chamado de Amasis pelos gregos, cruel e afeminado, foi derrotado, ele e seus sacerdotes ridículos, por um chefe etíope chamado Actisan, que aparentemente tinha espírito e coragem.

Os egípcios eram grandes ladrões; todo o mundo admite isso. É natural que o número de ladrões tenha aumentado no tempo da guerra entre Actisan e Amasis. Diodoro conta, com base nos historiadores locais, que o vencedor quis purgar o Egito desses bandidos e os mandou para os desertos de Sinai e de Horebe, depois de lhes ter previamente cortado a ponta do nariz para que fossem facilmente reconhecidos, caso resolvessem voltar ao Egito para roubar. Tudo isso é bem provável.

Diodoro observa com razão que o lugar a que foram enviados não proporcionava nenhuma das comodidades da vida e que era dificílimo encontrar água e comida por lá. É de fato assim essa desgraçada região que vai do deserto de Parã até Éber.

Os narizes cortados conseguiram obter, a muita custa, alguma água de cisterna ou servir-se de alguns poços que forneciam uma água salobra e malsã, que costuma dar uma espécie de escorbuto e de lepra. Também conseguiram, conforme diz Diodoro, fazer redes com as quais pegavam codornas. De fato, nota-se que todos os anos bandos incontáveis de codornas passam acima do mar Vermelho em direção a esse deserto. Até aí essa história não tem nada que revolte o espírito, nada que não seja verossímil.

Mas, se se quiser dela inferir que esses narizes cortados são os pais dos judeus e que os filhos deles, acostumados com o banditismo, avançaram um pouco Palestina adentro e conquistaram uma parte dela, isso não é permitido a um cristão. Sei que é a opinião do cônsul Maillet, do culto Fréret, de Boulanger, Herbert, Bolingbroke, Toland. Mas, embora a conjectura deles esteja na ordem comum das coisas deste mundo, nossos livros sagrados atribuem uma origem bem diferente aos judeus, e os fazem descender dos caldeus por Abraão, Tharrha, Nachor, Sarug, Reu e Phaleg.

É bem verdade que o Êxodo nos ensina que os israelitas, antes de terem habitado esse deserto, haviam levado as roupas e os utensílios dos egípcios e que se alimentaram de codornas no deserto; mas essa ligeira semelhança com o relato de Diodoro de Sicília, tirado dos livros do Egito, nunca nos dará o direito de garantir que os judeus descendem de uma horda de ladrões de quem haviam cortado o nariz. Vários autores procuraram em vão apoiar essa conjectura profana no salmo 80, no qual é dito: "a festa das trombetas foi instituída para fazer o povo santo lembrar do tempo em que saiu do Egito e em que ouviu falar uma língua que lhe era desconhecida".

Esses judeus, dizem, eram portanto egípcios que ficaram espantados ao ouvir falar, além do mar Vermelho, uma língua que não era a do Egito; daí se conclui que não é inverossímil que os judeus sejam descendentes desses bandoleiros que o rei Actisan havia escorraçado.

Tal suspeita não é admissível. Primeiro porque, se está dito no Êxodo que os judeus roubaram os utensílios dos egípcios antes de ir para o deserto, não está dito que eles tenham sido relegados por ter roubado. Em segundo lugar, fossem eles ladrões ou não, fossem egípcios ou judeus, não podiam entender a língua das pequenas hordas de árabes beduínos que erravam pela Arábia Deserta ao norte do mar Vermelho; e não se pode tirar nenhuma indução do salmo 80, nem a favor dos judeus nem contra eles. Todas as conjecturas de Heródoto, de Diodoro de Sicília, de Maneton, de Eratóstenes sobre os judeus devem ceder incontestavelmente às verdades consagradas nos livros santos. Se essas verdades, que são de uma ordem superior, têm grande dificuldade, se elas atemorizam nosso espírito, é precisamente por serem de uma ordem superior. Quanto menos podemos atingi-las, mais devemos respeitá-las.

Alguns escritores suspeitaram que esses ladrões escorraçados são os próprios judeus que erraram no deserto, porque o lugar em que eles permaneceram por algum tempo se chamou, depois disso, *Rhinocolure*, nariz cortado, e não é muito distante do monte Carmelo, dos desertos de Sur, Etam, Sin, Horebe e Cades-Barnéia.

Acredita-se também que os judeus eram esses bandoleiros porque não tinham religião fixa: o que convém muito bem a ladrões, dizem; e acreditam provar que não tinham religião fixa por várias passagens da própria Escritura.

O abade de Tilladet, em sua dissertação sobre os judeus, pretende que a religião judaica só foi estabelecida muito tempo depois. Examinemos suas razões.

1º. Segundo o Êxodo, Moisés casou-se com a filha de um sacerdote de Midiã, chamado Jetro; não está dito que os midianitas reconheciam o mesmo deus que apareceu em seguida a Moisés numa sarça perto do monte Horebe.

2º. Josué, que foi o chefe dos fugitivos do Egito depois de Moisés e sob o qual puseram a fogo e sangue uma parte do pequeno território situado entre o Jordão e o mar, lhes disse, capítulo 24: "Tirai do meio de vós os deuses que vossos pais adoraram na Mesopotâmia e no Egito e servi a Adonai... Escolhei aquele que vos compraz adorar: ou os deuses a que vossos pais serviram na Mesopotâmia, ou os deuses dos amorreus, nas terras dos quais habitais."

3º. Outra prova, acrescentam, que a religião deles ainda não estava fixada, é que está dito no livro dos Juízes, capítulo 1: "Adonai (o Senhor) conduziu Judá e tornou-se senhor das montanhas; mas não pôde tornar-se senhor dos vales."

O abade de Tilladet e Boulanger inferem daí que esses bandoleiros, cujos antros ficavam nos vãos dos rochedos de que a Palestina está cheia, reconheciam um deus dos rochedos e um deus dos vales.

4º. Eles acrescentam a essas pretensas provas o que Jefté diz aos chefes amonitas, capítulo 11, versículo 24: "O que Camos, teu deus, possui não te é devido de direito? Do mesmo modo, o que nosso deus vencedor obteve deve ficar em nossa posse."

O senhor Fréret infere dessas palavras que os judeus reconheciam Camos por deus tanto quanto Adonai, e que eles pensavam que cada nação tinha sua divindade local.

5º. Essa opinião perigosa é fortalecida ainda mais por este discurso de Jeremias, no começo do capítulo 49: "Por que o deus Malcã apoderou-se de Gade?" E conclui-se daí que os judeus confessavam a divindade do deus Malcã.

O mesmo Jeremias diz no capítulo 7 que os judeus adoravam vários deuses. "Eu não ordenei a vossos pais, no dia em que os tirei do Egito, que me oferecessem holocaustos e vítimas."

6º. Isaías se queixa, no capítulo 57, de que os judeus adoravam vários deuses. "Buscais vossa consolação em vossos deuses no meio dos bosques; sacrificais a eles criancinhas nas torrentes, sob grandes pedras." Não é verossímil, dizem, que os judeus imolassem seus filhos nas torrentes, debaixo de grandes pedras, se tivessem então sua lei, que lhes proíbe sacrificar aos deuses.

7º. Cita-se também como prova o profeta Amós, que garante, no capítulo 5, que os judeus nunca ofereceram sacrifícios ao Senhor, durante os quarenta anos de deserto. "Ao contrário", diz Amós, "levastes para lá o tabernáculo do vosso deus Moloque, as imagens dos vossos ídolos e a estrela do vosso deus (Renfã)".

8º. Era, dizem, uma opinião tão constante que santo Estêvão, o primeiro mártir, diz no capítulo 7 dos Atos dos apóstolos que os judeus no deserto adoravam a milícia do céu, isto é, as estrelas, e que levaram a tenda de Moloque e o astro do deus Renfã para adorá-los.

Eruditos como os senhores Maillet e Dumarsais concluíram das pesquisas do abade de Tilladet que os judeus só começaram a formar sua religião, tal como a têm ainda hoje, ao voltarem do cativeiro da Babilônia. Eles se obstinam na idéia de que esses judeus, por tanto tempo escravos e por tanto tempo privados de uma religião nitidamente reconhecida, podiam ser somente os descendentes de um bando de ladrões sem costumes nem leis. Essa opinião parece tanto mais verossímil que a época em que o rei da Etiópia e do Egito, Actisan, baniu para o deserto uma turba de bandoleiros, que ele havia mandado mutilar, coincide com o tempo em que é situada a fuga dos israelitas conduzidos por Moisés; porque Flávio Josefo diz que Moisés fez guerra aos etíopes, e o que Josefo chama de guerra podia muito bem ser considerado banditismo pelos historiadores do Egito.

O que termina de ofuscar esses estudiosos é a conformidade que encontram entre os costumes dos israelitas e os de um povo de ladrões, não se lembrando eles bem que o próprio Deus dirigia esses israelitas e que ele puniu por meio das mãos deles os povos de Canaã. Parece a esses críticos que os hebreus não tinham nenhum direito sobre esse país de Canaã e que, se tinham, não deveriam ter posto a fogo e sangue um país que acreditavam ser sua herança.

Esses críticos audaciosos supõem portanto que os hebreus sempre tiveram como primeiro ofício o de bandoleiros. Pensam encontrar testemunhos da origem desse povo em seu ódio constante pelo Egito, onde haviam cortado o nariz de seus pais, e na conformidade de várias práticas egípcias que ele reteve, como o sacrifício da vaca ruça, o bode expiatório, as abluções, a indumentária dos sacerdotes, a circuncisão, a abstinência do porco, as carnes puras e impuras. Não é raro, dizem eles, que uma nação odeie um povo vizinho de que imitou os costumes e as leis. O populacho da Inglaterra e da França é um exemplo notável disso.

Enfim esses doutos, demasiado confiantes em suas próprias luzes, de que sempre se deve desconfiar, pretenderam que a origem que atribuem aos hebreus é mais verossímil que aquela de que os hebreus se glorificam.

"Vocês admitem conosco", diz a eles o senhor Toland, "que vocês roubaram os egípcios ao fugirem do Egito, que vocês lhes tomaram vasos de ouro e de prata e roupas. Toda a diferença entre a confissão de vocês e a nossa opinião está em que vocês pretendem ter cometido esse esbulho por ordem de Deus. Mas, a julgar apenas pela razão, não há ladrão que não possa dizer a mesma coisa. É tão corriqueiro Deus fazer tantos milagres assim em favor de um bando de fujões que confessa ter roubado seus amos? Em que país da terra deixariam tal rapina impune? Suponhamos que os gregos de Constantinopla tomem todos os guarda-roupas dos turcos e toda a sua louça para irem dizer a missa num deserto; francamente, vocês acreditam que Deus afogaria todos os turcos no mar da Propôntida para facilitar esse roubo, feito embora com a melhor das intenções?"

Esses detratores não se contentam com essas asserções, às quais é tão fácil responder; eles chegam ao ponto de dizer que o Pentateuco só pode ter sido escrito na época em que os judeus começaram a fixar seu culto, que havia sido até então bastante incerto. Foi, dizem eles, no tempo de Esdras e de Neemias. Eles apresentam como prova o quarto livro de Esdras, por muito tempo tido como canônico; mas esquecem que esse livro foi rejeitado pelo concílio de Trento. Eles se apóiam no sentimento de Aben Esra e numa multidão de teólogos, todos eles heréticos; eles se apóiam enfim na decisão do próprio Newton. Mas o que podem todos esses gritos da heresia e da infidelidade contra um concílio ecumênico?

Além do mais, eles se enganam ao crer que Newton atribui o Pentateuco a Esdras: Newton acredita que foi Samuel seu autor, ou melhor, seu redator.

É ainda uma grande blasfêmia dizer com alguns eruditos que Moisés, tal como nos é pintado, nunca existiu; que toda a sua vida é fabulosa desde seu berço até sua morte; que não passa de uma imitação da antiga fábula árabe de Baco, transmitida aos gregos e, depois, adotada pelos hebreus. Baco, dizem, havia sido salvo das águas; Baco havia atravessado o mar Vermelho a pé seco; uma coluna de fogo conduzia seu exército; ele escreveu suas leis em duas tábuas de pedra; raios saíam da sua cabeça. Essas conformidades lhes fazem suspeitar que os judeus atribuíram essa antiga tradição de Baco ao seu Moisés. Os escritos dos gregos eram conhecidos em toda a Ásia, e os escritos dos judeus eram cuidadosamente escondidos das outras nações. É verossímil, segundo esses temerários, que a metamorfose de Edite, mulher de Ló, em estátua de sal é tirada da fábula de Eurídice; que Sansão é a cópia de Hércules, e o sacrifício da filha de Jefté é imitado do de Ifigênia. Eles pretendem que o povo grosseiro que nunca inventou nenhuma arte deve ter ido buscar tudo nos povos inventores.

É fácil arruinar todos esses sistemas mostrando apenas que os autores gregos, salvo Homero, são posteriores a Esdras, que reuniu e restaurou os livros canônicos.

Como esses livros foram restaurados no tempo de Ciro e de Artaxerxes, então eles precederam Heródoto, o primeiro historiador dos gregos. Não só são anteriores a Heródoto, mas o Pentateuco é muito mais antigo que Homero.

Se perguntarem por que esses livros tão antigos e tão divinos eram desconhecidos das nações até a época em que os primeiros cristãos difundiram a tradução feita em grego sob Ptolomeu Filadelfo, responderei que não nos cabe interrogar a Providência. Ela quis que esses antigos monumentos, reconhecidos como autênticos, anunciassem maravilhas e que essas maravilhas fossem ignoradas de todos os povos até o tempo em que uma nova luz veio se manifestar. O cristianismo prestou homenagem à lei mosaica, acima da qual ele se elevou e pela qual foi predito. Submetamo-nos, oremos, adoremos, e não questionemos.

EPÍLOGO

São essas as últimas linhas que o meu tio escreveu; ele morreu com essa resignação ao Ser supremo, persuadido de que todos os sábios podem se enganar e reconhecendo que somente a Igreja romana é infalível. A Igreja grega ficou muito aborrecida com ele e lhe fez vivas críticas, em seus derradeiros momentos. Meu tio ficou muito aflito com isso e, para morrer em paz, disse ao arcebispo de Astracã: "Ora, não fique triste. Não vê que eu também o creio infalível?" Pelo menos é o que me foi contado em minha última viagem a Moscou; mas sempre duvido dessas anedotas que contam sobre os vivos e sobre os moribundos.

CAPÍTULO XXII
Defesa de um general de exército atacado por alguns pedantes

Depois de vingar a memória de um padre honesto, cedo ao nobre desejo de vingar a de Belisário. Não que eu creia ser Belisário isento das fraquezas humanas. Confessei com candura que o abade Bazin foi demasiado caçoísta e inclino-me a crer que Belisário foi muito ambicioso, grande saqueador e às vezes cruel, cortesão ora hábil, ora desastrado, o que não é nada raro.

Não quero nada dissimular ao meu caro leitor. Ele sabe que o bispo de Roma, Silvério, filho do bispo de Roma, Hormisdas, havia comprado seu papado do rei dos godos, Teodato. Ele sabe que Belisário, crendo-se traído por esse papa, despojou-o de sua samarra episcopal, obrigou-o a vestir um traje de cavalariço e mandou-o para a prisão em Patara, na Lícia. Ele sabe que esse mesmo Belisário vendeu o papado a um subdiácono chamado Vigílio por quatrocentos marcos de ouro de doze onças a libra e que, no fim, o sábio Justiniano fez o bom papa Silvério morrer na ilha de Palmaria. São apenas pequenos aborrecimentos da corte, que os panegiristas não levam em conta.

Justiniano e Belisário tinham por esposa as duas mais despudoradas bandalhas de todo o império. O maior erro de Belisário, a meu ver, foi não saber ser corno. Justiniano, seu amo, era muito mais hábil do que ele nesse terreno. Ele tinha se casado com uma loba das ruas, uma rameira que tinha se prostituído em pleno teatro, e isso não me dá uma alta opinião da sabedoria desse imperador, apesar das leis que ele fez o velhaco Triboniano compilar, ou antes, abreviar. Ele era, aliás, poltrão e arrogante, avaro e perdulário, desafiador e sanguinário; mas soube fechar os olhos para a enorme lubricidade de Teodora, e Belisário quis mandar assassinar o amante de Antonina. Também acusam Belisário de muitas rapinas.

Como quer que seja, é certo que o velho Belisário, que não era tão cego quanto o velho Justiniano, lhe deu, no fim da vida, ótimos conselhos que o imperador não aproveitou. Um grego engenhosíssimo, que havia conservado o verdadeiro gosto pela eloqüência na decadência da literatura, nos transmitiu essas conversas de Belisário com Justiniano. Sua publicação deixou Constantinopla cativada. A décima quinta conversa, principalmente, encantou todos os espíritos sensatos.

Para ter um conhecimento perfeito dessa anedota, é necessário saber que Justiniano era um velho louco metido a teólogo. Ele se atreveu a declarar, por um decreto de 564, que o corpo de Jesus Cristo foi impassível e incorruptível, e que nunca necessitou comer durante a sua vida, nem depois da sua ressurreição.

Vários bispos acharam seu decreto escandaloso. Ele lhes anunciou que seriam danados no outro mundo e perseguidos neste; e, para prová-lo pelos fatos, exilou o patriarca de Constantinopla e vários outros prelados, como havia exilado o papa Silvério.

Foi a esse respeito que Belisário fez ao imperador sapientíssimos reparos. Ele lhe disse que não convém danar tão ligeiramente assim o próximo, e ainda menos persegui-lo; que Deus é o pai dos homens; que os que são de certa forma suas imagens na terra (se assim se pode ousar dizer) devem imitar sua clemência, e que não devia deixar morrer de fome o patriarca de Constantinopla a pretexto de que Jesus Cristo não havia precisado comer. Nada é mais tolerante, mais humano, mais divino talvez do que esse admirável discurso de Belisário: gosto muito mais dele do que da sua última campanha na Itália, na qual foi acusado de só ter feito besteiras.

Os estudiosos, é verdade, acham que esse discurso não é de autoria dele, que não falava tão bem, e que um homem que havia posto o papa Silvério numa masmorra e vendido seu posto por quatrocentos marcos de ouro de doze onças a libra não era homem de falar de clemência e de tolerância: eles desconfiam que todo esse discurso é do eloqüente grego Marmontelos, que o publicou. Pode ser; mas considere, caro leitor, que Belisário estava velho e infeliz, com o que mudamos de opinião, tornamo-nos complacentes.

Havia então alguns gregos invejosos, pedantes, ignorantes, e que escreviam brochuras para ganhar o pão. Um desses animais, chamado Cogéos, teve o despudor de escrever contra Belisário porque acreditava que o velho general estava mal na corte.

Depois da sua desgraça, Belisário tornou-se devoto. Muitas vezes é esse o recurso dos velhos cortesãos caídos em desgraça. Aliás, até hoje os grão-vizires tomam o partido da devoção quando, em vez de estrangulá-los com um cordão de seda, relegam-nos na ilha de Mitilene. As belas damas também se tornam devotas, como se sabe, por volta dos cinqüenta anos, principalmente se enfearam muito; e quanto mais são feias mais são fervorosas. A devoção de Belisário era muito humana; ele acreditava que Jesus Cristo tinha morrido por todos, e não por muitos. Ele dizia a Justiniano que Deus queria a felicidade de todos os homens – o que ainda era um vestígio do cortesão –, porque Justiniano tinha muitos pecados a se censurar; e Belisário, na conversa, lhe fez uma pintura tão tocante da misericórdia divina que a consciência do esperto velhote coroado deve ter se sentido tranqüilizada.

Os inimigos secretos de Justiniano e de Belisário estimularam portanto alguns pedantes, que escreveram violentamente contra a bondade de Deus. O folicular Cogéos, entre outros, exclamou em sua brochura, página 63: *Não haverá mais reprovados, portanto!* "Se assim é", responderam-lhe, "então você será reprovado. Console-se, amigo: seja reprovado, você e seus semelhantes, e tenha certeza de que toda Constantinopla rirá disso." Ah! pedantes de colégio, como vocês estão longe de ter idéia do que acontece na boa sociedade de Constantinopla!

POST-SCRIPTUM

Defesa de um jardineiro

O mesmo Cogéos atacou não menos cruelmente um pobre jardineiro de uma província da Capadócia e acusou-o, página 54, de ter escrito estas exatas palavras: "Nossa religião, com toda a sua revelação, não é e não pode ser senão a religião natural aperfeiçoada."

Veja, caro leitor, a malignidade e a calúnia! Esse bom jardineiro era um dos melhores cristãos do cantão, que alimentava os pobres com os legumes que ele havia plantado e que, no inverno, se distraía escrevendo para edificar o próximo, que ele amava. Nunca havia escrito essas palavras ridículas e quase ímpias: *com toda a sua revelação* (tal expressão é sempre desprezível); esse homem, *com todo o seu latinório*; esse crítico, *com todo o seu bestialógico*. Não há uma só palavra nesse trecho do jardineiro que tenha a menor relação com essa imputação. Suas obras foram recolhidas e, na última edição de 1764, página 252, assim como em todas as outras edições, encontramos a passagem que Cogéos ou Cogé falsificou tão covardemente. Ei-la, tal como foi fielmente traduzida do grego.

"Quem pensa que Deus dignou-se criar uma relação entre ele e os homens, que os fez livres, capazes do bem e do mal, e que deu a todos eles esse bom senso que é o instinto do homem, no qual se funda a lei natural, este sem dúvida tem uma religião, e uma religião muito melhor do que todas as seitas que estão fora da nossa Igreja, porque todas essas seitas são falsas e a lei natural é verdadeira. Nossa religião revelada não é e não podia ser senão essa lei natural aperfeiçoada. Assim, o teísmo é o bom senso que ainda não está instruído pela revelação, e as outras religiões são o bom senso pervertido pela superstição."

Esse trecho foi honrado pela aprovação do patriarca de Constantinopla e de vários bispos: não há nada mais cristão, mais católico, mais sábio.

Como então esse Cogé ousou instilar seu veneno nas águas puras desse jardineiro? Por que ele quis a perdição desse bom homem e a condenação de Belisário? Não basta estar na última classe dos últimos escritores? Ainda tem de ser falsário? Você não sabia, ó Cogé, que castigos eram ordenados para os crimes de falsificação? Seus semelhantes costumam ser tão mal instruídos sobre as leis quanto sobre os princípios da honra. Por que você não lê os *Institutos de Justiniano*, no título *De publicis Judiciis*, e a lei *Cornelia*?

Amigo Cogé, a falsificação é como a poligamia: *é um caso, um caso de forca.*

Ouça, miserável, veja como sou bom: eu o perdôo.

Última advertência ao leitor

Amigo leitor, eu o entretive sobre os maiores temas que podem interessar aos doutos, sobre a formação do mundo de acordo com os fenícios, sobre o dilúvio, as damas da Babilônia, o Egito, os judeus, as montanhas e Ninon. Você prefere uma boa comédia, uma boa ópera-cômica. Eu também. Regozije-se e deixe os pedantes chicanearem. A vida é curta. Não há nada melhor, diz Salomão, que viver com nossa amiga e regozijar-nos em nossas obras.

FIM DA DEFESA DO MEU TIO

Tradução das citações latinas

p. 10: "Faltava a essa obra este animal mais nobre e mais inteligente, que pudesse dominar sobre todos os outros. Nasceu o homem..." (Ovídio, *Metamorfoses* I, 76-78)

p. 11: "Enquanto os outros animais miram a terra, [o deus] deu ao homem contemplar as alturas, e ordenou que aqueles que são mais nobres voltassem o seu rosto para os astros." (Ovídio, *Metamorfoses* I, 84-86)

p. 116: "Enquanto, por mil anos, elas [as almas] todas giraram a roda [do tempo], um deus chama sua grande corte, perto do rio Lethé, para que, certamente desmemoriadas, elas se virem novamente para o que é superior e comecem a querer voltar para os corpos." (Virgílio, *Eneida* VI, vv. 748 ss.)

p. 121: "Nem as crianças acreditam, a não ser aquelas que ainda não pagam o próprio banho." (Juvenal, *Sátiras* II, v. 158)

p. 135: "A vara de Moisés poderia ser comparada ao cetro de Príapo."

p. 167: "Tão logo se ouvem vozes e gritos desmesurados etc." (Virgílio, *Eneida* VI, v. 426)

p. 248: "Diz-se, entretanto, que há povos para os quais tanto a mãe está ligada ao filho como o pai à filha; e cresce a ligação entre eles, por um duplo amor."

p. 268: "Quem teria podido suportar os Gracos quando se lamentavam de uma sedição?" (Juvenal, *Sátiras* II, v. 24)

IMPRESSÃO E ACABAMENTO:
YANGRAF Fone/Fax:
6195.77.22
e-mail:yangraf.comercial@terra.com.br